Helmut Rauber

Über den Schaumberg hinaus

Episoden & Anekdoten

Bibliografische Information Der Deutschen Bibliothek
Die Deutsche Bibliothek verzeichnet diese Publikation in
Der Deutschen Nationalbibliografie;
detaillierte bibliografische Daten sind im Internet über
http://dnb.ddb.de abrufbar.

© 2008 für diese Ausgabe by

edition Wort
Blumenstraße 1
66636 Tholey - Hasborn

+49 (0)6853 86 13 66

www.edition-wort.de
verlag@edition-wort.de

Satz / Umschlag by edition Wort

Hergestellt in Deutschland

Gedruckt auf 90g-Qualitätspapier,
säure-, holz- und chlorfrei
und alterungsbeständig nach ISO 9706

Schrift: Atkins und Atkins-Light

ISBN 978-3-936554-36-6

Helmut Rauber

Über den Schaumberg hinaus

Episoden & Anekdoten

Judith Ley und der hellblaue Hirsch.

Kurz vor Weihnachten 2006 besuchte uns Judith Ley mit ihrem Sohn, meinem Patenkind Karsten. Wenige Minuten zuvor hatte es in unserem Haus einen mittelschweren Krach gegeben.

Ich hatte es gewagt, einen himmelblau angestrichenen Hirsch in unseren Vorgarten zu stellen. Einen Tag zuvor hatte ich dieses Tier von Saarbrücken nach Bergweiler geschafft. Dieser hellblaue Hirsch ist das Symbol der Europäischen Kulturhauptstadt Luxemburg und der Großregion Saar-Lor-Lux im Jahr 2007/08.

Zur regionalen Eröffnung in Saarbrücken hatte mich unser Bürgermeister ins Kultusministerium geschickt.

Schon im Foyer, im Eingangsbereich, standen diese blauen Hirsche herum. Als ich ankam, sah ich oben, am Ende der Treppe, Jagdhornbläser und den Landesjägermeister Paul Scherer. Was er mit den blauen Hirschen zu tun hat, konnte er mir nicht sagen.

Frau Dr. Inge Weber, die wie bekannt, einiges von Kunst versteht, klärte mich auf. Für uns Saarländer ist dieser Hirsch eine Persiflage auf die Nachkriegszeit. Es gab kaum ein Wohnzimmer, in dem nicht ein Bild von einem „röhrenden Hirsch" vor einem See und einem schneebedeckten Gebirgsmassiv hing. Der Hirsch als ein Stück unserer Nachkriegskultur. Was er sonst noch verkörpert, Kraft und Schönheit, spricht für sich.

Andere Gäste im Kultusministerium, die ich später traf, erklärten mir, dass irgendeiner dieser Hirsche schon im Voraus bezahlt worden sei und mitgenommen werden könne.

Den damaligen Kultusminister Jürgen Schreier fragte ich persönlich, ob irgendwo im weiten Rund auch auf mich als Vertreter der Gemeinde Tholey ein Hirsch warte, der ein neues Revier suche.

Er war sich ziemlich sicher, machte sich aber trotzdem auf den Weg, um letzte Gewissheit zu finden. Kurze Zeit später kam er zurück und bat mich, nach einem Hirsch zu suchen mit einem Schild um den Hals „Poeten unterm Wortsegel". Das sei, wie ich damals noch nicht wusste, unser Beitrag zur Kulturhauptstadt Europas.

Nachdem ich jeden angesprochen hatte, von dem ich glaubte, er könne mir weiterhelfen, wurde ich endlich fündig und meine wirklichen Probleme fingen damit erst an.

Dieses Holztier war größer als erwartet, sperriger und kaum zu tragen. Vor allem dann nicht, wenn eine Hand fehlte, die noch vier Bücher schleppen musste, die zum Hirsch gehörten.

Mir war klar, dass mich unser Bürgermeister Hermann Josef Schmidt nicht nach Saarbrücken geschickt hatte, um tatenlos herumzustehen. Er erwartete am Montagmorgen einen Hirsch in seinem Rathaus.

Was passiert – so ging es mir durch den Kopf - wenn alle Anwesenden ihren Hirsch mitnehmen und nur unserer bleibt stehen?

Die Gefahr, dass er irgendwo anders als in Tholey auftauchen könnte, sah ich durchaus als realistisch an.

Links unterm Arm die Bücher, die rechte Hand unterm Bauch des Hirschs, machte ich mich auf den Weg zum Parkplatz.

Mir kamen Menschen mit Taschen entgegen, die auf Weihnachtseinkäufe schließen ließen. Sie sahen mich komisch an und ich konnte regelrecht spüren, welche Zweifel sie plagten. Wie verrückt muss einer sein, um für ein Kind ein solches Spielzeug zu kaufen?

Da mir der Hirsch schmerzhaft auf meinen rechten Unterarm drückte, machte ich mir nicht sonderlich viele Gedanken darüber, was andere über mich dachten. Am

Auto angekommen, zeigte sich das wahre Ausmaß meiner Probleme, denn mein Kofferraum war viel zu klein. Er blieb es auch noch trotz der umgeklappten Rücksitze.

Dennoch sah ich zwei Optionen, wie dieses kulturelle Symbol von Saarbrücken nach Bergweiler gebracht werden könne. Bei der ersten Alternative ließen sich Kopf und Geweih verstauen und bei der zweiten die Hinterbeine mit einem Teil des Rumpfes. Für die letztgenannte Variante entschied ich mich.

Die Vorderbeine ragten nach rechts und der Kopf mit Geweih nach links aus dem Kofferraum heraus. Mit einem Seil das Tier festzuzurren gelang mir nicht, weil ich keines hatte!

Äußerst unsicher – der Kofferraumdeckel schlug ständig brutal auf das wehrlose Tier ein – fuhr ich nach Hause, wo wir beide unbeschadet ankamen. Einen gewissen Nutzen, so kurz er auch sein mochte, wollte ich schon aus dieser außergewöhnlichen Figur ziehen. Mir war klar, dass dieser Hirsch nicht geschaffen worden war, um in einem Bergweiler Vorgarten die vorweihnachtliche Stimmung zu erhöhen. Aber warum eigentlich nicht?

Ich gehe davon aus, dass Bergweiler in einem Punkt nicht einmalig ist. In der Adventszeit konkurrieren bei uns - wie in anderen Orten - Familien miteinander, welches Haus am schönsten vorweihnachtlich geschmückt ist. Wir liegen - etwas übertrieben - im unteren Mittelfeld, was Umfang und Kreativität der vorweihnachtlichen Beleuchtung angeht. Ambitioniert, wie ich war, erhoffte ich nun mit dieser Attraktion eine bessere Platzierung zu erreichen.

Die Hirsche unserer Nachbarn, umrahmt von hell leuchtenden Glühbirnen, sahen jedoch besser aus. Deshalb stellte ich den blauen Hirsch, der allerdings etwas außergewöhnlicher bzw. exotischer dreinschaute, ohne den Familienrat zu befragen, eigenmächtig in den Vorgarten entlang der Straße.

Lange stand er dort nicht herum. Gaby forderte mich auf, ohne jegliche Begründung und ultimativ, diesen Hirschen, der nicht uns, sondern der Gemeinde gehörte, sofort zu entfernen.

Erst später schob sie nach, beobachtet zu haben, wie dieses Tier die Verkehrssicherheit gefährdet hatte. Statt auf die Straße, würden die Autofahrer nur auf dieses sonderbare Geschöpf in unserem Vorgarten starren.

Wie dem auch sei, das Symbol der Kulturhauptstadt 2007/08 verbrachte schließlich das Wochenende, von der breiten Masse unserer Bevölkerung nicht wahrgenommen, hinter unserem Haus.

Nachdem ich Judith in epischer Breite mein Leid geklagt hatte, meinte sie, wie schon bei vielen anderen Gelegenheiten, ich solle die Geschichte niederschreiben.

Auf einer Geburtstagsparty ein paar Tage zuvor, als Hans-Josef Scholl 40 Jahre alt wurde, unterhielt ich mich mit seinem Onkel Arnold Schütz über ernste Themen. Auch er bat mich, meine Erlebnisse in einem Buch festzuhalten. Bisher sah ich in dieser Aufforderung lediglich ein Kompliment, dass die Geschichten, die ich erzählte, nicht allzu langweilig waren.

Noch am selben Tag, nachdem Judith und Karsten unser Haus verlassen hatten, begann ich mit der Stoffsammlung für dieses Buch.

Warum noch ein Buch
das die Welt nicht braucht?

Auf die ausgefallene Idee, ein Buch über das eigene Leben zu schreiben wäre ich nie gekommen.

Staatsmänner, Künstler, Wissenschaftler, Personen, die im Rampenlicht stehen, schreiben Memoiren. Sie möchten der Nachwelt deutlich machen, wie heldenhaft und nachhaltig sie den Lauf der Geschichte bestimmt haben.

Ohne an Minderwertigkeitskomplexen zu leiden, würde ich es als größenwahnsinnig empfinden Memoiren zu verfassen mit dem Ziel, einer staunenden Öffentlichkeit die Welt zu erklären.

Für so bedeutend wie andere halte ich mich nicht. Deshalb versuche ich es erst gar nicht, mich auf eine solch peinliche Art lächerlich zu machen. Was ich erzählen will, sind Episoden und Anekdoten aus meinem Leben. Sie sollen in erster Linie unterhalten. Mir geht es aber auch darum, die Politik in einem besseren Licht darzustellen. Die egoistischen Ziele, die ich dabei mitverfolge, will ich gar nicht leugnen. Menschen zu belehren oder gar zu indoktrinieren, liegt mir fern. Ich hoffe auch der Versuchung zu widerstehen, mich mit diesem Buch besser zu machen, als ich bin. Eitel, wie wir Menschen nun einmal sind, neigen wir zu Selbstlob und zu Selbstüberschätzung. Weil mir dies bewusst ist, bemühe ich mich um eine gewisse Balance zwischen Selbstlob und Selbstironie. Wie die meisten Zeitgenossen plagen auch mich Fehler und Schwächen, die ich versuche so gut es geht, vor anderen zu verbergen.

Nicht alles was ich schreibe bitte ich allzu wörtlich zu nehmen. Witze kann ich weder behalten noch erzählen. Wenn ich um einen gebeten werde, dann erwartet niemand von mir eine gute Pointe. Alle sind nur gespannt darauf, wann ich, lange vor dem Schlusssatz, zu lachen beginne. Ohne zu wissen warum, lachen dann die anderen mit.

Dieses Buch soll zum Schmunzeln anregen, aber auch nachdenklich machen. Es ist ein Kurs kreuz und quer durch mein Leben. Dort wo es sich anbietet, verbinde ich Geschichten mit Geschichte. Ich weiß, wie unterschiedlich manche historische Sachverhalte beurteilt werden und wie wichtig ein Quellenstudium ist.

Ich versuche nicht, alle meine Lebensphasen darzustellen. Alles was für mich unangenehm werden könnte lasse ich unverfroren und mutig weg.

Dieses Buch ist keinem breiten Publikum gewidmet. In erster Linie spreche ich meine Familie, meine Freundinnen und Freunde und all diejenigen an, die mich kennen. Sie haben vieles miterlebt und sie können deshalb nachvollziehen, was ich schildere.

Erst als ich begann, mir Gedanken zu machen, was ich alles zu Papier bringen will, ist mir der Wert dieses Buches für mich selbst klar geworden. Vieles, was ein Mensch erlebt, verblasst und verschwindet im Laufe der Zeit. Je schneller dieser Prozess voranschreitet, um so geistig ärmer werden wir. Es sind aber diese Erinnerungen, die das Leben des Einzelnen bereichern und deshalb bewahrt werden sollten. In seinem Roman „Montauk" spricht Max Frisch vom Schreiben als „verbliebenem Weg, um Erfahrungen zu sammeln".

Singuläre Ereignisse werden von mir beschrieben, aber auch Geschichten, die ich mit anderen erlebte. Wie überall im Leben wechselten sich schöne mit weniger schönen, ja traurigen und schmerzlichen Momenten ab. Schatten verdeckten die Sonnenseiten. Fast alle Kapitel dieses Buches, die mich selbst betreffen, schrieb ich aus dem Gedächtnis nieder. Ich weiß wohl, dass ich mich dabei auch irren kann.

Weil ich nie vorhatte, mich literarisch zu betätigen, machte ich mir in den seltensten Fällen Aufzeichnungen. Heute bedauere ich es. Geschrieben habe ich immer dann, wenn ich meine Gefühle nicht beherrschen konnte, vor Freude, aber auch in den menschlich schwierigen Lagen. Schreiben als therapeutischer Weg, mit sich und seinen Emotionen fertig zu werden.

Traumberuf Förster.

Mein Jugendtraum, Förster zu werden, erfüllte sich nicht. Über das, was dieser Beruf inhaltlich bedeutet, glaubte ich damals alles zu wissen. Von morgens bis abends Wild zu beobachten, geliebt von der Försterliesel, das perfekte Glück, nur etwas getrübt durch den Kampf gegen die Wilderer.

Zu dieser Zeit sah ich nicht, dass sich der heutige Förster viel mit Bürokratie herumschlagen muss und die Schwerpunkte seiner Tätigkeit in der Bewirtschaftung des Waldes liegen.

Hermann Löns, der u. a. „Mümmelmann", „Widu" und „aus Forst und Flur" schrieb, prägte ein gutes Stück meines Bewusstseins. Ich lese ihn, der mehr ist als nur der „Dichter aus der Lüneburger Heide", auch heute noch gern. Löns, der eigentliche Stadtmensch und Intellektuelle, stellte die Natur so dar, wie sie ist, detailgetreu, nicht romantisch verklärt, eine Natur, die so schön und manchmal auch so lebensfeindlich sein kann.

„Im Winter" - wie er schreibt - „wenn die Sonne mit ihrem hinterhältigen Lächeln aus Schnee Eis macht, wenn die Rehe noch so behutsam auftreten, die Eiskruste aber dennoch ihre Läufe zerschabt. Rehe, die zitternd im Schnee stehen, bis sie fallen und wo ein anderes sich niederlegt und nicht mehr aufsteht. Ihr

11

Tod beschert dem Fuchs reichere Mahlzeit als im Mai, wenn die Natur zur vollen Blüte erwacht. Der Tod der einen Kreatur – ein Segen für eine andere."

Erst 48 Jahre alt, fällt Hermann Löns, fernab seiner Heimat, am 26. Sept. 1914, bei seinem ersten Sturmangriff auf französische Stellungen. Freiwillig meldete er sich zur Front, nicht aus Patriotismus, wie die Masse, die singend in diesen 1. Weltkrieg zog, sondern eher aus Abenteuerlust. Er wurde im Niemandsland zwischen den Fronten beerdigt. Bis heute ist nicht sicher, ob die Gebeine, die ausgegraben und in seiner Heimat beigesetzt wurden, tatsächlich auch seine sind. Eine deutsch-französische Tragödie – dort, wo sie nicht vermutet wird.

Nicht die nachlassende Liebe zur Natur hielt mich davon ab Förster zu werden, sondern schlicht die fehlenden beruflichen Perspektiven. Mit dem Wald blieb ich auf eine andere Weise verbunden.

Weil Bliesen relativ weit weg von Bergweiler liegt, trainierte ich als Leichtathlet überwiegend im Wald. So erhielt ich mir, zumindest begrenzt, die von mir geschätzte Nähe zur Natur.

Der Wald und die Rehe ließen mich aber auch im Landtag nicht los. Nach dem Regierungswechsel 1985 zur SPD wehte ein anderer Wind durch das saarländische Gehölz. Der oberste Forstbeamte sah im Reh den Hauptfeind der naturnahen Waldwirtschaft. 4000 Kilometer Zaun sollten dieses „Ungeziefer", wie er es nannte, aus dem Wald verbannen. Das war nicht nur unseren Jägern, sondern auch uns von der CDU zu viel.

Wer die Geschichte des Wilden Westens kennt, dem ist der Kampf der Cowboys gegen die Siedler nicht fremd. Mit ihrem Schlachtruf: „Don't fence me in" (Zäune mich nicht ein) wollten sie mehr als nur ihr Vieh ungehindert über die Prärie treiben. Dahinter standen die

Sehnsucht und das menschliche Grundbedürfnis nach Freiheit, mit dem auch unsere Jäger die Einzäunungsorgien der Forstbehörde stoppen wollten. Cole Porter und Robert Fletcher drücken es in ihrem gleichnamigen Lied treffend aus. Dort heißt es: „Let me ride through the wide open country that I love" (Lass mich durch das weit offene Land reiten, das ich liebe). Der unblutige Kampf unserer Jäger gegen die Zäune endete erst, nachdem der oberste Forstbeamte Klimaschutz - Beauftragter geworden war. Danach kehrte in unsere Wälder wieder Friede ein. Später, am Rande einer politischen Veranstaltung, unterhielt ich mich mit Werner Feldkamp, der zu den führenden Förstern unseres Landes gehörte, über dieses Ereignis und andere Themen. Er hat sich in den letzten Jahren enorme Verdienste um den Erhalt unserer Kulturlandschaft erworben.

Regelrecht schwärmend berichtete ich ihm, wie glücklich er sich schätzen könne, den Beruf auszuüben, den auch ich lange Zeit angestrebt hatte.

„Sichtlich gerührt" lud er mich spontan ein, ihn und die anderen Förster in seinem Revier in Türkismühle und Umgebung zu besuchen. Ich nahm sofort freudig an, dachte aber daran, erst einmal die warme Jahreszeit abzuwarten. Werner Feldkamp überzeugte mich, meinen Besuch nicht auf den St. Nimmerleinstag zu verschieben. Er schlug einen Termin an einem Samstag vor, was ich für überzeugend und vernünftig hielt.

Ich fragte, ob ich noch einige Freunde mitbringen könne, was er bejahte. Hans Ley, Hermann Scharf, Karl Rauber und Toni Schäfer, der mit großem Einsatz unsere Kreisgeschäftsstelle leitete, wollten unbedingt mitgehen.

Mir war klar, dass wir wegen der Winterzeit und der damit verbundenen Kälte erst am späten Vormittag zusammenkommen würden. Mehrmals las ich dann die

Einladung, wo als Eintreffzeit nicht 11:00 Uhr vormittags, sondern 05:00 Uhr in der Frühe angegeben war.

Ohne nachzufragen und uns dadurch zu blamieren, erschienen wir pünktlich am Jagdhaus in Türkismühle.

Es war stockdunkel und bitterkalt, als wir eintrafen. Nach einem heißen Kaffee fuhren wir los und im Licht einer Taschenlampe suchten und fanden wir - in Gruppen getrennt - unsere jeweiligen Hochsitze. Peter Fink war mir als Förster zugeteilt. Mit meiner Skikleidung glaubte ich ausreichend gegen die Kälte geschützt zu sein, was sich aber als völliger Trugschluss herausstellte.

Über die Probleme, die Hans mit seiner unpassenden Kleidung hatte, soll er selbst berichten. Hermann hat so sehr gefroren und gezittert, dass ihn noch nach Tagen Verkrampfungen plagten. Wie es Karl erging, ist wenig bekannt. Er ließ sich nichts anmerken. So viel darf ich zumindest sagen: Hans und Hermann waren nur suboptimal gekleidet und viel besser erging es auch mir nicht.

Wer dabei ist, sich zu Tode zu erfrieren, der nimmt nur noch unterschwellig wahr, wie schön es sein kann, wenn bei klirrender Kälte ein Tag erwacht und die ersten Sonnenstrahlen durch den Reif der Bäume dringen. Den Körper angespannt, die Arme fest gegen die Brust gedrückt, zitterte ich laut vor mich hin. Die Tierwelt zog es aber vor, im vermutlich etwas wärmeren Unterschlupf zu verharren. Nur ein Fuchs ließ sich kurz blicken und verschwand dann wieder im Unterholz.

Die Natur zu erleben, ist fast immer reizvoll. Dieses Mal war es nicht zu kalt, sondern wir waren nur falsch angezogen – ein Spruch, der auch bei anderen Gelegenheiten oft zu hören ist. Ganz ohne Folgen blieb unser Besuch nicht. Toni Schäfer ist mittlerweile wegen dieses Erlebnisses ein leidenschaftlicher Jäger geworden.

Die eigene Familie als Anschauungsobjekt gravierender Strukturdefizite der Demokratie.

Als Ehemann über die eigene Familie zu schreiben, kommt einer Gratwanderung auf scharfem Gestein gleich. Zu viel zu loben wirkt peinlich und das wiederzugeben, was sowieso schon alle wissen, ist wenig amüsant und nur langweilig.

Wir als Männer werden nie zugeben, dass die Frauen im Haus das Sagen haben. Viele von uns, mich eingeschlossen, leben sogar in der Illusion, mitbestimmen zu dürfen.

Gaby und ich sind seit 1978 verheiratet, was mehr für sie als für mich spricht. Diese Zeit haben wir in Harmonie und ohne großen Streit überstanden. Die Last der Familienarbeit und Erziehung ruhte in erster Linie auf ihrer und nicht auf meiner Schulter. Dafür bedanke ich mich.

Mit großem Ernst betone ich, dass ich während meiner aktiven Zeit als Politiker keine Ahnung davon hatte, wie viel Arbeit in einem Haushalt anfällt. Niemand hat mich in meinen verschiedenen politischen Funktionen wirkungsvoller unterstützt als Gaby. Sie organisierte Wahlkämpfe und sie sagt bis heute ihre Meinung auch dann, wenn ich sie nicht teilte.

Gaby hat mir so gut wie alle unangenehmen Arbeiten vom Halse gehalten, wobei die Betonung auf „so gut wie" liegt. Sie fand sehr schnell heraus, unter welch gewaltigen Identitätsproblemen Menschen leiden, die während der Woche in einer Weltstadt leben. Sie sind überzeugt, sich dort mit nicht weniger als dem Schicksal des Globus zu beschäftigen.

Müssen diese Herren, die noch unter der schweren Last der Verantwortung stöhnen, vor dem eigenen Haus die Straße kehren, dann stürzen für sie Welten ein. Sie sehen ihre Bedeutung als relativiert an und sie sind nur widerwillig bereit, sich mit den Realitäten abzufinden.

Diese schmerzlichen Anpassungsprozesse blieben mir – wie betont – nicht gänzlich erspart. Wer in Familien lebt, der weiß, dass sie keine statischen, sondern dynamische Systeme sind. Mit anderen Worten: all das, was gestern noch Rechtsgrundlage war, gilt heute nicht mehr. Als wir in unser Haus einzogen, waren die Kompetenzen nach innen wie nach außen klar geregelt. Gaby war anfangs für die Hausarbeit und ich fürs Straßenkehren und das Holzhacken verantwortlich. Ich muss zugeben, dass in unserem Haus öfter die Kochplatte als das Holzscheit im Kamin glüht.

Nicht von ungefähr veränderte sich deshalb ganz langsam der Begriff des Reinigens sowohl inhaltlich wie auch räumlich. Nicht nur der Besen für die Außenarbeiten, sondern auch der Staubsauger zählte künftig zu meinen Arbeitsinstrumenten.

Als ich diese Erosion der Macht (Macht, als das Recht, nichts tun zu müssen) spürte, versuchte ich diesen schleichenden Prozess zu bremsen. Ich stellte mich ziemlich dumm an, in der Hoffnung, so von verantwortlicher Arbeit entbunden zu werden. Was ich völlig unterschätzte, waren die erzieherischen Fähigkeiten meiner Frau, die bekanntlich Lehrerin ist. Mit großer Geduld und viel pädagogischem Geschick schaffte sie es, mir erst zu erklären, wie eine Kaffeemaschine funktioniert, dann wie eine Spülmaschine eingeräumt und eingeschaltet wird ...

Ich lernte und lernte. Plötzlich erkannte ich, dass in der Familie, als der Urzelle unserer Gemeinschaft, die gleichen Entscheidungsprozesse ablaufen wie in einem demokratisch organisierten Staat. Beide Institutionen leiden auch unter den gleichen Strukturproblemen.

In der Demokratie gilt das Mehrheitsprinzip als Alternative zur Willkürherrschaft, was dazu führt, dass bei Interessenkonflikten immer die größte Zahl siegt. Was geschieht aber, wenn diese zweifelsfrei legalen Entscheidungsprozesse bei der unterlegenen Minderheit das Gefühl entstehen lassen, sich mit dem eigenen Wollen nie durchsetzen zu können?

Wem dies alles zu verworren vorkommt, dem hilft folgendes Beispiel weiter: Nehmen wir an, eine Familie setzt sich aus drei Personen zusammen, Vater, Mutter und Tochter (diese allgemein übliche Reihenfolge ist bewusst gewählt, um eine gewisse Hierarchie auszudrücken). Der Vater - sagen wir, das bin ich - hat bei Fernsehsendungen eine gewisse Präferenz für Edel-Western, die sonst niemand in der Familie teilt. Der Rest der Familie steht eher auf Rosamunde Pilcher. Demokratisch diesen Interessenkonflikt zu lösen, bedeutet abzustimmen. Wenn Sie glauben, dass die Mehrheit sich aus Mitleid oder aus Rücksichtnahme mit der Minderheit gemeinsam Wildwestfilme anschaut, liegen Sie falsch. Wer diese Probleme erleidet, dem fällt es leicht, sich für einen institutionalisierten Minderheitenschutz in der Gesellschaft einzusetzen.

Trotz dieser unterschiedlichen Auffassungen geht es in unserem Haus sehr locker und entspannt zu.

Die Geburt unserer Tochter Anne.

Die Geburt eines Kindes mitzuerleben, ist unbeschreiblich, intim und nur sehr bedingt geeignet, öffentlich beschrieben zu werden. Wenige Stunden nach der Geburt unserer Tochter setzte ich mich an meinen Schreibtisch und schrieb meine Gedanken und Gefühle nieder. Es wurden viele Seiten, nur für mich bestimmt.
Bis heute hat sie in unserer Familie niemand gelesen und ich werde sie auch in diesem Kapitel nicht unvertretbar weit ausbreiten.
Geburten und die sie begleitenden Gefühle ähneln sich. Es sind Gefühle, die ständig wechseln. Es ist das gespannte Warten auf das, was geschieht. Es ist das Hoffen, ob alles gut geht, die Schmerzen der Mutter und die eigene Hilflosigkeit. Anne kam am 16. Juli 1985, um 5:15 Uhr, 3.280 Gramm schwer, mit einem markigen Schrei auf die Welt.
Als Vater fand ich die Geburt als ein Martyrium der Mutter; die behandelnden Ärzte meinten aber, alles sei normal verlaufen.
Die neun Monate bis zur Geburt verliefen problemlos. Der Sommer war ein Herbst. Sonntags allerdings saßen wir bei einem strahlenden Sonnenschein auf dem Balkon, als uns der damals jüngste CDU Landtagsabgeordnete besuchte. Hans Ley, unser Freund, hatte seine neue Video-Kamera mitgebracht, ein riesiges Ding. Er drehte den ersten Film, zwei Tage vor der Geburt, den er fortsetzte, als Anne zur Welt kam.
Damals las ich gerade ein Buch über Michelangelo. Wir unterhielten uns über unser Kind, das wir so freudig erwarteten, und über seine mögliche Zukunft. Über einen Grundsatz waren wir - Gaby und ich - uns einig.
Wir versprachen uns gegenseitig, Anne nicht zu irgendeiner Karriere zu treiben. Dass es mit hoher Wahr-

scheinlichkeit eine „Anne" werden würde, wussten wir seit dem 09. Juli. Wir wollten ihr optimale Bedingungen bieten, aber es ihr überlassen, welchen Neigungen sie nachgeht. Dienstagnacht um 1:00 Uhr fuhren wir ins Krankenhaus, wo alles routiniert ablief. Die Unterhaltungen glichen den Gesprächen auf dem Marktplatz, keine Spur von Feierlichkeit oder besondere Hinweise auf ein großartiges Ereignis. Wie hatte ich mich auf unser Kind gefreut! Jetzt aber bekam ich Zweifel, ob diese Pein einer Frau zugemutet werden darf. Die Zeit verging nicht. Mehrmals höre ich auf meine Frage: Wie lange noch? – „1 bis 1 1/2 Stunden". Kurz nach 5:00 Uhr kam Dr. Müller und wie auf Befehl ging alles ganz schnell. Um 5:15 Uhr kam ein schwarzhaariges Kind mit rosaroter Hautfarbe zur Welt. Jetzt sind auf einen Schlag alle Sorgen und Zweifel verflogen, und ich bin nur noch froh und glücklich.

Den Schluss meiner niedergeschriebenen Gedanken gebe ich ungekürzt wieder.

„Ich denke an meinen Vater, der so sehnlich auf ein weiteres Enkelkind gewartet hat. Wie hätte er sich gefreut! Ihm war aber noch nicht einmal vergönnt, von der Ankündigung des freudigen Ereignisses etwas zu erfahren, als er am 22. September 1983 starb. Vielleicht lebt ein Teil von ihm in Anne fort: Seine Güte, seine Menschenfreundlichkeit und seine humanistische Bildung.

Er hat im Leben viel gelitten und nie geklagt. Von hoher Intelligenz ertrug er seine Blindheit mit Würde bis zu seinem Tod. Wäre es ein Junge geworden, dann hieße er mit dem zweiten Namen Josef.

Nun haben wir 11:45 Uhr!

Mir gehen noch so viele Gedanken durch den Kopf. Wie wird die Zukunft von Anne aussehen? Gelingt es uns, das drängende Problem der Arbeitslosigkeit, von dem in der Bundesrepublik derzeit rund 2,2 Mio. Men-

schen betroffen sind, in den Griff zu bekommen? In welch eine Welt steuern wir? War das große Pop-Festival „Hilfe für Afrika" ein Start in eine friedvollere Zukunft? Was bringen die Abrüstungskonferenzen zwischen den USA und der UdSSR? Hört die Menschheit endlich auf, das irre Wettrüsten in noch absurdere Höhen zu treiben? Können wir die Bedrohung unserer Umwelt – besonders unserer sterbenden Wälder – noch abwenden?
Fragen über Fragen! Gaby und ich wollen Anne gute Eltern sein. Wir wollen sie mit Liebe und im christlichen Glauben der Nächstenliebe erziehen. Wir werden sie lenken und auf vieles hinweisen. Wir werden sie auch zu ihrem Besten fordern, damit sie im Leben bestehen kann. Ich würde mich freuen, wenn sie meine Liebe zur Kunst, zum Sport, zum Reisen und auch zur Politik teilen könnte. Gaby und ich helfen ihr! Gehen muss sie aber von alleine."

Zur Erinnerung an die Geburt von Anne legte ich die erste Seite der FAZ vom 16.07.1985 zu meinen Tagebuchaufzeichnungen. Damals ahnte ich nicht, wie visionär der Kommentar von Johann Georg Reismüller unter der Überschrift: „Warum soll Deutschland gespalten bleiben?" war.
Reismüller begann seinen Kommentar mit folgenden Sätzen: „Wer heute öffentlich davon spricht, dass die Deutschen in der Bundesrepublik und in der DDR eines Tages wieder in einem Staat zusammenleben können, darf nicht viel Beifall erwarten. Er muss vielmehr auf ein Sperrfeuer von Einwänden gefasst sein. Aber was davon hat Überzeugungskraft?"
Nach etwas mehr als 4 Jahren fiel die Mauer. Deutschland ist nicht mehr gespalten.

Mehr als eine Familie.

Während meiner aktiven Zeit als Politiker besuchte ich an den Wochenenden durchschnittlich um die sieben Veranstaltungen. Nicht alle waren Vergnügungssteuer pflichtig. Auf einen Termin am späten Sonntagnachmittag freute ich mich aber jedes Mal. Unsere Familie traf sich bei unserer Mutter, der „Oma Berta", um einen „Strammen Max", ein mit Käse überbackenes Schinkenbrot, zu essen und über alles Mögliche zu sprechen.

Es gehörte auch dazu, dass mein Schwager Hemmi, mein Bruder Alfred und ich - einmal mehr, einmal weniger laut - Skat spielten.

Die engen Verbindungen innerhalb der Familie haben sich bis heute nicht gelockert. Wir standen immer zusammen. Sei es bei der Krankheit unseres Bruders Alfred (was unsere Schwester Liesel dabei geleistet hat, kann kaum jemand erahnen) oder wenn es darum ging, unserem ältesten Bruder Gerhard im Sommer zu helfen die Ernte einzubringen. Er ist ein Improvisationsgenie mit Nerven aus Stahl, der sich an alle handwerklichen Tätigkeiten heranwagt.

Ich selbst konnte beim Hausbau, aber auch in der Politik, immer mit der uneingeschränkten Hilfe der gesamten Familie rechnen. Dazu zähle ich auch die meiner Frau Gaby mit ihren Eltern, ihrer Schwester Lieselene, dem Schwager Reinhard und der Tochter Katrin. Mein Schwiegervater Alois lebt nicht mehr, aber wir haben ihm, vor allem beim Hausbau, viel zu verdanken. Damals packten die ganze Familie und viele meiner Freunde mächtig mit an, so z. B. Hans Ley und Karl Rauber, als die Decken betoniert wurden. Formal gesehen fühlte ich mich als Chef, was aber außer mir so niemand sah. Unter dieser fehlenden Autorität litt ich schrecklich. Niemand wollte sehen oder anerkennen, wie virtuos und unerreicht ich mit dem Schubkarren umgehen konnte. Körperlich genial zu sein war bei mir mit Müdigkeit verbunden. Mein Schwager Hemmi, der handwerklich so gut wie alles kann, wusste, wo es lang ging, und er trieb mich ständig an.

Seit dieser Zeit ist mir kein Schimpfwort mehr fremd und die Latte, gegen irgendjemanden eine Beleidigungsklage einzureichen, liegt extrem hoch.

Vorbilder

Sigmund Freud betrachtet die Suche nach Vorbildern als einen psychodynamischen Prozess. Es geht darum, sich mit Menschen zu identifizieren, die anerkannt sind. Mein Vorbild in all den Jahren trug keinen berühmten Namen. Es war und es bleibt eine einfache, aber große Frau, mit einem festen Glauben, einem weiten Herzen und einem starken Willen. Diese Frau, von der ich spreche, ist meine Mutter, die nicht nur mir vorlebte, was Menschsein ausmacht.

Sie zeigte uns sich im Leben zu behaupten, einen geraden Weg zu gehen, unerschrocken seine Meinung gegenüber jedem zu vertreten und sich nicht unterkriegen zu lassen, so schwer die Last auf einem drücken mag.

Ihr Leben war gepflastert mit schmerzlichen Ereignissen, mit Entbehrungen und Not. Nur 42 Jahre wurde ihr Vater, ein Bergmann, alt, der eine Frau mit vier kleinen Kindern unversorgt und mittellos zurück ließ. Meine Mutter war mit ihren 16 Jahren das älteste ihrer Geschwister. Sie und unsere Oma versuchten sich mit dem, was ihr kleiner Acker hergab, über Wasser zu halten.

Nicht selten musste sie im Sommer statt die Schule zu besuchen schon in der Frühe auf dem Feld arbeiten. Noch als über 80-jährige Frau hat sie geweint, wenn sie von der Not ihrer Kinder- und Jugendzeit sprach. Erst mit 28 Jahren sah sie zum ersten Mal Saarbrücken.

Sie resignierte nicht, sondern blickte immer nach vorne, als sie ein Kind verlor, als mein Vater erblindete, mein Bruder krank wurde oder als zwei ihrer Geschwister auf der Straße starben. Trotz allem Unglück hörte sie nicht auf an Gott, an sich und an die Menschen zu glauben.

In ihrer Kindheit lernte sie um die Existenz zu kämpfen und als verheiratete Frau war es anfangs nicht anders. Nicht selten schien es, als würde sie diesen Kampf verlieren. Zum Beispiel einmal, als sich unsere Eltern mit ihrem letzten ersparten Geld ein Schwein, eine Sau, gekauft hatten. Sie hofften, vor allem mit den Ferkeln, ein Geschäft zu machen. Eines Morgens, als meine Mutter in den Stall kam, lag die Sau tot am Boden. Das, was heute so wirklichkeitsfremd klingt, drohte damals eine ganze Familie in den Abgrund zu stürzen. Meine Eltern gaben nicht auf, sondern sie begannen von vorne.

Zu Ihrem Glück stießen sie immer wieder auf Menschen, die ihnen weiterhalfen. Einen Namen, Josef Backes, vergaßen mein Vater und meine Mutter nie zu erwähnen, wenn sie von ihren Wohltätern sprachen. Josef Backes hatte sich 1932, noch vor Kriegsbeginn, als Maurer selbstständig gemacht. Er baute unser Haus, obwohl wir nach der Krankheit unseres Vaters weder Barmittel, Rücklagen noch sonstige finanzielle Sicherheiten besaßen. Als Josef Backes in den letzten Kriegstagen eingezogen wurde, kam er zu uns nach Hause und drückte meinem Vater die noch offenen Rechnungen in die Hand.

„Josef, wenn ich nicht mehr zurückkomme, dann vernichte diese Belege." Mit diesen Worten verabschiedeten sie sich. Josef Backes überlebte und mein Vater zählte ihn bis zu seinem Tod zu seinen engsten Freunden.

Heute ist das nach ihm benannte Bauunternehmen eines der größten im südwestdeutschen Raum. Diese Firma hat nicht nur meine Eltern, sondern auch mich als Abgeordneten unterstützt. Die Baubranche musste in den letzten Jahrzehnten viele Krisen überstehen und sich veränderten Bedingungen anpassen. Viele Unternehmen wurden gezwungen aufzugeben, weil sie sich am Markt nicht mehr behaupten konnten. Die Firma Backes überstand alle Stürme und Turbulenzen. Die Söhne von Josef, an der Spitze Werner, sind bodenständig geblieben und hielten am Betriebsethos ihres Gründers fest. Solche Unternehmer zeigen, dass auch in einer globalisierten Welt der arbeitende Mensch nicht gänzlich auf der Strecke bleiben muss.

Unsere Familie zahlte die Schulden zurück, vor allem weil sich unsere Mutter als ungemein geschäftstüchtig erwies. Sie eröffnete mit meinem Vater ein Lebensmittelgeschäft, das sie anfangs alleine führte.

Mit allem was möglich schien versuchte sie Geld zu machen. Als sie merkte wie einträglich das Schnapsgeschäft sein kann brannte sie ihn nachts schwarz und verkaufte ihn an ihre Kundschaft. Von saftigen Geldstrafen, die ihr drohten, ließ sie sich nicht abschrecken.

Wer dies, was ich hier schreibe, als Verherrlichung des Steuerbetrugs sehen will, der möge es tun. Er soll sich auch gleich mit aufregen, wenn ich sage, dass unsere Eltern auch schwarzschlachteten, was damals ebenfalls unter hoher Strafe verboten war. Was sie taten, war das, was der Kölner Kardinal Josef Frings in der Silvesterpredigt am 31.12.1946 meinte. Er rechtfertigte den

Kohleklau, als die Menschen nicht nur in seiner Stadt hungerten und froren.

Oma Berta verstand es, alles an die Frau und an den Mann zu bringen. Der Begriff „Ladenhüter" kam in ihrem Wortschatz nicht vor. Unermüdlich und mit viel Energie arbeitete sie sich nach oben. Als es ihr wirtschaftlich gut ging, half sie anderen, manchmal nur mit kleinen Gesten, mit einer Tafel Schokolade, die sie verschenkte, wenn sie kranke Menschen besuchte. Ihr Laden, das war mehr als nur eine Einkaufsstätte, sondern auch ein Ort der Kommunikation und des Meinungsaustausches, des Tratsches, wie es bei uns genannt wird.

Vor allem viele ältere Frauen konnten so ihrer Einsamkeit entfliehen. Bis zu ihrem 85. Lebensjahr, bis kurz vor ihrem Tod, stand sie in ihrem Geschäft, das keiner meiner Geschwister, auch ich nicht, weiterführen wollte.

Vorbild für mich war auch meine Schwiegermutter, die einen ähnlich beschwerlichen Lebensweg wie meine eigene Mutter gehen musste. Oma Anneliese war eine Oma, wie sie besser nicht sein konnte. Sie half uns, wo sie konnte, was auch hieß, ihre Enkelinnen Katrin und Anne mit zu erziehen und zwar im besten Sinne des Wortes. Eltern, die ihren Kindern Zuneigung, Liebe und Zeit schenken, können darauf hoffen, sie einmal zurück zu bekommen, wenn sie selbst alt, krank und hilfsbedürftig sind. Als Oma Anneliese hörte, unheilbar erkrankt zu sein, haderte sie nicht mit Gott. Sie nahm ihr Leiden an und sie beugte sich ohne zu klagen ihrem Schicksal. Ihre beiden Kinder, ebenso wie ihre beiden Enkelinnen und ihre Schwester Gertrud, kümmerten sich rührend um sie. Wie unser Vater starb auch sie ruhig, im Kreis ihrer Familie. Nicht nur wir haben ihr unendlich viel zu verdanken. Sie war für die gesamte Verwandtschaft immer da, wenn sie gebraucht wurde.

Durch meinen Beruf musste ich vor allem an Wochenenden und an Abenden vielen Verpflichtungen nachgehen, und es freute mich jedes Mal, wenn Gaby mich begleiten konnte. Ohne die Oma wäre dies die ersten Jahre nach der Geburt unserer Tochter nicht möglich gewesen. Gewohnt, in ihrem Leben hart zu arbeiten und niemandem zur Last zu fallen, erledigte sie für uns die verschiedensten Hausarbeiten. Sie kochte für uns, bügelte die Wäsche, und sie hielt zusammen mit meinem Schwiegervater, solange er lebte, unseren Garten in Schuss, der jetzt nur noch Rasen ist.

Oma Anneliese blieb bis zur letzten Stunde geistig rege. Sie las nicht nur ausgiebig die Tageszeitungen, sondern auch den „Focus". Oft überraschte es mich, welch gezielte Fragen sie stellte und wie treffsicher sie urteilen konnte.

Ihre beiden Enkelinnen bedeuteten ihr alles, die aber umgekehrt genau so fest an ihrer Oma hingen. Als ihr „Hauptsponsor" setzte sie nicht nur „unerfüllbare finanzielle Wünsche" um, sondern sie nahm ihre Enkelinnen auch dann noch in Schutz, wenn sie Dinge taten, die ihren Töchtern früher verboten waren. Fuhr Anne nur für wenige Tage von zu Hause fort, verabschiedete sie sich zuletzt bei ihrer Oma und sie besuchte sie als erste, wenn sie zurückkam. Anneliese Barth bleibt mir als Oma stets in dankbarer Erinnerung.

Sie und Oma Berta waren der Mittelpunkt unserer Familien, jede auf ihre Art.

Karl R. Popper und die Fähigkeit, Gebrauchsanweisungen zu lesen.

Manchmal handelt es sich, objektiv betrachtet, um profane Angelegenheiten, wenn Familien gefordert sind. Wer Anfang der 70iger Jahre nicht in jeder Rede mindestens zweimal Karl Raimund Popper zitieren konnte, der galt irgendwie als bildungsloser Banause. Um den wichtigsten Vertreter des kritischen Rationalismus ist es heute - aus nicht ganz verständlichen Gründen - ruhiger geworden. Wenn Popper in seiner Theorie der offenen Gesellschaft fordert, auf Dogmatisierungen zu verzichten und Raum für Kritik und die Ideenvielfalt zu schaffen, dann ist er damit aktueller denn je. Popper hat als Philosoph das getan, was andere Philosophen seit gut 2500 Jahren auch taten. Er fragte, wie wir Erkenntnisse gewinnen können, auf die Verlass ist.

Für mich propagiert er zwei Prinzipien. Versuch und Irrtum (trial and error) bzw. Durchwursteln (muddling through), sind mir auf den Leib geschnitten. Sie helfen mir vor allem beim Umgang mit Gebrauchsanweisungen weiter. Den Herstellern von Geräten unterstelle ich hehre Absichten, wenn sie den Käufern erklären wollen, wie ihre Produkte zu gebrauchen sind. Jedes Mal, wenn ich eine Gebrauchsanweisung in die Hand nehme, werde ich an meine ersten Semester als BWL-Student und an die kognitiven Dissonanzen erinnert. Diese spielen in der Sozialpsychologie des Entscheidungsverhaltens eine wichtige Rolle.

Was hochwissenschaftlich klingt, lässt sich einfach erklären. Sie kaufen ein Produkt und plötzlich quälen sie Zweifel und sie fragen sich, ob sie richtig entschieden haben. Jetzt stecken sie mitten in diesen Dissonanzen. Die Hersteller der Produkte kennen dieses Gefühl aus langjähriger Praxis und aus der Theorie und sie tun was

dagegen. Lesen sie die ersten Sätze einer Gebrauchsanweisung, dann sind sie stolz und fest davon überzeugt, richtig eingekauft zu haben. Ihre Zweifel sind
weg und sie fragen sich, warum sie diesen Schritt nicht
schon früher taten.

Wenn ich persönlich meine kognitiven Dissonanzen
abgebaut habe, beginnt es bei mir, schwierig zu werden. Geübt, diagonal zu lesen, versuche ich als erstes
die elementarsten Funktionen des Gerätes herauszufinden, was manchmal - aber nicht immer - gelingt.
Statt intensiver zu lesen und nochmals zu lesen, wende
ich das Prinzip des Karl Raimund Popper an, indem ich
alle möglichen Knöpfe drücke, die irgendwelche Reak-
tionen auslösen könnten. Ich gebe zu, dass ich diesen
Weg deshalb gehe, weil ich die Beschreibungen
schlicht und einfach nicht verstehe. Mich schreckt allein
schon der Umfang dieser Gebrauchsanweisungen ab.

Aus Erfahrung klug geworden, resigniere ich nicht, sondern wende mich meinem Schwager Reinhard Scherer
zu, einem Banker und Praktiker in einer Person. Er besitzt reichlich die Gabe, die meine Frau und meine
Tochter mir schlicht und einfach absprechen, gemeint
ist Geduld!

Dort, wo mich schon regelrechte Depressionen martern,
fühlt sich Reinhard herausgefordert. Nicht von ungefähr
behauptet seine Frau Lieselene, er finde Gebrauchsanweisungen mindestens ebenso spannend wie Krimi-
nalromane. Sie versucht dies, durch eine nicht amourö-
se Geschichte aus ihrem Schlafzimmer zu belegen.
Anne hatte sich zu Weihnachten ein mobiles Naviga-
tionssystem gewünscht. Als ich es bei der Firma Gläser
in Primstal abholen wollte, sagte mir der Bruder von
Reinhard, der in die Firma eingeheiratet hat, wenn wir
nicht mehr weiter wüssten, sollten wir doch bitte nicht
ihn, sondern Reinhard fragen.

Seine bösen Ahnungen erfüllten sich. Wir fanden bei diesem Gerät alles heraus, nur nicht, wie es uns von Punkt A nach Punkt B leiten könnte.

Als letzte Rettung blieb nur noch Reinhard, für den das Weihnachtsfest ab dem Zeitpunkt gelaufen war, als wir ihm das Navigationsgerät mit Beschreibung übergaben. Diese Beschreibung forderte ihn heraus und stachelte seinen Ehrgeiz an. Wir überließen ihm Annes Geschenk samt Gebrauchsanweisung und fuhren nach Hause.

Lieselene ging früher zu Bett und schlief sofort ein. Plötzlich schreckte sie ein Befehl: „Bitte wenden" auf. Noch schlaftrunken dachte sie erst an einen bösen Albtraum. Dann aber sah sie den wahren Auslöser. Reinhard hatte unter der Decke beim leuchtenden Display das Navigationsgerät ausprobiert und alle möglichen Funktionen durchgespielt.

Gebrauchsanweisungen überfordern mich, aber nicht nur sie. Haben Sie sich schon einmal Gedanken gemacht, warum Sie dieses oder jenes Gerät gekauft haben? Ich jedenfalls zahle oft für Funktionen, die ich nie brauchte und auch nie brauchen werde. Was soll ich mit einem Handy, das mir nur meine ungefähre Temperatur in der rechten Brusttasche anzeigt? Um auf meinen Schwager zurückzukommen: Mit Neid blicke ich auf sein Repertoire an Handwerkszeug, und er besitzt sogar einen richtigen Anhänger. Bei uns hat es nur zu einer Anhängerkupplung für den Golf gereicht.

Auch mit solchen Beispielen lässt sich belegen, wie wichtig Familien sein können.

Heimat als Halt.

Schon als Kind faszinierten mich Geschichten, die Menschen aus ihrem Leben erzählten.

Später saß ich oft mit älteren Männern auf einer Bank zusammen. Es waren ehemalige Bergleute, die sich auf ihren täglichen Spaziergängen ausruhten, ausruhen mussten, weil sie wegen ihrer Silikose keine längeren Strecken mehr gehen konnten. Einige lebten allein, einsam, weil ihre Partnerinnen schon vor ihnen gestorben waren. Sie freute es, allein schon mit einem anderen Menschen sprechen zu können. Das, was sie erzählten, handelte von den Erlebnissen, die sie prägten, vom Krieg und von schwerer Arbeit und Not. Es sind Geschichten aus unserer Heimat, eine personifizierte Geschichte des Saarlandes, die nicht von Kohle und Stahl zu trennen ist.

Unsere Bergleute sind viele Kilometer bis zur nächsten Bahnstation über ausgetretene Fußwege gegangen. Sie marschierten Montag morgens von zu Hause los, um erst Samstagnachmittag zurückzukehren. Viele verließen unseren Ort, um sich in den „Kolonien" eine neue Heimat zu suchen. Diejenigen, die mit der Scholle stärker verwachsen waren, schliefen die Woche über in Schlafsälen und sie nahmen ihre Wochenverpflegungen in ihren Rucksäcken mit. Sich vorzustellen, wie Menschen stundenlang bei jedem Wetter zur Arbeit gingen, ist schwer, in einer Zeit hoher Mobilität, bei der Geschwindigkeit und Entfernung kaum noch eine Rolle spielen.

Weil die Bergleute ihre Familien mit dem erhaltenen Lohn allein nicht ernähren konnten, blieb ihnen nichts anderes übrig, als selbst landwirtschaftlich tätig zu werden. Oft reichte ihr Besitz als Bauer nicht zu mehr als einer Ziege, Bergmannskuh genannt. Die Hauptlast dieser Familien trugen die Frauen.

Die Schilderung eines pensionierten Bergmanns, der fast immer auf seinen Stock gestützt alleine unterwegs war, ist bei mir besonders haften geblieben.

Es muss zwischen den beiden Weltkriegen gewesen sein. Eine Abordnung preußischer Beamter fuhr unter Tag und sie begegnete schwarzen Gestalten, die dort verdreckt und nackt schufteten. Die Gruppe entfernte sich und ein Mann blieb etwas zurück. Er sprach Richard Müller, der mir diese Geschichte erzählt hatte, an und fragte ihn, welches schwere Verbrechen er begangen habe, dass er dafür so büßen müsse. Richard zählte zu den 10000 Bergleuten, die unter solchen, körperlich extremen Arbeitsbedingungen für sich und ihre Familien ihr Brot verdienen mussten.

Auch die Stahlarbeiter und Landwirte mussten körperlich hart arbeiten, um ihre Existenz zu sichern. Die Lebensbedingungen prägen den Charakter von Menschen und Regionen. Die Menschen unserer Heimat sind daran gewöhnt, hart zu arbeiten und zu entbehren. Sie wissen, wie wichtig es ist, sich auf den andern verlassen zu können und dass nur die gemeinsame Anstrengung den Erfolg bringt.

Schwere Unfälle und Katastrophen mit einer hohen Zahl von Todesopfern gehören zur Geschichte unseres Bergbaus. Unfälle durch Kohle oder Steinfall vor Ort, plötzliche Seilrisse, Gasexplosionen oder Unfälle bei Sprengungen zählen dazu.

Mit einem gemeinsamen Gebet auf den Lippen sind die Bergleute in die Tiefe gefahren, aus der viele nicht mehr zurückkamen. Dass die tödlichen Unfälle nicht nur als tragisches Einzelschicksal ins Gewicht fielen, lässt sich daran ablesen, dass es früher den Bergleuten verboten war, jung zu heiraten. Das knappschaftliche Versicherungssystem durfte durch den frühzeitigen Tod eines jungen Familienvaters nicht gefährdet werden. Zu lange hätte seine Familie die Solidargemeinschaft beansprucht. Mit den Gefahren und dem Tod ständig konfrontiert, wurde das Leben intensiver gespürt und erfasst.

Bewusst zu leben und die Geselligkeit zu schätzen, ist ein wesentlicher Charakterzug unserer Menschen. „Gott lenkt, der Saarländer schwenkt", beschreibt eine unserer Eigenarten sehr genau. Es sind diese Menschen aus unserer Heimat, zu denen ich gehöre und zu denen ich mich immer hingezogen fühlte. Sie verkörpern eine Welt, in der die Sorge für die Familie ganz oben steht, die bodenständig geblieben sind, ohne Dünkel. Diese Menschen wissen, was Nächstenliebe und Nachbarschaftshilfe ist. Sie fragen nicht, was andere für sie tun können, sondern sie packen, – wie es Kennedy gefordert hat – selbst an.

Ich habe in meinem Leben viele berühmte Zeitgenossen kennen gelernt, reich und bewundert, auf die viele auch neidisch blickten. Am meisten schätze ich die Menschen, die losgelöst von jedem gesellschaftlichen Status das Menschsein nicht verlernt haben. Es sind Menschen, die nicht glauben, mehr als andere zu sein und die den Wert einer Person nicht an Äußerlichkeiten festmachen, sondern die tiefer blicken. Sie strengen sich an und freuen sich über den eigenen Erfolg. Ihre soziale Verantwortung vergessen sie dabei nicht.

Wer fähig ist, mitzufühlen und mit zu leiden, der empfindet auch das Schöne im Leben intensiver. In der Politik wie im Leben verläuft nicht alles gradlinig und eben. Schöne Momente wechseln sich mit schwierigen Phasen ab, in denen man an der eigenen Partei und an sich selbst verzweifeln möchte.

Die für mich politisch schwierigste Zeit lag vor der Landtagswahl 1985 und vor der Bundestagswahl 1998.

Damals schien es nicht nur, als hätten weite Teile unserer Bevölkerung von der CDU und ihrer Politik genug. In ihren Augen galten wir als verbraucht und verschlissen. Egal welche Erfolge wir anführten, sie wurden uns nicht mehr abgenommen.

Eine lähmende Untergangsstimmung hatte unsere Partei und viele unserer Mitglieder erfasst. Alles schien sich gegen uns verbündet zu haben. Öffentliche Auftritte und viele Begegnungen, gleich welcher Art, glichen einem Spießrutenlaufen. Morgens die Zeitung zu lesen, kostete eine Menge an Überwindung.

In dieser schwierigen Phase reduzierte sich das persönliche Glück auf die Familie, auf den engsten Freundeskreis und auf die Menschen in unserer Umgebung. Ich kam oft depressiv und abgeschlagen nach Hause. Stand dann ein kleines Mädchen in der Tür, das aufgeregt mit ihren kleinen Füßen auf der Stelle tippelte, weil sie es kaum erwarten konnte, in die Arme genommen zu werden, war schon vieles an Alltagsfrust verschwunden. Solche und andere kleine Gesten haben mir viel geholfen.

Wenn ich samstags vor unserem Hause die Straße kehrte, fuhr kaum ein Auto vorbei, aus dem ich nicht freundlich gegrüßt wurde. Daran hat sich bis heute nichts geändert. Diese Menschen zeigten mir auch bei den Wahlen, dass ich zu ihnen gehörte.

Heimat zu haben ist ein großes Glück, das vielen nicht vergönnt ist.

Eine letzte Ehre und ein Dank.

Am Grabe eines Freundes zu stehen, einem Wegge-fährten aus Kindheitstagen, einem Menschen, der einem viel bedeutet, das schmerzt und tut weh. Fast unerträglich wird es, in einer so aufgewühlten Gefühls-lage am Grab zu sprechen.

Auch dienstlich Grabreden halten zu müssen, fiel mir schwer. In Hermeskeil stationiert, sprach mich in meiner Eigenschaft als Kompaniechef kurz vor Weihnachten ein junger Soldat, ein Wehrpflichtiger, an, um sich von mir zu verabschieden. Auf dem Geschäftszimmer fiel er mir als engagierter junger Mann auf, der etwas konnte, der immer freundlich auftrat und gut gelaunt seinen Dienst verrichtete. Es sollte kein gewöhnlicher Abschied werden. Er wusste, dass er unheilbar erkrankt war und nur noch wenige Tage oder Wochen zu leben hatte. Er sprach dies offen an, und ich konnte und wollte es nicht glauben.

Überrumpelt, hilflos und überfordert, fällt es schwer, in einer solchen Situation die richtigen Worte zu finden. Ihn zu bitten, der ärztlichen Kunst zu vertrauen und ihm zu versichern, die Daumen zu drücken - zu viel mehr reichte der Versuch nicht, ihn zu trösten und ihm Mut zu machen. Der unheilbare Krebs ließ ihm keine Chan-ce, und als wir uns verabschiedeten, sah ich ihn zum letzten Mal lebend.

Seinen Eltern drückte ich unser und auch mein aufrich-tiges Beileid aus. Ihr Sohn wollte mit militärischen Ehren begraben werden. Eine größere Abordnung unserer Kompanie fuhr in seinen kleinen Ort in der Nähe von Frankfurt. Den Eltern, die wir besuchten, lag viel daran, uns ihren toten Sohn noch einmal zu zeigen. Diesen Wunsch konnten wir nicht ausschlagen, und ich sehe ihn noch heute im Sarg liegen, ruhig, mit einem entspannten Gesichtsausdruck.

Bei der eigenen Trauer die zu trösten, die unendlich mehr leiden, gelingt kaum. Es sind nicht allein die Worte, die einem zu schaffen machen, sondern auch die Angst, dass die Beine oder die Stimme versagen. Der Mund ist trocken und die Hände sind feucht. Die Kehle scheint sich immer mehr zusammenzuschnüren, und sie nimmt einem die Luft zum Atmen.

Es war nicht die einzige Grabrede, die ich halten musste. Ich kenne niemanden, der mit solch einer Situation problemlos zurechtkommt oder sich gar danach drängt, sprechen zu dürfen.

Bei einer Grabrede war es etwas anders. Hans Werner Scherer, Horst Hoffman und ich sind etwa gleichaltrig und wohnten im Umkreis von zwanzig Metern. Als Kinder unzertrennlich, verbrachten wir die meiste Zeit bei der Tante von „Hoffi", der „Rees", wie sie genannt wurde. Für uns war „Rees" - nicht verheiratet - eine Ersatzmutter. Sie las uns oft Märchen vor, bei denen ich weinen musste, wenn es zu traurig zuging. Gleichgültig, wie oft ich diese Geschichten hörte, an meinem inneren Schmerz änderte sich nichts. „Rees", dieser Frau, die so warmherzig war, bin ich unendlich dankbar. Wann immer ich auf unserem Friedhof die Gräber meiner Eltern und Verwandten besuche, gehe ich an der letzten Ruhestätte von „Rees" vorbei, um ihrer still zu gedenken und für sie zu beten.

„Hoffi" und „Holze", wie meine beiden Freunde genannt wurden, blieben im Ort, während ich die meiste Zeit außerhalb lebte. Wir fanden wieder enger zusammen, als unser Jahrgang den 60. Geburtstag feierte. „Holze", vier Tage älter als ich, war einige Zeit zuvor an Krebs erkrankt, aber wir alle hofften, dass er das heimtückische Leiden überwinden würde. Unser Wunsch erfüllte sich nicht.

Als die Krankheit erneut mit aller Wucht ausbrach, wollten „Hoffi" und ich unseren Freund aus Kindheitstagen besuchen, aber er war anfangs dazu körperlich zu schwach. Später, als sich sein Gesundheitszustand etwas verbessert hatte, konnten wir regelmäßig zu ihm gehen.

Am 19. Oktober 2006, einem Sonntag, kamen Gaby und ich vom Golfspiel zurück. Wir freuten uns schon darauf, den schönen Tag bei einem guten Glas Wein ausklingen zu lassen, als Helga Petry, seine Schwester, anrief. Sie überbrachte mir die traurige Nachricht vom Tod ihres Bruders, und sie sagte mir, dass „Hoffi" zu Hause bei ihnen sitze.

Meine Gefühle und Empfindungen brauche ich nicht wiederzugeben. Ich machte mich auf, in das Haus zu gehen, in dem wir als Kinder so oft gemeinsam gespielt hatten. Wir saßen im Nebenraum, wo „Holze" lag, und keiner sprach ein Wort. Jeder war nur mit sich und den eigenen Gedanken beschäftigt. Als ich wenig später von zu Hause aus unseren Jahrgang verständigte, meinte Gerlinde Scheid, unser guter Geist, ich solle die Grabrede halten.

Mir lag deshalb an dieser Rede so viel, weil ich einerseits unserem toten Freund die letzte Ehre erweisen und zum anderen seiner Schwester Helga in aller Öffentlichkeit danken wollte. Sie, die neben ihrer Hausfrauentätigkeit noch halbtags arbeitete, hatte schon ihre kranken Eltern bis zu deren Tod gepflegt. Ein Arzt in Püttlingen riet ihr, ihren Bruder, der nicht verheiratet war, in ein Hospiz zu bringen, in eine dieser so segensreichen Einrichtungen. Sie lehnte ab. „Holze" sollte bei ihr in ihrer Familie sterben. Über Menschen wie Helga, die sich für andere aufopfern, die verzichten, um zu helfen, die sich und ihre Wünsche zurücknehmen, um die anderer zu erfüllen, die bis an ihre physische und psychische Leistungsfähigkeit gehen, wird kaum geschrieben. Sie versuchen sogar, diese Lasten vor anderen zu verbergen.

Unsere Schwester Liesel gehört zu diesem Kreis und auch Maria Fischer, um nur drei Namen allein aus unserem Ort, stellvertretend für viele, zu nennen.

Nur zwei Sätze aus meiner Grabrede, die ich in der Kirche hielt, seien zitiert: „Menschen wie Helga sind die wahren Helden unserer Gesellschaft. Sie verkörpern mit ihrer Nächstenliebe das, was das Christliche in unserem Glauben ausmacht." Dank für Nächstenliebe als Teil einer Grabrede.

Sport als wichtiger Teil meines Lebens.

Sport spielt bis heute in meinem Leben eine große Rolle. Vieles von dem, was ich beruflich erreichen konnte, führe ich auf meine sportlichen Aktivitäten zurück.

Bergweiler zählte nach dem 2. Weltkrieg um die 320 Einwohner und es fehlte an so vielem. Wir hatten keinen Sportplatz und der etwas hergerichtete Acker auf dem Schrödersberg in Sotzweiler lag weit weg, zu weit, um dort öfters zu kicken. Dennoch war Fußball unser Leben, wie es in einem Fußballerlied heißt.

Unsere Stars kamen anfangs nicht aus den späteren Bundesligavereinen Saarbrücken und Neunkirchen, sondern aus dem Nachbarort Theley. Dieser zählte damals zu einer der führenden Fußballhochburgen im Saarland. Mein Schwager Hemmi gehörte als Bergweiler zu den großen Fans des VfB und sein Sohn Rudi, der keine 50 Jahre alt wurde, spielte dort später in der Regionalliga. Ihm kommt derzeit als Fußballspieler Michael Maldener am nächsten, der Sohn meiner Nichte Margret.

Hemmi nahm mich zu fast jedem Heimspiel des VfB mit. Willi Neis, Rüdiger Gratz, Willi Weber, Werner (Schulli) Hoffmann - um nur einige Namen zu nennen - waren damals meine großen Vorbilder. Zu dieser Zeit konnte ich mir nicht vorstellen, sie einmal persönlich kennen zu lernen. Auf meine Frage, wer der beste Spieler sei, den Theley in den letzten Jahrzehnten hervorgebracht hat, hörte ich jüngst auf einer Geburtstagsparty die Namen Willi Neis und Hermann Schumbera, eine Einschätzung, die ich teile.

Heute hat Hasborn im Fußball Theley überholt und ich bin froh, auch bei Rot-Weiß Hasborn viele Freunde gefunden zu haben. Als Mitglied in diesen beiden führenden Vereinen unserer Gemeinde versuche ich objektiv zu sein, wenn sie gegeneinander spielen. Der an diesem Tag Beste soll gewinnen.

Der ganze Stolz meines verstorbenen Freundes „Holze" war der Sohn seiner Schwester. Pascal ist ein bescheidener und netter Kerl und ein wichtiger Leistungsträger von Rot-Weiß Hasborn.

Dem SV Sotzweiler-Bergweiler, wo ich versuchte Fußball zu spielen, gehöre ich ebenfalls an, und ich hoffe jedes Jahr neu, dass er aus der untersten Klasse herauskommt.

In der Wirtschaftswissenschaft gibt es den Begriff der Raum füllenden Kraft von Investitionen, d. h., dass getätigte oder vorhandene Investitionen auch genutzt werden. Günther Britz, ein saarländischer Spitzenspieler im Tischtennis, hatte in die Gastwirtschaft meines Onkels eingeheiratet, die einen Saal besaß. Er gründete in unserem Ort einen Tischtennisverein, in dem ich einige Jahre in der ersten Mannschaft spielte.

Als in Sotzweiler der Fußballplatz mitten in den Ort verlegt wurde und so für uns relativ leicht zu erreichen war, begann ich mit dieser Sportart. Meine große Stunde in der Jugendmannschaft kam immer dann, wenn wir gegen Bubach-Calmesweiler spielten, die in ihren Reihen einen Ausnahmefußballer hatten. Es gehörte damals keine große Fachkenntnis dazu, um zu erkennen, dass Gottfried Peter seinen Weg im Fußball gehen würde.

Gottfried Peter zählte später zu den überragenden Spielern beim Bundesligisten Neunkirchen, und er musste leider verletzungsbedingt seine Laufbahn bei 1860 München viel zu früh beenden. Ich selbst musste damals deshalb gegen Gottfried spielen, weil ich – und das darf ich sicherlich ohne anzugeben behaupten – ungemein schnell war und über eine herausragende Kondition verfügte.

Während des ganzen Spiels bin ich keinen einzigen Meter gegangen. Zu meinem Problem gehörte nur ein Objekt, das diesem Spiel einen Teil des Namens schenkt. Gemeint ist der Ball, der die meiste Zeit nicht das tat, was ich wollte. Diese Schwäche und andere zählten nicht, wenn ich gegen Gottfried spielen sollte. Meine Aufgabe bestand darin, ihn hautnah zu decken, was konkret soviel hieß, ihm so zwischen den Füßen zu stehen, dass er möglichst wenig Schaden anrichten konnte. Dies versuchte ich nach besten, aber nicht nach ausreichenden Kräften und deshalb wage ich auch heute nicht zu behaupten, bei diesen Auseinandersetzungen je einmal einen Ball berührt zu haben. Für unseren Trainer reichte es aber, mich für mein „Spiel" überschwänglich zu loben.

Damals konnte ich es mir nicht vorstellen einmal mit Gottfried, mit Hermann, mit Nationaltorwart Bernd Franke und mit vielen anderen saarländischen Spitzen-Fußballern in einer Mannschaft zu spielen. Mein ehemaliger Mitarbeiter Willi Zeyer betreut den F.C.-Union, der nicht nur wegen der Mitspieler Peter Müller oder

Hans Ley in der saarländischen Fußballszene einen guten Klang hat.

Nach meiner Leichtathletikzeit versuchte ich es erneut mit dem Fußball, in der Alt-Herrenmannschaft, ohne aber je Frieden mit dem runden Leder gefunden zu haben.

Vom Fußball stieß ich in der Jugend auf die Leichtathletik. Anfang der 60er Jahre arbeitete ich als Lehrling im Elektrogeschäft Bard in Tholey. Mein Arbeitskollege, Hans-Jürgen Müller, gehörte dem LeichtathletikClub in Bliesen an. Er überredete mich, mit ihm zusammen nach Saarbrücken in den Ludwigspark zu fahren, wo ein Leichtathletik-Länderkampf Deutschland gegen Südamerika ausgetragen wurde. Karl-Heinz Fütterer, Manfred Germar, Herbert Schade oder Martin Lauer – um nur einige Namen zu nennen – gehörten damals zu den internationalen Spitzenathleten. Während des Einlagenlaufes der Jugend über 1.000 Meter bemerkte ich genau so schnell rennen zu können, wie die da unten, was vehement bestritten wurde. Hans-Jürgen lud mich für die nächsten Tage nach Bliesen zum Training ein. Er wollte mir zeigen, wie anders Wettkämpfe sind und wie es ist, wenn nicht nur zugeschaut, sondern auch gelaufen werden muss.

Mit meinem Moped fuhr ich nach Bliesen und rannte etwas auf dem Platz herum. Von Taktik oder Strategie hatte ich keine Ahnung, als ich am darauf folgenden Sonntag in Wemmetsweiler zu meinem ersten 1500-Meter-Lauf startete. Ich lief im Pulk mit und glaubte, auf den letzten Metern noch einige Kraftreserven zu besitzen. Völlig erschöpft gewann ich meinen ersten Wettkampf.

Später wurde ich in Bliesen mehrfacher Saarlandmeister und siegte auch zweimal bei den Südwestdeutschen Kampfspielen in Ludwigshafen. Der Südwest-

auswahl gehörte ich ebenso an wie der Saarlandaus-
wahl. Von Bliesen wechselte ich zu dem damals führenden Leichtathletikverein Deutschlands, zu Salaman-
der Kornwestheim, wo ich mit vielen internationalen
Stars zusammen trainierte. „Für hervorragende sportliche Leistung, die das Ansehen der Stadt gemehrt, den
Ruf ihrer Wettkämpfer verbreitet und der olympischen
Idee gedient hat, verleiht die Stadt Kornwestheim diese
Ehrenurkunde Herrn Helmut Rauber. Dieser besitzt bereits die Gedenkmünze für besondere sportliche Leis-
tungen.
Kornwestheim, 26. Januar 1968, der Oberbürgermeis-
ter." Dies ist der Text der Ehrenurkunde, über die ich
mich nach wie vor freue.
Mit meinem letzten Club, dem Post SV München, wurde ich zweimal bayrischer Vizemeister.
Der Sport hatte mich als Mensch verändert und mir das
Vertrauen in mich selbst gegeben, das für jeden Menschen so wichtig ist. Der Sport zeigte mir auch, sich
Ziele zu setzen. Ohne dass mir irgendjemand etwas
über Autosuggestion gesagt hätte, schrieb ich die Zahl
2,30 auf ein Blatt Papier und hing es an die Schranktür
gegenüber meinem Bett. Diese Zahl sah ich, bevor das
Licht im Zimmer erlosch und ich sah sie erneut, morgens, wenn ich aufwachte. Im gleichen Jahr bin ich die
1000 Meter deutlich unter 2,30 Minuten gelaufen.
In diesem Zusammenhang passt eine Anekdote aus der
Grundausbildung bei der Bundeswehr. Unser Zugführer
sah aus wie Rambo, muskulös, durchtrainiert und fast
so breit wie hoch. Als Einzelkämpfer, mit den entsprechenden Abzeichen auf der Brust, beeindruckte er uns
enorm. Wie gesagt, besaß er nicht die Physiognomie
eines Spitzenläufers. Eines Morgens, im Sommer, stand
erneut Sport auf dem Dienstplan, und der Zug lief los.
In der Ferne – das Gelände stieg langsam an – konn-

ten wir den Waldrand sehen. Die Sonne brannte und unserem Zugführer schien die Zeit gekommen, uns zu demonstrieren, wie leistungsfähig und fit er ist. Wir hielten kurz inne, den Waldrand im Blick. Er riet uns, uns anzustrengen, aber dann abreißen zu lassen, wenn unsere Kräfte schwinden würden, er selbst wolle oben am Waldrand auf uns warten.

Leicht verunsichert, ob sich hinter all seinen Muskeln vielleicht doch ein Spitzenläufer verbirgt, machten wir uns auf den Weg nach oben. Nach einiger Zeit bestand der Zug nur noch aus uns beiden. Er stampfte daher, erst nur schweigsam und dann auch noch keuchend. Als sein Atem immer kürzer wurde, beschleunigte ich einige Meter, nur um herauszufinden, wie gut er wirklich sei. Sicher, ihm davonlaufen zu können, verlangsamte ich das Tempo, um ihn dann allerdings bei dem nächsten etwas steileren Anstieg abzuhängen. Er blieb plötzlich stehen und blies mit letzter Kraft in seine Trillerpfeife. „Einstellen", konnte er auch noch rufen. Meine Überheblichkeit und mein dummes Dominanzgehabe hätten mich in eine heikle Lage bringen können. Oberfeldwebel K. nahm es aber sportlich und statt mich zu schikanieren, wie wir es in einigen amerikanischen Filmen gesehen hatten, behandelte er mich mit größtem Respekt.

Auch später profitierte ich enorm davon, etwas schneller und ausdauernder als viele andere laufen zu können.

Golf ist auch ein Sport.

Diese Geschichte ist subjektiv, keine Spur ausgewogen, völlig einseitig und so tierisch ernst gemeint, wie sie geschrieben wurde. Es ist der vermutlich erfolglose Versuch das Image einer Sportart aufzupolieren, die gegen eine Menge von Vorurteilen zu kämpfen hat. Die schärfste Kritik kommt von denen, die nicht wissen, wie ein Golfschläger ausschaut.

Zugegeben, bis vor wenigen Jahren gehörte auch ich zu dem Kreis von Menschen, die im Golfsport einen wenig anstrengenden Sonntagnachmittagsspaziergang sahen. Mir schien diese Sportart auch zu elitär und ich konnte mir nicht vorstellen, mich dafür je einmal zu begeistern. Menschen, die nur deshalb einem Verein beitreten, weil es „in" ist, mag ich bis heute nicht. Im Golf-Club „Heidehof", dem Gaby und ich schon einige Jahre angehören, ist von einem elitären Gehabe nicht die Spur zu erkennen. Bei uns geht es ungemein familiär, locker, ungezwungen und freundschaftlich zu, und wir fühlen uns ausgesprochen wohl.

Gottfried Hares als Präsident ist der ruhende und ausgleichende Pol, wenn unvermeidbare Interessenkonflikte auftauchen. Ines und Gerhard Ziegler managen den Club. Bei ihnen und ihrem Team fühlen wir uns gut aufgehoben und bestens betreut. Auch Helmut Jenet zählt als Sportwart zu den Stützen des Vereins. Mit Siegbert Frey spiele ich unter anderem deshalb sehr gerne zusammen, weil er mir selbstlos seine Tipps verrät. Sie konnten mich zwar nicht vor einem Club mit einem schlimmen Namen retten, aber ich bin sicher, dass sie dazu beitragen, mein Unglück erträglich zu halten.

Wie zur Leichtathletik kam ich auch zum Golfsport durch einen Zufall. Als Politiker oft von zu Hause weg sollte unsere Tochter Anne entscheiden, wo und wie wir unseren Urlaub verbringen. Animiert von meinem Bruder Alfred, einem passionierten Reiter, wollte sie Reiten lernen.

Wir entschieden uns für den Robinsonclub Ampfelwang, ohne zu wissen, dass neben der Reiterei auch der Golfsport in diesem Club großgeschrieben wird. Unser Pech oder auch Schicksal - je nachdem wie wir es nennen wollen - war, abends an Tischen zu sitzen, an denen nur über Golf gesprochen wurde, was mich ungemein nervte. Diese Golfenthusiasten taten so, als sei dieser Sport von einem gewöhnlichen Sterblichen kaum zu erlernen. Um dies herauszufinden, meldete ich mich zuerst bei einem Schnupperkurs an. Nachdem ich mir relativ sicher war, die Bälle nicht nur zufällig zu treffen, buchte ich weitere Übungsstunden.

Nach meinem letzten Examen hatte ich mir vorgenommen, nie wieder irgendeine Prüfung abzulegen. Diese Vorsätze waren eben so vergessen wie alle andere Optionen, die sich nachts noch anbieten.

Ich jedenfalls lernte bis tief in die Nacht hinein wie besessen Golfetikette und Golfregeln, die ich bis heute nicht beherrsche. Nicht immer gelingt es mir, sie zu meinen Gunsten auszulegen. Die Platzreife schaffte ich, aber einem Club schloss ich mich nicht an, weil ich glaubte, dadurch politisch nur Nachteile zu bekommen. Nur im Urlaub spielte ich Golf - wie verrückt, bei jedem Wetter. Einmal stampften wir nur mit drei Mann auf dem Platz herum und es goss in Strömen. Meine Frau, die vom Restaurant aus zusah, wurde von einem weiblichen Gast angesprochen, die auf uns zeigte und bemerkte, wie verrückt einer sein muss, um bei einem solchem Wetter Golf zu spielen. In diesem Augenblick leugnete Gaby, mich zu kennen.

Später nahm ich an Turnieren teil, wo ich weit verrückter war. Mittlerweile weiß ich, dass die Golfspieler nicht ganz unschuldig sind, wenn sie mit dem einen oder anderen Vorurteil konfrontiert werden. Wer mit diesem Spiel anfängt, läuft Gefahr, zu einem eindimensionalen Menschen und einem schrecklichen Gesellschafter zu werden.

So selbstkritisch ich das eine oder andere sehe, so vehement wehre ich mich gegen den Kalauer „Haben Sie noch Sex oder spielen Sie schon Golf?" Theoretisch ist beides möglich.

Golf ist mit viel Leidenschaft verbunden und zumindest in einem Punkt mit nichts anderem zu vergleichen. Als Autofahrer ohne Formel Eins Ambitionen kenne ich meine Grenzen. Ich weiß, dass es mir nie gelingen wird, so schnell, wie Michael Schumacher es konnte, mit meinem Auto im Kreis herumzufahren. Beim Golfspiel gelten diese simplen Einsichten nicht. Nehmen wir an, Sie haben nicht gerade den besten Tag erwischt. Plötzlich aber legen sie einen Ball aus 150 Metern „tot" neben die Fahne. Sofort verändert sich ihre Welt. Das Gestern liegt weit zurück. Ohne den geringsten Selbstzweifel fühlen Sie sich wie Tiger Woods und Sie sind sicher, bald auch so genannt zu werden.

Doch damit nicht genug. Ihre Körperhaltung verändert sich. Plötzlich ist Ihr Bauch verschwunden. Aufgerichtet und kerzengerade schauen Sie nur noch triumphierend und mitleidig auf ihre Mitspieler, die bis zu diesem Moment besser als Sie spielten. Sie gehen nicht, sondern Sie schreiten aufs Green, um lässig den „toten" Ball einzulochen, die letzte Formsache zu Ihrem persönlichen Glück. Sie denken an alles andere als an Schiller und seine Schicksalsmächte, mit denen auch auf dem Golfplatz kein ewiger Bund zu flechten ist. Was soll ich sagen, der Ball, den Sie schon im Loch sahen, geht vorbei. Schieres Entsetzen packt Sie und

Sie wissen nur eines. Sie machen sofort Schluss mit diesem grausamen Spiel, das Sie nie erlernen werden und Sie schauen sich nicht einmal einen Golfschläger aus der Ferne an. Die schönen Seiten Ihres Lebens scheinen vorbei, gestoppt von ein paar Grashalmen, die sich im falschen Moment in die falsche Richtung neigten. Als Tiger Woods betraten Sie das Green, als Helmut R. ziehen Sie tief geknickt von dannen, zum nächsten Abschlag, angetrieben von dem mächtigen, aber vermutlich unerfüllbaren Prinzip Hoffnung.

Lassen Sie mich das, was so wirklichkeitsfremd klingt, an einem konkreten Beispiel demonstrieren. Ein großes saarländisches Unternehmen lädt mich zu einem Turnier ein. Bei einem Wettbewerb kommt es beispielsweise darauf an, den Ball aus einer Entfernung von 208 Metern möglichst nahe an die Fahne zu schlagen. Mit einer Abweichung von 3,50 Metern gewinne ich den Sonderpreis „Nearest to the pin". So wird dieser Wettbewerb auch auf deutschen Golfplätzen genannt. Das Preisgeschenk war eine nicht billige Markenuhr. Wer mir bei diesem Schlag ein gutes Stück Glück unterstellt, der beleidigt mich.

Acht Tage nach diesem für mich ganz guten Turnier spiele ich auf unserem Heimatplatz. Die Abschläge drei und acht liegen gegenüber und rein zufällig treffe ich dort unseren Präsidenten Gottfried Hares. In diesem Moment steht für mich eine Entscheidung fest und bei einer zweiten überlege ich nur noch, welche Alternative ich wähle. Bei mir läuft überhaupt nichts zusammen und die „Streichorgien" an den Löchern scheinen kein Ende zu nehmen. Wie es die Etikette gebietet, teile ich zuerst unserem Präsidenten mit, dass er mit meinem letzten Schlag bei diesem Turnier in seinem Club ein Mitglied weniger zählen wird.

Bei meiner zweiten Entscheidung überlege ich zu dieser Zeit nur noch, ob ich meinen „Rescue-Schläger", der immerhin über 200 Euro „wert" ist, im nächsten Wasserhindernis versenken oder meinem ärgsten Feind schenken soll.

Abends spricht mich Gottfried auf unser morgendliches Treffen an, und ich gebe kleinlaut zu, nach wie vor unserem Club anzugehören. Meinen „Rescue" besitze ich auch noch, für den ich mir allerdings einen anderen Namen suche. „Rescue" bedeute Rettung aus schwieriger Lebenslage. Wenn ich mit meinem Schläger, der so heißt, auf dem „Fairway" einen Ball treffe und er bis zu 200 Metern weit fliegt, schnurgerade, dann ist dies pure Erotik. Die Betonung liegt auf „wenn".

Dieses Kapitel zum Golfsport beende ich mit einem selbstkritischen Ratschlag: Wie Lehrer, Politiker, Handwerker usw. verhalten sich auch die Golfer, die fast nur über ihr Metier reden, wenn sie unter sich sind. Die Golfer tun dies auch dann, wenn sie sich in anderer Gesellschaft befinden, vorausgesetzt es fällt das eine Wort, völlig gleichgültig, ob damit der Sport oder eine Automarke gemeint ist. Spätestens nach fünf Minuten verspüren alle Nichtgolfer, dass Tiger Woods in der Person des Jedermann auf sie einredet. Dieser zu bemitleidende Kreis hört eine Sprache, die dem Lateinischen ähnelt und die auch den Jägern und Anglern nicht ganz fremd erscheint. Sie verstehen vor lauter englischen Fachausdrücken, die noch dazukommen, nichts. Ist der Golfer sensibel genug, die verzweifelten und verständnislosen Blicke seiner Gegenüber richtig zu deuten, dann folgen die Golferwitze, die allerdings nicht schlechter als andere sind.

Zusammenfassend meine eindringliche Bitte an alle Nichtgolfer, die nicht sicher sein können, ob sich in ihrer Gesellschaft ein Golfer befindet: Wenn Sie eine lockere und ungezwungene Unterhaltung lieben, vermeiden Sie das Wort Golf, auch wenn Sie - wie schon angedeutet - nur den Namen einer Automarke meinen. Gebrauchen Sie einen anderen Begriff oder suchen Sie sich ein anderes Gesprächsthema. Ich selbst entschuldige mich bei allen unschuldigen Menschen, die durch meine Golfschilderungen schon gelitten haben und vermutlich wegen meiner fehlenden Sensibilität noch leiden müssen. Für mich ist Golf der schönste Sport, den ich bisher betrieben habe, und ich stimme mit den Schotten überein, die darin das Paradies sehen, sofern die Sonne scheint.

Meine Zeit als Ruheständler sähe ohne diesen Sport mit seinen vielen Facetten anders aus. Bisher dachte ich, dass es nichts Schöneres gebe, als in meiner Freizeit Ski zu fahren, auf einem Gipfel zu stehen, bei „Kaiserwetter", vor einem mächtigen Bergmassiv als Kulisse. Ein solcher Anblick führt mir immer wieder Gottes Größe vor Augen. Nur er kann solch Gewaltiges schaffen. Jede „schwarze Piste" fordert einen neu heraus, vor allem dann, wenn sie vereist ist und wenn es darauf ankommt, absolut sicher zu fahren und keinen Fehler zu begehen.

Einige Elemente beider Sportarten – wie z. B. das Naturerlebnis und die Geselligkeit – lassen sich durchaus vergleichen, andere nicht. Es sind immer subjektive Empfindungen, etwas als das Schönste zu bezeichnen. Von den vielen begeisternden Fahrten, die ich mitmachen durfte und die ich nicht missen möchte, zähle ich unsere Spanienaufenthalte zu den herausragenden. Von Deutschland bei nass kaltem Wetter los zu fliegen und wenige Stunden später in Mas Nou auf einem Hochplateau zu stehen, nach unten einen atemberaubenden Blick auf die Küste und das Meer, dann ist das allein schon eine Reise wert. Zur Lebensqualität pur wird es, wenn ein wolkenloser Himmel dazukommt, dunkelblau und eine Herbstsonne, die noch einmal ihre wärmende Kraft demonstriert.

Die vier bis sechs verschiedene Plätze, die wir bei einer Tour an der Costa Brava im Umkreis von bis zu 100 Kilometer spielten, sind ohne Ausnahme traumhaft schön, einzigartig, jeder mit einer eigenen Note und deshalb kaum miteinander zu vergleichen. Einmal führen die Bahnen durch Pinienwälder, dann durch Dünen, vorbei an Schluchten oder Seen als Wasserhindernisse, entlang unterschiedlich breiter und tiefer Bunker, zu Grüns, die manchmal flach. oft schräg und immer schnell angelegt sind. Löcher, die sich nicht selten als teuflisch gesteckt erweisen, können in sekundenschnelle jeden Traum von einem guten Ergebnis zunichtemachen.

Bei diesen Touren im kleinen Kreis, die unser Freund Jürgen Frey so ausgezeichnet organisiert, im Herbst nur mit Männern und im Winter zusammen mit unseren Frauen, stimmt einfach alles. Bei mir war aber der Spaß bei der letzten Männertour für eine kurze Zeit stark getrübt.

„Draußen vor der Tür".

Kaum ein Roman oder Drama hat mich mehr ergriffen, als das Stück von Wolfgang Borchert. Beckmann kehrt aus dem Krieg nach Hause zurück. „Er war lange weg, der Mann. Sehr lange. Vielleicht zu lange. Und er kommt anders wieder, als er wegging." Beckmann fühlte sich ausgegrenzt, allein und unverstanden. Er stand, im übertragenen Sinn, „draußen vor der Tür."

Borchert glaubte, dass sein Drama „kein Publikum sehen will." Damit irrte er sich gewaltig. Der Titel weist auf eine Funktion von Türen hin. Sie können öffnen und versperren, je nachdem. Die Tür, von der ich spreche, die schloss aus.

Wir hatten in Spanien Golf gespielt und einen herrlichen Tag verbracht. Nach einem ausgiebigen und guten Abendessen hatte ich vor, noch mit Gaby zu telefonieren. Dann wollte ich mich, als letzten Akt des Tages, todmüde ins Bett fallen lassen. Den Rest der Gruppe zog es zur Hotelbar. Ich war gerade eingeschlafen, als mich ein lauter, ins Mark gehender Hupton, aufschreckte. Er hörte nicht auf. Erst dachte ich an eine Alarmübung, was ich aber schnell wegen der späten Abendzeit ausschloss. Barfüßig, nur mit einem weißen Skiunterhemd und einer schlichten Unterhose bekleidet, versuchte ich den Grund des Lärms herauszufinden. Einen Schlafanzug hatte ich vergessen, weil nicht wie sonst üblich, Gaby packte, sondern ich. Die Tür ließ ich offen, als ich in den Flur trat. Genau in dem Augenblick, in dem ich die rot blinkende Alarmhupe sah, schloss sich die von mir offen gelassene Tür automatisch. Ich stand draußen – anders als in dem Stück von Wolfgang Borchert. Mich grenzte keine Gesellschaft, sondern eine real existierende Tür aus. Als Beckmann verzweifelt war, fragte er: „Wo ist Gott?" In meiner Lage nach Gott zu rufen, wäre maßlos übertrieben gewesen. Um solche Kleinigkeiten hätte er sich vermutlich auch nicht gekümmert. Niemand kann aber leugnen, dass ich nicht nur vor der Tür, sondern auch vor einem Problem stand. „Wie komme ich wieder zurück in mein Zimmer?", fragte ich mich. Erst rannte ich im Flur auf und ab, schon leicht fröstelnd, aber ohne Erfolg. Außer mir schien niemand unterwegs zu sein. Dann überlegte ich „Hilfe" zu schreien, was ich aber für überzogen hielt. An den Nachbartüren zu klopfen, sah ich als eine weitere Option. Als ich mir aber vorstellte, was eine Frau denken könnte, wenn sie die Tür öffnete und mich sah, ließ ich auch diesen Rettungsversuch sein. Das einzige, was mir blieb, war, mich auf den Weg zur Rezeption zu machen. Diese lag schräg gegenüber der Hotelbar. Ungefähr 50 Meter entfernt, in einem anderen Haus. Hier vermutete ich zu Recht den restlichen Teil unserer Gruppe.

Eine Hotelangestellte ersparte mir in letzter Sekunde eine ziemlich blamable Situation. Vermutlich hatte sie – aufgeschreckt durch den Alarm, der sich als falsch herausstellte – über Monitore sehen können, was sich in der ersten Etage links vom Fahrstuhl abspielte. Sie eilte mir mit einer Chipkarte, mit der sich meine Tür öffnen ließ, zu Hilfe. Wieder hatte ich etwas dazugelernt: Wer sein Zimmer verlässt, gleich zu welchem Zweck, der sollte sich vorher vergewissern, wie er wieder problemlos dorthin zurückkehren kann. Und noch eines wurde mir klar: An der Bar zu hocken, statt zu schlafen, ist nicht immer die schlechteste Alternative.

Im „Club der armen Schweine".

Im Juli 2008 kam es an den Tag. Schon früh am Sonntag rief Hans Ley an und er wollte ausdrücklich nicht mich, sondern Gaby sprechen. „Die Welt am Sonntag" hatte er gerade gelesen und darauf bezog er sich. Keine Weltsensation stach ihm in die Augen, die es wert gewesen wäre, sofort diskutiert zu werden. Es war lediglich ein Artikel in der Beilage, die sich mit dem Golfsport befasste, der es aber in sich hat. Der „Club der armen Schweine" wurde groß herausgestellt. Diesem Club gehöre ich an, obwohl ich es bis dahin nicht wusste. Er existiert und er zeigt, wie unscharf der Spruch des Entertainers und Schauspielers Groucho Marx ist. Der hatte vollmundig erklärt, keinem Club beizutreten, der bereit wäre, ihn als Mitglied aufzunehmen. Den Mitgliedern des genannten Clubs stellt sich diese Frage nicht, denn sie haben keine Wahl. Genauso wie ich dem Club der 60er angehöre, weil ich leider nun mal über 60 Jahre alt bin, wurde ich in den Club mit dem etwas ordinären Namen nicht nur hineingepresst. Meine missliche Lage wird mir zudem auch noch tagtäglich neu bewusst gemacht, - von anderen.

Wer als Mensch als „armes Schwein" bezeichnet wird, der ist übel dran, denn ihm fehlt eine Menge von dem, was die breite Masse besitzt. Nicht anders verhält es sich beim Golfsport, wo die Spielstärke meist, aber nicht immer treffend, über das sogenannte Handicap ausgedrückt wird: je niedriger je besser. Mit einem Handicap von 54 dürfen Sie auf wenigen und mit einem von 28 auf allen Plätzen der Welt spielen. Soviel als Vorbemerkung zu meiner Geschichte.

Als ich mit dem Golfsport anfing, war ich der Größte in unserer Familie. Sehr schnell sank mein Handicap auf 20 und die Preise, die ich bei einigen Turnieren gewann, konnten sich sehen lassen. Meine Stellung als Herr im Haus festigte sich von Woche zu Woche und es schien, als könnte sie durch nichts ins Wanken gebracht werden.

Ich fühlte mich auch noch sicher, als meine Frau mit diesem Sport anfing. Anfangs gab ich ihr sogar noch den einen oder anderen Ratschlag, wie sie ihr Spiel verbessern könne. Ihr Handicap fiel von Turnier zu Turnier und ich bemerkte erst viel zu spät, dass es sich meinem annäherte. Meines bewegte sich in die falsche Richtung. Als ich die Gefahr erkannte, war es zu spät, Gaby lag vor mir und meine heile Golferwelt lag in Trümmern. Über Nacht gehörte ich zu den bemitleidenswerten Geschöpfen, deren Frauen bessere Han-

dicaps vorweisen können. Nur wer so tief in eine andere Welt gesunken ist, wird zum „Club der armen
Schweine" gezählt. Nicht ich sondern sie brachte die
Preise mit nach Hause. Sie zerstörte in wenigen Monaten das, was über Jahrtausende die Rolle des Mannes
als Jäger und Sammler prägte und warum immer noch
einige Illusionisten von dem Mann als dem starken
Geschlecht sprechen. Was mich menschlich am tiefs-
ten traf, war, wie sich unsere Tochter verhielt. Erst fragte sie noch, wer den Preis gewonnen hat, obwohl sie
es wusste, um mich später nur noch mitleidig anzusehen.

In der eigenen Familie den Nimbus des Größten zu
verlieren ist schon schlimm genug, vier Wände halten
einiges aus. Nicht nur unerträglich, sondern sogar
„ganz unerträglich" wird es dann, wenn sich dieses
Verhaltensmuster auf die Mitglieder des Vereins über-
trägt. Menschen, die sonst überall erzählen sie seien
meine Freunde fangen plötzlich an zu sticheln und
Fragen zu stellen, die kein wirklicher Freund stellt.
Stellvertretend nenne ich nur einen Namen, den niemand vermuten würde. Er hat es im Leben bis auf die
Vorstandsebene der Kreissparkasse gebracht und er
ist auch sonst ein äußerst liebenswerter und netter
Mensch. Nur bei mir wühlt er wie kein anderer in den
Wunden, die schmerzen. Nicht von ungefähr prophe-
zeie ich ihm schon einige Zeit, keines natürlichen Todes zu sterben und die möglichen Täter sind bekannt.
Laurentius Ludwig heißt er und er kommt aus dem Ort,
in dem der Urgroßvater von Helmut Kohl Lehrer war.
Statt mich zu trösten, zeigen er und andere mir ver-
steckt, offen und unverbrämt, welch „armes Schwein"
ich bin.

Wer golferisch so allein im Leben steht wie ich, der
kann nur noch dem Chor aus der Schlussszene aus

Goethes Faust lauschen und hoffen, dass das was er sagt, auch stimmt: „Gerettet ist das edle Glied der Geisterwelt vom Bösen: wer immer strebend sich bemüht, den können wir erlösen". Strebend sich bemühen, das ist die eine Säule, worauf ich meine Hoffnung auf ein glückliches Leben baue. Die andere Säule hofft nicht minder und zwar darauf, dass unser Club wachsen und wachsen möge. Über einigen, auch Prominenten, hängt schon das Damoklesschwert, nur merken sie es noch nicht. Um so mehr freue ich mich, wenn es hoffentlich bald auf sie niedersausen wird. Meinen Richter am „Jüngsten Tag" bitte ich schon jetzt, mir zu vergeben und gnädig mit meiner lässlichen Sünde der Schadenfreude umzugehen.

Auch ich bin schon einmal geritten.

Das Glück der Erde liegt auf dem Rücken der Pferde. Das jedenfalls behaupten alle begeisterten Reiter und sie lassen keinen Zweifel zu. Überall suchen Menschen nach Glück. Einige erklimmen unter größten Anstrengungen steile Berge, während andere mit dem Fallschirm von oben herunter gleiten. Wiederum andere tauchen in die Tiefe und sagen, sie seien dabei glücklich. Diese und andere Beispiele zeigen nur, wie subjektiv Glück ist.
Nach Glück zu suchen heißt, die eigenen Augen und Ohren offen zuhalten und das eine oder andere auszuprobieren. Experimentierfreudig zu sein bedeutet aber nicht unbedingt, sich blind in jedes Abenteuer zu stürzen. Rational handelt, wer Chancen und Risiken gegeneinander abwägt. Das gilt auch für das Reiten. Ich jedenfalls finde es suspekt, wenn Menschen behaupten, ein mehr oder minder wildes Tier lenken und

bremsen zu können. Zwar nicht als gebranntes, wohl aber als geschlagenes Kind, weiß ich, wovon ich rede.

Mein Bruder Alfred und ich hatten German Schneider besucht, der uns ein junges Pferd vorführen wollte. Meine Absichten waren lauter und alles andere als hinterhältig, als ich mich dem schönen und friedlich dreinschauenden Tier von hinten näherte. Statt jedoch freudig zu wiehern, verlagerte diese Bestie ihr ganzes Gewicht auf die beiden Vorderbeine, den Kopf tief nach unten geneigt. Die kurze Zeit, bis allein die Schwerkraft das Pferd zwingt, wieder auf vier Beinen zu stehen, nutzte es - vermutlich von seinem Killerinstinkt getrieben - um mit den Hinterbeinen auszuschlagen. Welch ein Schreck und welch ein Schmerz - der Gaul hatte mich am Oberschenkel getroffen und leider sein Ziel nicht verfehlt. Die Pein verging, aber die Zeit heilte nicht alle Wunden. Seit diesem Angriff auf mein Leben traue ich keinem Pferd mehr, gleichgültig, wie treu es mich auch anschaut.

Reiten, so beschloss ich lapidar, kommt für mich nie in Frage. So wie ich es sagte, meinte ich es auch. Nie heißt nie! Soweit ich mich als Kind erinnern kann, hatten wir in unserem Haus Pferde und auch eine Kutsche, mit der wir bei schönem Wetter ausfuhren. Mit einer Kutsche wurde ich zur Taufe gefahren. Meine Eltern und älteren Geschwister konnten sich gerade noch in letzter Minute vor Tieffliegern retten, die während des zweiten Weltkrieges Stellungen in der Nähe unseres Ortes angriffen.

Während mein Bruder Alfred schon von Kindesbeinen an eine Liebe zu den Pferden entwickelte, besaß ich diese Affinität nicht. Wir sahen zwar zu, wie die Landwirte in unserem Dorf mit den Pferden arbeiteten, um die Äcker zu bestellen, zu pflügen, später um zu ernten und dann im Winter, wenn sie zum Holzrücken eingesetzt wurden.

Vor allem dieses Ziehen von Baumstämmen war eine Knochenarbeit für Mensch und Tier. Oft schien es, dass die Pferde es nicht schaffen würden, die besonders dicken Stämme nach oben oder unten zur Straße zu schleifen. Sie taten mir leid, wenn auf sie eingedroschen wurde, um ihre letzten Kraftreserven zu mobilisieren.

Alfred bekam schon als Kind sein Pony, und später spezialisierte er sich auf die edlen Araber. Um sein Haus baute er sich eine richtige Ranch mit Ställen, einem überdachten Reitplatz, umgeben von großflächigem Weideland. Er besaß immer mehrere Pferde, die frei in der Koppel herumliefen und so einen schönen Anblick boten. Alfred verstand es, vor allem junge Mädchen für den Pferdesport zu begeistern. Dazu zählten seine Nachbarkinder ebenso wie unsere beiden Nichten Susanne und Monika. Sie durften reiten und dafür halfen sie ihm bei der Stallarbeit. Jetzt unterstützen ihn Stefan und Philipp Backes, die beide aber den sicheren Boden dem schwankenden Rücken eines Pferdes vorziehen. Nora, die Tochter von Monika, setzt die Traditionslinie „Pferde" in unserer Verwandtschaft fort.

Alfred entwickelte sich zu einem Pferdeexperten. Er verfasste Artikel für eine Fachzeitschrift, die Gaby tippte. Manchmal lässt sie den einen oder anderen Fachausdruck, den sie noch behalten hat, in Gespräche einfließen, was dazu führt, dass viele auch in ihr fälschlicherweise eine Expertin sehen. Alfred versteht es bis heute, das Reiten zu inszenieren. Schon als Kind hatte er immer eine kleinere oder größere Zahl von Zuschauern um sich, wenn er sich aufs Pferd schwang. Ab und zu durfte sich der eine oder andere aufs Pferd setzen, das dann am Zügel im Kreis herumgeführt wurde.

Ich selbst blieb von all diesem Treiben relativ unberührt.

Wegen seiner Reiterei gab es nur ein einziges Mal einen richtigen Krach. Ich hatte mich monatelang nach dem Weihnachtsfest gesehnt. Das Christkind sollte mir ein Luftgewehr bringen, und ich konnte den Tag kaum erwarten. Anders als heute konnten wir uns als Kinder noch so richtig über ein Geschenk freuen. Das Luftgewehr schoss genau und ich hatte meinen Spaß damit. Eines Tages - wenige Wochen nach Weihnachten - stellte ich plötzlich fest, dass der Schuss dort nicht traf, wohin ich zielte. An Lauf und Schaft fielen mir Schrammen auf. Auf meine mehrmalige Frage, wer außer mir das Luftgewehr noch benutzt hätte, hörte ich plötzlich von meinem Bruder kleinlaut er sei es gewesen. Weil das Gewehr keinen Tragriemen besaß und auch nicht die entsprechenden Schlaufen, bediente er sich mit einem Seil. Er auf dem Pferd, auf seinem Rücken ein Gewehr, wollte er den Bergweiler Cowboy spielen. So, wie ich diesen Vorfall schildere, schließen Sie zu Recht, dass das Luftgewehr auf den Boden knallte und als Gewehr nicht mehr zu gebrauchen war. Dieser Vorfall trug nicht dazu bei, mich näher an die Reiterei heranzuführen.

Mit den Skiern bin ich oft risikoreich gefahren, was mir auch die eine oder andere Verletzung einbrachte. Aber das schien mir alles harmlos gegenüber dem Versuch, ein wild gewordenes Tier mit einem schmalen Lederriemen zu steuern. Für mich blieb Reiten ein unkalkulierbares Risiko, das nicht zwangsläufig erfolgreich ausgehen muss. Wie gezeigt wird, sollte ich Recht bekommen.

An einem wunderschönen Herbsttag, die Felder waren schon abgeerntet, sammelte sich bei strahlendem Sonnenschein und noch angenehmen Außentemperaturen, wieder einmal die Gruppe von Zuschauern vor unserem Elternhaus. Sie wollten Alfred, der schon hoch

zu Ross saß, begleiten. Er wollte sein Pferd – „Ribot"
mit Namen – auf einer entfernt gelegenen Wiese ga-
loppieren lassen.

Diese Wiese sehe ich von meinem Schreibtisch aus.
Sie liegt am Hang auf der anderen Seite des Theeltals.
Oben, auf dem Bergrücken, am Horizont, ist heute das
„Wortsegel", eine Stahlskulptur zu sehen. Heinz Popp,
ein Sotzweiler Junge, der jetzt als Professor in Saarbrücken lebt und arbeitet, schuf dieses weit über unsere Grenzen hinaus bekannte Werk. Seit unserer Jugend
sind wir befreundet. Unsere Wege liefen auseinander,
nicht im Streit, sondern weil sich jeder fast unausweich-
lich auf sein Leben und sein Umfeld konzentrierte.

Die Wiese liegt unterhalb des „Wortsegels" und sie
führt nicht direkt nach oben, sondern sie steigt schräg -
nicht so steil - nach rechts an. Am unteren Ende ist sie
durch eine Hecke begrenzt. Ich sah die Gruppe mit
Pferd und gesellte mich eher beiläufig dazu. Mich ging
dieses ganze Spektakel nichts an. Wer anfing, mich
herauszufordern, kann ich nicht sagen. Statt unbehelligt
und teilnahmslos dabeistehen zu dürfen, musste ich
mir plötzlich nur Vorwürfe anhören. Ich sei der Einzige
aus dem Kreis, der noch nie auf einem Pferd gesessen
habe, und sie nannten den Grund.

Zu ängstlich würde ich mich schlicht und einfach nicht
trauen, das zu tun, was jeder halbwegs mutige Junge
fertig bringt. Den Vorwurf, feige und ängstlich zu sein,
wollte ich nicht auf mir sitzen lassen. Meine Ehre und
mein guter Ruf standen auf dem Spiel. Die ganze Ko-
rona machte sich auf zu der beschriebenen Wiese.
Alfred auf „Ribot", der Rest zu Fuß. Mutig zu scheinen,
heißt nicht, mutig zu sein. Mit jedem Schritt näher zur
Wiese wurde ich nachdenklicher und skeptischer. „Alea
iacta est", soll Caesar im Jahre 44 v. Ch. gesagt haben,
als er den Rubikon überschritt und den Bürgerkrieg

auslöste. „Der Würfel ist gefallen." Die Frage, ob es „est" oder „sunt" heißt, mit anderen Worten, ob ein oder mehrere Würfel fielen oder geworfen wurden, möchte ich nicht weiter vertiefen, auch wenn sie zur Beurteilung der Weltgeschichte von zentraler Bedeutung ist. Nicht ganz so dramatisch wie bei Caesar ging es mit mir weiter. Alfred, der offensichtlich spürte, wie meine Zweifel wuchsen, zeigte sich einsichtig. Wir waren mittlerweile an der Wiese angekommen. Er zerstreute den größten Teil meiner Bedenken, als er mir sagte, er wolle „Ribot" erst etwas müde reiten, bevor ich meinen Jungfernritt beginnen könne. Dies erschien mir äußerst vernünftig, aber es stimmte nicht, denn Alfred ritt „Ribot" nicht müde, sondern nur warm. Das herauszufinden dauerte nicht lange.

Im Sattel zu sitzen, setzt erst einmal voraus, dorthin zu gelangen. Wer die Nase ob dieser wichtigen Erkenntnis rümpft, der hat schlicht und einfach noch nicht versucht, ein Pferd zu erklimmen. Die Frage, mit welchem Fuß aufzusteigen ist, lässt sich noch relativ leicht beantworten. Die Spreu vom Weizen trennt sich bei der Frage, ob der Reiter sich von hinten oder von vorne dem Objekt nähert. Wer versucht, wie manch ignoranter Schauspieler in Wildwestfilmen, von hinten auf das Pferd aufzusteigen, der hat in den Augen der Experten ausgespielt. Die wahren Könner stehen links, parallel zum Pferd, neben dem Kopf des Tieres, die linke Hand am Halteknauf, den Blick auf die Hinterbeine gerichtet, von denen bekanntlich eine erhebliche Gefahr ausgehen kann.

So sollte es sein. Ich weiß nicht mehr, wie viele Menschen mir halfen, in den Sattel zu kommen, aber ich gelangte dorthin. Wozu eine Zügel dienen kann, das wusste ich, und Alfred setzte darauf. Statt mir Zeit zu lassen, erst einmal glücklich im Sattel zu verweilen, schlug Alfred dem Pferd aufs Hinterteil, das ebenso überrascht reagierte wie ich. Es galoppierte los, ungestüm und viel schneller, als ich es mir je hätte vorstellen können. Zügel hin, Zügel her. Für mich ging es nur noch ums Überleben. Mit beiden Händen klammerte ich mich am Knauf des Sattels fest und hoffte nur noch auf das Mitleid des Pferdes. Je steiler es nach oben ging, umso langsamer wurde „Ribot". Gerade als ich erleichtert und noch unverletzt abspringen wollte, drehte er sich um und stürmte Hang abwärts der Hecke entgegen.

An das Massenträgheitsgesetz dachte ich damals nicht, das mich bald im wahrsten Sinne des Wortes ereilte. Galilei hat es formuliert und es ist das erste der drei newtonschen Axiome der Mechanik. Jeder Körper verharrt im Zustand der Ruhe oder der geradlinig gleichförmigen Bewegung, solange keine äußere Kraft auf ihn einwirkt und den Bewegungszustand ändert. Was sich kompliziert anhört, sah bei mir in der Praxis ganz einfach aus. Mit „Ribot" befand ich mich in einer geradlinig gleichförmigen Bewegung und in der blieb ich, nicht aber das Pferd. Statt vernünftig seine Laufroute zu planen und die Hecke als unüberwindliches Hindernis zu akzeptieren, reagierte es abrupt. Kurz vor der Hecke schwenkte es nach links, womit es seine, nicht aber meine Richtung veränderte.

Das erste der drei newtonschen Axiome der Mechanik wurde bestätigt, denn ich landete spektakulär in der Hecke. Nachdem ich mich etwas zerkratzt, aber ansonsten unverletzt, aus den Fängen der Äste befreit hatte, führte mich mein Weg schnurstracks zu meinem Bruder Alfred, der, wie die anderen auch, nicht mit mir litt, sondern über mich lachte. Als ein sonst äußerst friedliebender Mensch, jeder Gewalt abgeneigt, trat ich meinem Bruder gegen das Körperteil, das sich auch zum Sitzen eignet.

Damit aber noch nicht genug. „Ribot" war nicht zu bremsen. Von schwerer Last befreit, raste er den Berg hinunter in unseren Ort, um dann selbst das Massenträgheitsgesetz am eigenen Leibe zu spüren. Als er unten im Dorf links in Richtung Stall abbiegen wollte, fand er keinen Halt, d. h., er blieb in der gradlinig gleichförmigen Bewegung. Er wurde in den Garten des Hauses geschleudert und riss dabei einen Zaun nieder, den mein Schwager Hemmi und ich reparieren mussten.

Seit diesem schönen Herbsttag bin ich so dreist zu behaupten „auch schon einmal geritten zu sein".

Sportwagen halten nicht immer das, was sie versprechen.

Der Junge, der sich aus ärmlichsten Verhältnissen nach oben kämpfte, allein mit sich und der Not, der bin ich nicht. Anders als meine Eltern, die einen entbehrungsreichen Lebensweg gehen mussten, wuchs ich in den Jahren auf, als es uns wirtschaftlich besser ging. Wir waren eine der ersten Familien in unserem Ort, die in ihrem Haus ein Bad und eine Toilette mit fließendem Wasser besaßen. Sie stand - es ist kaum zu glauben - im buchstäblichen Sinne des Wortes auch für andere offen. Schon sehr früh besaßen wir ein eigenes Auto, eine Vedette, die einem amerikanischen Straßenkreuzer glich, auch was den immensen Spritverbrauch betraf. Der Vedette folgte ein Peugeot 403, mit dem meine Vita als Autofahrer begann, die anfangs ziemlich lausig aussah. Weil mein Vater blind war und wir ein Geschäft betrieben, durfte ich den Führerschein bereits mit 17 Jahren ablegen. Als Mopedfahrer besaß ich eine begrenzte Erfahrung im Straßenverkehr, die aber für den PKW nicht ausreichte. Deshalb übte ich nicht nur offiziell in den Fahrschulen, sondern auch mit unserem eigenen Auto, auf unserem eigenen Grund und Boden, rund ums Haus.

Ich fuhr allein, seitlich an unserem Haus vorbei, in den Hinterhof und wieder zurück. Über den Weg, entlang der Mauer des Nachbarhauses hinunterzufahren, war leicht, nicht aber das Zurückstoßen. Als ich mir eine gewisse Fahrfertigkeit angeeignet hatte, erhöhte ich den Schwierigkeitsgrad. Unser Elternhaus, das an der Hauptstraße steht, besaß zwei Treppen, - die eine führte in unsere Wohnung, die andere ins Geschäft. Dazwischen lag eine etwa fünf Meter breite Einbuchtung, in die ich rückwärts einparkte, um dann wieder in Fahrtrichtung zu stehen. Meine Mutter sah von der Küche aus zu, aber sie konnte nur in den Hinterhof blicken. Als sie ihre Begeisterung über meine fahrerischen Fähigkeiten nicht mehr zurückhalten konnte, wollte sie auch meinen älteren Bruder Gerhard, der schon lange vor mir eine Fahrerlaubnis besaß, an ihrem Glück teilhaben lassen. „Gerhard, guck mal, wie gut der Helmut schon fahren kann", rief sie ihm zu. Genau in diesem Augenblick krachte es zwischen den zwei Treppen, an der Stirnseite zu unserem Haus. Ich fuhr zu schnell und bremste zu langsam. Der Schaden hielt sich in Grenzen und konnte behoben werden.

Das Ende des Peugeot 403 ließ aber nicht mehr lange auf sich warten. Erst wenige Tage im Besitz eines Führerscheines bot sich für mich zum ersten Mal die Gelegenheit, unser Auto auf einer längeren Strecke zu fahren. Alfred wollte in Niederlahnstein ein Internat besuchen und deshalb machten sich mein Vater, mein Bruder Gerhard und ich uns auf den Weg zum Rhein. Gerhard fuhr bei nass kaltem Wetter hin und ich zurück. An diesem späten Nachmittag bewegten sich die Temperaturen schon um den Gefrierpunkt, was ich aber nicht bemerkte. Kurz vor Birkenfeld, in einer leichten Kurve, war die Straße glatt. Als ich bremste, geriet unser Auto ins Schleudern, kam auf die linke Fahrspur und stürzte von dort eine steile Böschung hinab. Das Auto überschlug sich, prallte seitlich gegen einen Baum und war nur noch als Schrotthaufen zu gebrauchen. Wie durch ein Wunder blieben alle Insassen unverletzt.

Heute frage ich mich manchmal, wie sich mein Leben verändert hätte, wäre ich am Tod des Vaters und / oder der Brüder schuldig geworden. Ich fuhr damals nicht leichtsinnig, sondern ich war nur zu unerfahren. Als nächsten Wagen kaufte sich unsere Familie einen Simca.

Als ich zur Bundeswehr kam, kaufte ich mir einen nagelneuen roten Spitfire. Es war ein Sportwagen, ein Cabrio mit Speichenrädern und einem herausnehmbaren Radio, das viel Platz beanspruchte. Eines Morgens, auf einem Parkplatz in München, erhöhte sich die Beinfreiheit, denn das Dach des Autos war aufgeschlitzt und das Radio gestohlen worden. Zu Zeiten, als kaum einer meiner Freunde ein Auto besaß, fiel der rote Sportwagen, den ich als eines meiner schönsten Fahrzeuge betrachte, schon ins Auge.

Das sah auch mein Bruder Alfred so. Wollte er irgendeiner Dame imponieren, lieh er sich mein Auto aus. Einmal landete er damit im Straßengraben. Der Spitfire beendete – wie schon der Peugeot – seine letzte Dienstfahrt nicht aus Altersgründen. Da ich im Emsland, in Sögel, bei einer Sonderwaffeneinheit stationiert war, fuhr ich sonntags abends von zu Hause zurück zum Dienst. Hinter Lingen rammte mich beim Abbiegen ein anderes Fahrzeug und mein roter Sportwagen war nur noch Schrott wert. Weil ich allein im Auto saß, die

Gegenpartei aber zu zweit, ließ sich die Schuldfrage nicht eindeutig klären mit dem Ergebnis, dass jede Seite ihren Schaden selbst tragen musste. Ich geriet so in eine finanziell heikle Lage.

An einen Sportwagen gewöhnt, wollte ich nicht auf ein solches Gefährt verzichten. Deshalb kaufte ich mir zum ersten und einzigen Mal in meinem Leben ein Auto aus zweiter Hand. Damals besaß ich nicht die geringste Erfahrung mit Gebrauchtwagenhändlern.

Auch wenn ich heute weit davon entfernt bin meine bösen Erfahrungen zu verallgemeinern, verstehe ich aber die bekannte Frage: „Würden Sie von diesem oder jenem Mann einen Gebrauchtwagen kaufen „richtig" zu deuten. Sie ahnen es: Ich wurde reingelegt, als ich mir nach dem Unfall einen gebrauchten Alfa Romeo zulegte. Anfangs lief er noch wie ein Sportwagen, aber nach kurzer Zeit nicht mehr. Viel zu schnell musste ich feststellen, dass ich betrogen worden war. Wie hatte ich mich darauf gefreut, bei meiner ersten Fahrt nach Hause, die Pferdestärken dieses Sportwagens gegen meine Konkurrenz auf der Straße voll ausspielen zu können. Daran gewöhnt, dass Fahrzeuge beim Gasgeben schneller werden, stellte ich bei der Rückfahrt fest, wie der Alfa diese allgemein anerkannte Regel zunehmend außer Kraft setzte. Beim Versuch zu beschleunigen wurde er von Kilometer zu Kilometer langsamer. Bergab, bei steilem Gefälle, schaffte ich es wenigstens noch, den einen oder anderen Lastwagen zu überholen, was mir aber schon auf ebener Fläche nicht mehr gelang. Dies brachte mich insofern in eine missliche Lage, weil es keine Bundesautobahn gab und ich deshalb die Hunsrückhöhenstraße, wo es hoch und runtergeht, benutzen musste. Einmal so tief zu sinken, mit einem Sportwagen gegen einen LKW zu konkurrieren, konnte ich mir nicht vorstellen. Bereits bei dem geringsten Anstieg zog Lastwagen nach Lastwagen an mir vorbei. Mehr als 80 Kilometer pro Stunde schaffte der Karren nicht, obwohl ich – wie es die Amerikaner ausdrücken „pedal to the metal", sprich mit „Bleifuß" fuhr. Ich konnte noch so gewaltsam und mit letzter Kraft meinen rechten Fuß gegen das Gaspedal drücken, das Tempo ließ sich nicht steigern. Nur ein überzeugter Sportwagenfahrer kann mitfühlen, wie schrecklich und demütigend es ist, wenn sogar dicke Brummer, die sonst nur als störend empfunden werden, einen überholen. Diese Arroganz des Schnellen gegenüber dem Langsamen wurde mir während dieser Fahrt gehörig ausgetrieben. Aber so ganz kampflos wollte ich mich nicht meinem Schicksal beugen. Ich überlegte krampfhaft, wie ich mich aus meiner äußerst peinlichen Lage befreien könnte. Sie werden es kaum glauben, ich wurde fündig, denn ich machte aus der Not eine Tugend.

Mit einem Alfa, einem Sportwagen protzen kann jeder. Aber darauf verzichten, PS-Stärken in Tempo umzusetzen, sprich bescheiden zu sein, und die Fahrt und die schöne Landschaft zu genießen, das bringen nur edle Menschen fertig. Was tat ich, um jedem Verkehrsteilnehmer um mich herum deutlich zu machen, wie wenig mir Geschwindigkeit bedeutet und wie viel Wert ich darauf lege, ganz locker und entspannt meiner Wege zu ziehen? Ich kurbelte das linke Seitenfenster neben meinem Fahrersitz herunter und ließ meine linke Hand ganz lässig aus dem Fenster hängen. Nur mit der rechten steuerte ich das Fahrzeug. Der kalte Fahrtwind störte zwar, aber das spielte in diesem Falle nur eine untergeordnete Rolle. Damit nur jeder sah, wie genussvoll ich einen Sportwagen fahre, trommelte ich mit der linken Hand so, als würde ich Musik hören gegen die linke Außentür. Musik hörte ich keine, denn auch das Autoradio funktionierte nicht mehr. Mit Krämpfen im rechten Bein, verursacht durch das gewaltsame Gasgeben, rettete ich mich ohne den allergrößten Gesichtsverlust nach Hause. Der Motor - so stellte sich heraus - war völlig im Eimer und musste ersetzt werden. Zum Glück fand ich einen Käufer. Ich kann mich nicht daran erinnern, je eine so teure Autofahrt gemacht zu haben.

Meine nächsten Autos kamen aus Bayern, und bis heute wurde ich von weiteren Unfällen ebenso verschont wie von Verkehrssünderpunkten in Flensburg. Einmal einen Gebrauchtwagen gefahren zu haben, reicht als Lebenserfahrung aus.

Kein Ass im Skat.

Das Skatspiel zählt bei vielen Menschen nicht nur zur Sucht, sondern zu den äußerst ernsten Angelegenheiten des Lebens, wo es um Geld und um Ehre zu gehen scheint. Da es sowieso alle wissen, gebe ich zu, ebenso gerne wie schlecht Skat zu spielen. Wie wichtig Trümpfe sind, war mir schon relativ früh bewusst. Ihre genaue Zahl fand ich aber erst einige Monate später heraus. Auch mit den „Augen" ist es so eine Sache. Es kommt darauf an, möglichst viele davon zu erzielen. Gut sind die Spieler, die während eines Spieles nicht nur die eigenen „Augen" zählen und behalten können, sondern auch noch die ihrer Gegenspieler. Für mich ist diese Form von Geistesakrobatik entschieden zu anstrengend. Nach Spielende kann ich nur gefühlsmäßig sagen, gewonnen oder verloren zu haben.

Peter Müller halte ich zusammen mit Klaus Töpfer, Günther Schacht und meinen viel zu früh verstorbenen Neffen Rudi Ames für die besten Skatspieler. Sie beherrschen nicht nur diese Finessen bravourös. Es gibt vieles, was ich an unserem Ministerpräsidenten bewundere. Er spielt politisch, nicht nur an der Saar, in einer anderen Liga als alle anderen, mich eingeschlossen. Kein einziger Oppositionspolitiker kann ihm auch nur annährend das Wasser reichen. Zu seinen besonderen Fähigkeiten zählt, noch spät nachts - genauer am frühen Morgen - trotz einer angespannten Tagung, hellwach zu sein. Das eine oder anderen Glas Bier scheint ihn nicht zu stören, wenn er Skat spielt.

Wer sich mit ihm misst und Fehler macht, der bekommt Schwierigkeiten mit seinem „Haushaltsgeld". Das sage ich, obwohl wir nur um kleinere Beträge spielen. Weil auch Kleinvieh Mist macht, kreuze ich mit Peter Müller nur dann das Skatblatt, wenn ich zu gewissen Opfern bereit bin.

Mit unserem Ministerpräsidenten hängt ein Vorfall zusammen, den ich als äußerst peinlich und unangenehm empfand. Für das Zuwanderungsgesetz war von der CDU-Seite Peter Müller verantwortlich. Er besuchte unsere Fraktion, um kurz vor der Verabschiedung des Gesetzes über den neuesten Stand der Verhandlungen zu informieren. Wir saßen nebeneinander und er schlug mir vor, nach der Sitzung gemeinsam essen zu gehen. Kurz darauf lud ihn ein Kollege ein, in der parlamentarischen Gesellschaft Skat zu spielen. Plötzlich schien er keine Hungergefühle mehr zu verspüren. Er bat mich, mit dem üblichen Kreis Skat zu spielen. Nebenbei könnten wir ja noch eine Kleinigkeit essen. Weil kein Größenwahn mich plagt und ich meine spielerischen Fähigkeiten richtig einzuschätzen weiß, schlug ich das Spiel, nicht aber das Essen aus. Die bekannten Skathaie saßen im letzten kleinen Raum und wir, mit einigen Freunden, in dem größeren Zimmer davor.

Wie sich die finanzielle Lage Peter Müllers an diesem Abend verbesserte, hörte ich immer dann, wenn er kurz einmal den Skattisch verlassen musste. So gegen Mitternacht verabschiedete ich mich und fuhr zurück in meine Wohnung. Morgens hörte ich von einigen Mitspielern, es sei eine längere Nacht geworden. Später erzählte mir Peter Müller, wie verdutzt seine Sicherheitskräfte dreinschauten. Sie saßen im Hotel vor dem Fahrstuhl und warteten darauf, dass ihr Chef herauskam. Er schlug genau den umgekehrten Weg ein. Nachdem er sich kurz frisch gemacht hatte, absolvierte er, als sei nichts geschehen, sein auch an diesem Tag nicht gerade leichtes Arbeitspensum.

Als wir uns um 16:00 Uhr im Flugzeug trafen, das uns zurück ins Saarland brachte, sah er immer noch recht fit aus. Von dort führte ihn - wie ich später hörte - sein Weg nicht nach Hause, um sich auszuruhen, sondern in die Staatskanzlei zur Weihnachtsfeier mit seinen Mitarbeiterinnen und Mitarbeitern. Auch dort verließ er nicht als erster die Feier.

Im Bundestag lief an diesem Freitag, einige Stunden zuvor, die namentliche Abstimmung. Unsere Fraktionsvorsitzende Angela Merkel tobte im kleinen Kreis herum, weil eine Handvoll Kollegen ohne ersichtlichen Grund fehlten. Als ein Name fiel, konnte ich es nicht glauben, denn ich hatte ihn abends in der Gesellschaft von Peter Müller beim Skatspiel gesehen. Um ihn zu verteidigen, mischte ich mich ein und nannte auch den Grund, warum er eigentlich da sein müsste. Als mir „Skatspiel mit Peter Müller" herausgerutscht war, hätte ich mir am liebsten die Zunge abgebissen, denn verpetzen wollte ich niemanden. Als ich ihn am späten Nachmittag traf, erzählte ich ihm die Geschichte. Er sah immer noch sehr mitgenommen aus, aber lachen konnte er wieder.

Im Landtag spielten wir ebenfalls Skat, in dem berühmt berüchtigten Arbeitskreis 18, dem u. a. Werner Zeyer,

Werner Scherer, Günther Schacht, Robert Wagner, Gerd Meyer, Alfred Wilhelm, Ludwig Schnur, Hubert Nikolaus, Hans Groß, Hans Ley, Peter Müller und ich angehörten. Wir spielten in der Mittagspause um kleinere Beträge. Aufgrund meiner spielerischen Fähigkeiten konnte ich sie mir gerade noch leisten. Sie flossen in eine gemeinsame Kasse. Gegen Ende des Jahres luden wir unsere Frauen zum Essen ein und lösten so die Kasse auf. Jedes Mal bat Günther Schacht seine Frau Regina, mit uns „Raubers" gut umzugehen. Die Vorspeise und das Hauptgericht hätte ich alleine bezahlt. Diese leichte Übertreibung verzeihe ich meinem langjährigen politischen Wegbegleiter.

Die parteipolitischen Grenzen sind im Saarland nicht so scharf gezogen wie in anderen Bundesländern. In einem Fall hieß das konkret, zusammen mit zwei SPD-Kollegen auf der Fahrt des Grubensicherheitsausschusses nach Essen im Bus Skat zu spielen. Ich nahm an, um die gleichen Geldbeträge zu spielen wie in unserem Arbeitskreis 18 der CDU-Fraktion. Als wir in Essen ankamen, glaubte ich nach überschlägiger Rechnung so um die 50 Pfennig gewonnen zu haben. Ich machte den Vorschlag, diese Beträge nicht auszuzahlen, wurde aber eines Besseren belehrt. Ich hatte keine 50 Pfennig, sondern 50,00 DM gewonnen, die nach dem Motto „Spielschulden sind Ehrenschulden" auch ausgezahlt wurden. Reinhold, der Name wurde von der Redaktion geändert, spielte den Zahlmeister und seine Pechsträhne sollte sich fortsetzen.

Nach dem offiziellen Programm zogen wir es vor, nicht die Stadt, sondern unsere Hotelbar aufzusuchen. Wir saßen noch spät zusammen, als einzelne unserer Ausschussmitglieder, entweder allein oder in kleineren Gruppen, zurückkamen. Sie schauten bei uns vorbei. Reinhold forderte sie auf, mit uns noch ein Glas Bier zu trinken. Das taten sie. Als es dann ans Bezahlen ging, stellte er fest, dass seine Aufforderung, einen mitzutrinken, anders verstanden wurde, als er es gemeint hatte. Die Kolleginnen und Kollegen fühlten sich eingeladen. Reinhold, der nicht gerade als spendierfreudig galt, musste zahlen.

Bis zu unseren Hotelzimmern hatten wir noch ein gutes Stück zu gehen. Reinhold konnte sich nicht beruhigen. „Diese Ausbeuter, diese Schnorrer, diese Freibiergesichter", mehr als diese drei Worte gebrauchte er nicht, diese aber immer wieder. Hans Albert und ich schauten uns nur gegenseitig an und empfanden tiefes Mitleid mit unserem armen Reinhold, das aber nicht so weit ging, mit ihm die Kosten der Getränke zu teilen.

Um beim Bergbau zu bleiben: Der Vorstand der Saarbergwerke hatte Klaus Töpfer, Gerd Meyer, Willi Gehring und mich an einem Samstagabend in ihr Gästehaus eingeladen, um sich für unser Engagement für den Bergbau zu bedanken. Wir genossen ein ausgezeichnetes Essen und wir fühlten uns wohl. Plötzlich – wie aus heiterem Himmel, mit niemandem abgestimmt – stand Klaus Töpfer auf und ergriff das Wort: „Wenn's am schönsten ist, soll man aufhören!" So kam es.

Draußen vor der Tür nahm er Gerd Meyer und mich zur Seite, um uns den Grund des plötzlichen Aufbruchs zu nennen. Er wolle mit uns beiden noch eine Runde Skat spielen, und er schlug uns auch vor, wo. Wir wechselten die Lokalität und saßen am ersten Tisch, gleich hinter dem Eingang, in einem langen, schmalen Raum, mit dem Tresen am gegenüberliegenden Ende. Die Gäste, die das Lokal betraten, staunten, als sie den leibhaftigen Bundesumweltminister sahen, der mit uns Skat spielte. Wieder ging die Tür auf und ein Bekannter aus einem Nachbarort trat ein. Er schien über unser Treffen, so spät am Samstagabend, genau so überrascht zu sein, wie ich. Wir tauschten ein paar belanglose Worte aus und er verschwand in Richtung Tresen. Um nicht den Eindruck entstehen zu lassen, zu Hause kennt er einen, aber nicht, wenn er mit dem Bundesumweltminister zusammen ist, unterbrach ich wenig später unsere Runde. Ich steuerte in Richtung Tresen, aber weder dort noch auf der Toilette konnte ich ihn finden - er schien wie vom Boden verschluckt zu sein. Erst als wir das Lokal verließen und ich die Lampe mit dem blinkenden roten Licht sah, war mir alles klar. Wir hatten, ohne es zu wissen, in einem etwas zweifelhaften Etablissement Skat gespielt.

Als ich Klaus Töpfer einige Tage später darauf ansprach, meinte er nur, ich solle ruhig sein. Zu vertuschen gab es nichts und deshalb kann ich diese Geschichte an dieser Stelle erzählen.

Mit dem Skatspiel verbinde ich aber auch ein sehr schmerzliches Erlebnis. An einem Freitagnachmittag spielten Robert Wagner, Werner Scherer und ich zusammen Skat.

Robert und ich hatten etwas später mit dem stellvertretenden Leiter des Landesarbeitsamtes in Neunkirchen einen Anschlusstermin. Als wir nach dem Spiel gemeinsam zu unseren Autos gingen, fragte mich Robert, ob ich bemerkt hätte, wie schlecht Werner Scherer aussehe. Von dem labilen Gesundheitszustand Werner Scherers wusste ich. Von daher gesehen empfand ich die Frage von Robert nicht als außergewöhnlich oder gar beunruhigend. Einen Tag später, in der Nacht von Samstag auf Sonntag, ist Werner Scherer gestorben.

Vorurteile blenden: Wassili Kandinsky und die Rassekaninchenzuchtvereine.

Kinder und Erwachsene leben in unterschiedlichen Vorstellungswelten. Das kann dazu führen, gleiche Sachverhalte völlig anders zu sehen und zu bewerten. Nach dem 2. Weltkrieg gehörten die Kaninchen auf dem Lande fast zu jedem Haus. Für uns waren sie unsere Freunde, mit denen wir spielten. Wir streichelten sie und wegen ihres weichen Felles konnten wie sie so kuschelig an uns drücken. Erst viel später, fast schon erwachsen, erfuhren wir, zu welchen Zwecken die Kaninchen noch gehalten wurden.

Die Ställe waren umgelegte Holzkisten, oben durch eine Plane abgedeckt und nach vorne offen. Ein mit Holzlatten umrahmtes Drahtgitter diente als Tür. Als Kinder konnten wir uns nicht vorstellen, wie sich solche Türen durch Kaninchen von innen heraus öffnen ließen. Offensichtlich muss es aber möglich gewesen sein, denn es geschah nicht einmal, sondern mehrmals, meist vor großen Feiertagen. Als Kinder fielen uns die leeren Ställe auf. Wir fragten nach dem Grund und die Antwort, die wie erhielten, klang plausibel. Unsere Spielkameraden seien zu ihren Familien, den Hasen, zurück in den Wald gerannt. Sie wären jetzt wieder glücklich vereint.

Das milderte unseren Trennungsschmerz. Keiner von uns ahnte, welch grausame Tat sich hinter der sogenannten Familienzusammenführung verbarg.

Uns fiel auch nicht auf, dass die angeblichen Hähnchen, die auf unseren Tisch kamen, unseren Kaninchen ähnelten. Als Kinder hatten wir bald von diesem ständigen Weglaufen die Nase voll und die Kaninchen verschwanden aus unserem Haushalt. Meine Kontakte zu diesen Tieren verloren sich aber nicht.

Nicht nur in der Politik erlebte ich, wie sich andere Menschen über die Kaninchenzuchtvereine lustig machten. Wollte sich jemand negativ über die saarländische Vereinsmeierei auslassen, gebrauchte er als Beispiel nicht die Kultur - oder Sport treibenden Vereine, sondern die Rassekaninchenzüchter, ohne zu wissen, wovon er spricht.

Nicht ganz so herablassend urteilte auch ich, denn ich fand anfangs keinen Zugang zu dieser Art von Freizeitbeschäftigung. Für mich sah ein Kaninchen aus wie das andere. Besuchte ich eine Ausstellung, reichte mein Sachverstand nicht viel weiter als zur Phrase, „dieses Kaninchen ist schön und das ist nicht gerade so attraktiv". Hätte mich jemand nach der Begründung gefragt, wäre ich ihm vermutlich eine schlüssige Antwort schuldig geblieben. Was mir bei all diesen Ausstellungen auffiel, war, mit welcher Begeisterung sich die Züchter ihrem Hobby widmeten. Irgendetwas musste an diesem Hobby dran sein, das ich nicht erkennen konnte.

Bei der nächsten Gelegenheit, einer Ausstellung in Sotzweiler, sprach ich deshalb den Vorsitzenden Alois Flesch an und bat ihn, mir zu erklären, warum dieses Kaninchen mit „sehr gut" und das andere nur mit „befriedigend" beurteilt wurde. Alois nahm ein Kaninchen aus dem Stall und stellte es auf den Tisch. Dann wies er mich auf die Stellung der Hinterbeine hin, die ideal parallel zum Körper stehen sollten. Bei den Vorderläufen gelten andere Kriterien. Der Körperbau sollte nicht zu plump, zu massig oder zu kurz proportioniert sein. Das Normalgewicht liegt bei etwa 3 1/2 Kilo. Alois erklärte mir auch die Unterschiede im Fell, in der Krümmung des Rückens und viele Punkte mehr, die mir als Laie nicht aufgefallen wären.

Er erzählte mir, wie Züchter versuchen, durch Selektion

die Qualität der Tiere zu verbessern. So langsam verstand ich, warum Menschen begeistert Kaninchen züchten und wie vielseitig ihr Hobby ist, das sie mit Herz und Seele betreiben. Heute zähle ich mich zwar nach wie vor nicht zu den Züchtern oder zu den Experten, aber so völlig ignorant bin ich nicht mehr. Ich bitte, eine Lehre aus meiner Schilderung zu ziehen. Es ist oft die Arroganz, die sich aus der Ignoranz speist. Kaninchenzucht, das hat viel mit Liebe zum Tier und mit der Liebe zur Natur zu tun. Nicht nur dieses Beispiel lehrte mich, mit Vorurteilen anders umzugehen.

Kaninchenzucht und moderne Kunst haben mehr gemein, als viele der Leserinnen und Leser erahnen. Wenn ich behaupte, dass meine zeichnerischen Fähigkeiten nur unbedeutend über das Stadium infantiler Malkunst hinausgehen, dann will ich damit nicht kokettieren, sondern nur die Wahrheit sagen. Als ich anfing, mich mit Kunst zu beschäftigen, stand ich vor dem gleichen Problem wie mit den Kaninchen. Wenn Kunst von Können kommt, so fragte ich mich oft, wo dieses Können sei, wenn ein Künstler eine Leinwand einfarbig mit Farbe bestreicht, die andere mit Farben bekleckst und die dritte scheinbar wahllos mit Linien durchzieht. Wer sich unbedarft z. B. das Bild von Paul Klee „Revolution des Viadukts" aus dem Jahr 1937 anschaut, der kann mit mir nachfühlen. Gemalt sind mit dicken, schwarzen Pinselstrichen Unterkörper, die wie Torbögen ausschauen, oben abgegrenzt durch einen Strich. Hinter dieser „Revolution des Viaduktes" steckt die Ahnung - so jedenfalls interpretieren es einige Experten - die Angst, die Vision des bevorstehenden Weltkrieges. Die Elemente des Viadukts verkörpern kopflose Riesen, die bedrohlich und unaufhaltsam alles niederwalzen, was sich ihnen in den Weg stellt.

1970 ist in den USA ein herausragender Vertreter des

abstrakten Expressionismus gestorben. Mark Rothko suchte einen Ausweg aus der Realität, einen Fluchtpunkt vor Tod, Einsamkeit und Unterdrückung, und er stieß dabei auf die Farben. Warum er Maler wurde, begründete er damit, die „Malerei zur Höhe der Intensität von Musik und Dichtung" zu erheben. Er lässt die Gegenständlichkeit hinter sich, um „über die Farben den Weg einer Mystik jenseits aller Religion" zu finden (art 7/96, S. 19).

Dieses und ungezählte andere Beispiele zeigen, wie vielseitig Kunst sein kann und wie wichtig es ist, sich vor dem Urteilen sachkundig zu machen. Ein zentraler Satz zum Verstehen moderner Kunst stammt von Paul Klee in seinem 1920 erschienenen Aufsatz „Schöpferische Konfession": „Kunst gibt nicht das Sichtbare wieder, sondern macht sichtbar." Für den, der sich nur mit der Darstellung des Gegenständlichen begnügen will, reicht eine Fotografie.

Wassili Kandinsky nenne ich, weil er als der „Geburtshelfer der abstrakten Kunst" gilt. Er war es, der sich - von religiöser Sehnsucht getrieben - vom realen Vorbild des Gegenstandes löste und mit Farbkompositionen Botschaften verband. Er verweist mehrmals auf die Musik, wo mit Tönen und Klang komponiert wird. Er als Maler will mit Form und Farbe das gleiche tun.

Vermutlich eine der besten Freiwilligen Feuerwehren, die es gibt.

Mit Superlativen „das Beste, das Größte, das Schönste usw." sollte vorsichtig umgegangen werden. Wer objektiv betrachtet Gutes als das Beste bezeichnet, der macht sich nicht nur unglaubwürdig, sondern er entwertet dieses Positive dann, wenn Besseres von der breiten Masse zu erkennen ist. Tina Turner, die dunkelhäutige „junge Dame" von 70 Jahren (geboren am 26. November 1938), mit der Explosivität und der Energie einer 18-jährigen, die als Mensch gewordener Tiger fast schon furcht einflößend ausschaut, sang den Welthit „ Simply the best". Sie schmachtet nach dem Mann, den sie einfach als den besten bezeichnet, besser als „all the rest".

Carlsberg, die weltbekannte Bierbrauerei, warb vor einigen Monaten in internationalen Zeitschriften mit einem etwas bescheideneren Anspruch. Ein grün angestrichener Lastzug fuhr in oder vor einem markanten Zeichen, einer Weltstadt, einem bekannten Berg oder Fluss. Auf dem Seitenteil des Fahrzeuges stand der Name dieses Bieres und darunter, übersetzt: „Vermutlich das beste Bier der Welt."

Mir gefiel diese Anzeigenserie, obwohl ich unser Karlsberg Bier lieber trinke. Tina Turner oder „probably the best", das war die Frage. Über das vorliegende Kapitel „Die beste Feuerwehr der Welt" zu schreiben, überlegte ich. Aber um nicht zu bombastisch zu wirken, zog ich die gewählte Überschrift vor. Was rechtfertigt eine solche, immer noch kühne Behauptung?

Vom 18. bis 25. Februar 2006 wurden in Hongkong die Feuerwehrweltmeisterschaften ausgetragen. Fast 3.000 Teilnehmerinnen und Teilnehmer aus 37 Nationen ermittelten in den verschiedensten Disziplinen ihre Besten der Welt. Unter anderem ging es darum herauszufinden, welche Frau bzw. welcher Mann die Spitze eines Hochhauses mit 98 Stockwerken, 450 Meter hoch, am schnellsten erreicht. Anna Schneider errang den zweiten Platz im Wettbewerb „härteste Feuerwehrfrau der Welt". Gerhard Eckert, Erik Theobald und Christoph Schneider platzierten sich bei dem Wettbewerb zum „härtesten Feuerwehrmann" im ersten Drittel. Jens Wichmann, der im Triathlon schon einen guten Mittelplatz erreicht hatte, verstärkte zusammen mit Stefan Schu und Christoph Schneider das deutsche Boot der Berufsfeuerwehren. Sie erzielten in diesem Drachenbootrennen die Goldmedaille in der Nationenwertung. Stefan Schu war unser erfolgreichster Teilnehmer, der nicht nur in Hongkong seine Spitzenklasse bewies. Dort gewann er die Goldmedaille im Halbmarathon mit zwei Minuten Vorsprung.

Peter Notar und Gerhard Müller betreuten die Mannschaft, die sich acht Monate lang, viermal wöchentlich, auf diesen Wettbewerb vorbereitet hatte. Unser Bürgermeister Hermann Josef Schmidt reiste mit nach Hongkong, um seiner Wehr zumindest moralischen Beistand zu gewähren.

Die Bergweiler Feuerwehr wurde bei ihrer Heimkehr nicht nur von den Feuerwehren der Gemeinde, sondern von so gut wie allen Bürgerinnen und Bürgern unseres Ortes stürmisch begrüßt und gefeiert.

Diese und in den nachfolgenden Monaten erzielten Spitzenergebnisse bedeuten nicht, dass die Freiwillige Feuerwehr Bergweiler ihre eigentlichen Aufgaben vernachlässigen würde. Es gilt bei uns das geflügelte Wort, geprägt nicht von einem Bergweiler Bürger, sondern von dem ehemaligen Bürgermeister Hans-Dieter Frisch: „Wenn mir ein Unfall zustoßen sollte, dann hoffe ich nur auf eins, von der Bergweiler Feuerwehr gerettet zu werden."

Die überragende Leistung unserer Wehr stelle ich nicht deshalb heraus, weil ich ihr selbst über viele Jahre aktiv angehörte und Peter Notar als Löschbezirksvorsitzender und sein Vater Balduin mit ihrer Familie unsere Nachbarn sind. Robert, Balduin und Peter Notar haben unglaublich viel für unseren Ort - nicht nur als Feuerwehrmänner - geleistet und Balduin ist zu Recht dafür vor einigen Jahren (2002) mit dem Bundesverdienstkreuz ausgezeichnet worden. Nach dem Tod seines Bruders Robert war es auch ihm nicht vergönnt, alt zu werden. Es blieben ihm nur wenige Monate nach einem harten und arbeitsreichen Berufsleben, seinen verdienten Ruhestand zu genießen. Ihm, der als Feuerwehrmann so viele Menschen gerettet und geholfen hat, konnte niemand beistehen, als er am 19. 06. 2007 den Kampf gegen den Tod verlor. Er fehlt uns als Mensch und als Nachbar. Menschen wie Balduin sind deshalb Vorbilder, weil sie die Tugenden wie Pflichterfüllung, Verantwortungsbewusstsein, Verlässlichkeit, Gemeinschaftssinn, Anstand und Fleiß – um nur die wichtigsten zu nennen – vorleben.

Nur ein Vorfall soll diese Aussage belegen. Ein schon fast orkanartiger Sturm riss auf unserem Balkon das Sonnendach mitsamt Gestänge aus der Verankerung. Das weiße Zeltdach verfing sich in der Stromleitung. Es regnete noch dazu in Strömen, was mich – nicht aber Balduin und Peter – davon abhielt, auf das glitschige Dach unseres Hauses zu klettern, um das, was von dem Zelt noch übrig war, herunterzuholen. Menschen wie Balduin stehen stellvertretend für viele, die sich in unseren Wehren, den Rettungsorganisationen unserer Gemeinde und in vielen Vereinen ehrenamtlich engagieren.

Nicht traurig, sondern eher heiter, möchte ich dieses

Kapitel abschließen. Mich ärgert es heute, nicht mit nach Hongkong geflogen zu sein. Gerade aus dem Bundestag ausgeschieden, wollte ich erst einmal zur Ruhe kommen, zumal ich Hongkong selbst von einem Besuch in Südostasien kannte.

An meinem Geburtstag gratulierte mir Helga Schmidt allein, ohne ihren Mann, den Bürgermeister. Die Wett-kämpfe in Hongkong waren damals abgeschlossen und als ich sie zur Tür begleitete, sagte ich ihr voller Stolz, dass ich Hermann Josef bestärkt hätte, mit nach Hongkong zu fliegen. Sie schaute gar nicht so erfreut drein, sondern sagte mir nur, dass sie jetzt endlich wis-se, warum sie all diese Faschingsveranstaltungen allei-ne besuchen müsse.

Unsere Bürgermeister vertrat ich oft, wenn sie sich in Urlaub befanden oder wenn sie aus anderen Gründen bestimmte Termine nicht wahrnehmen konnten. Über den „Fetten Donnerstag" brauchte ich noch für keinen einzuspringen und es bedurfte 32 Jahre Mitgliedschaft im Gemeinderat, um herauszufinden, warum. Die jun-gen Damen der Verwaltung - ältere gibt es keine - schon als Katzen kostümiert, frühstücken mit einem einzigen Mann, mit dem Bürgermeister. Ich kann nach-vollziehen, wie sie sich in der Gesellschaft attraktiver Damen fühlten und ich fühlte wie sie. Meine Euphorie wurde an diesem Donnerstag anfangs allerdings etwas gedämpft. Mitten unter den Damen platziert hoffte ich, von ihnen mit Sekt, Kaffee und Kuchen bedient zu werden. Ich saß mittendrin, aber nichts rührte sich, bis mir die Büroleiterin Maria Kasper zu verstehen gab, dass ich offensichtlich nicht wisse, in welcher Lage ich mich befände. Ganz undiplomatisch, sehr direkt, mit wenig Rücksicht auf meine labile Gefühlslage, gab sie mir zu verstehen, ich sei schlicht abgesetzt und hätte gefälligst die Damen zu bedienen und nicht sie mich.

Dem Schicksal völlig ergeben, wurde es dennoch ein schöner Tag.

Mit dem Handy schossen wir ein Bild, ein Mann mit Katzen, das wir nur mit einem Satz beschriftet nach Hongkong zu unserem Bürgermeister sandten: „Schön, dass Du dort bist". Seit dieser Zeit überlege ich, welche Vereine oder Verbände unser Bürgermeister über den nächsten „Fetten Donnerstag" irgendwohin begleiten könnte. Eine wichtige Anmerkung sei mir noch erlaubt: Ganz allein unter den Damen stimmt nur bedingt. Unser in der Gemeindeverwaltung allseits beliebter Uwe (Schneider) schaute ständig aus irgendwelchen fadenscheinigen Gründen vorbei, um die Ungerechtigkeiten in der Welt zu beklagen. Einen Mann allein unter so vielen attraktiven Damen konnte er nur schwer ertragen. Vielleicht dachte er auch an den bekannten Satz von Giovanni Boccaccio im Dekameron, „dass wohl ein Hahn für 10 Hennen ausreicht", aber den 10 Hennen nicht der eine Hahn. Wörtlich heißt der letzte Halbsatz etwas anders, aber das, was dort steht, kann ich nicht akzeptieren.

Wer es genau wissen will, der schlage bitte im genannten Band 1, Seite 208 nach.

Theater

Theater als Medium, als Kommunikationsinstrument, als Bühne, als Gattung, als politische Ausdrucksform, als Ventil, Auflehnung gegen bestehende Herrschaftsformen - alles Schlagworte, die ausgeschmückt werden könnten, was ich aus mehreren Gründen weder tun kann noch tun will. Dieses Kapitel schreibe ich als ehemaliger Laienschauspieler, von dem Sie vermutlich noch nie etwas gehört haben. Nach dem 2. Weltkrieg gab es in vielen Orten unseres Landes, so auch in Bergweiler, einen Theaterverein, der viel probte und nur einmal im Jahr auftrat.

Die Stücke, die aufgeführt wurden, drehten sich fast immer um Liebe, um Herz und Schmerz. Als Junge spielte ich zweimal in diesem Verein mit, dann fiel für immer der Vorhang. Mit unserem Gesangverein erging es mir ähnlich, denn nur wenige Auftritte waren mir vergönnt, bis der letzte Ton der Stimmgabel verklang. Als Sänger war ich eine ziemliche Null. Ich behaupte nach wie vor, mit meiner Stimme jeden Chor kaputt singen zu können.

Alle, die mich bis dato hörten, zweifeln nicht an dieser Aussage. Meine schauspielerischen Fähigkeiten wurden vom Publikum besser beurteilt. Einmal spielte ich einen reichen Amerikaner. Ich war gut. Leider entdeckte mich kein Agent für eine internationale Schauspieler-karriere.

Aus dieser Zeit erinnere ich mich an zwei Geschichten, die mir erzählt wurden. Sie sollen sogar wahr sein. In einem Stück – wie traurig – wurde ein böser Wilderer von einem guten Jäger ertappt. Der Böse wollte den Guten mit seinem Gewehr töten. Er richtete die Waffe auf den Jäger und drückte ab. Der scharfe Schuss soll-te aus einer anderen Waffe hinter den Kulissen abge-feuert werden. Die Szene kommt, der Wilderer krümmt den Abzugshahn, aber kein Schuss fällt. Er krümmt wieder den Hahn und wieder hallt kein Schuss durch den rauchigen Saal. Nur die extrem guten Schauspieler beherrschen solch schwierige Situationen. Der Wilderer aus Bergweiler zählte dazu. Als er merkte, dass sein Gewehr ihm nicht half, den armen Jäger zu töten, warf es geistesgegenwärtig zur Seite. Er zückte seinen Dolch, links am Gürtel befestigt und stürzte schreiend auf den Jäger. „Wenn ich Dich nicht erschießen kann, dann erdolche ich Dich." Der verdutzte Jäger, der einen anderen Tod einstudiert hatte, war schon halb daniedergesunken. Zur gleichen Zeit, als der Wilderer zustieß, erschreckte der verspätete Schuss auch die Zuschauer.

Wegen des tosenden Gebrülls ließ sich nicht mehr eindeutig feststellen, auf welchem Weg der bemitleidenswerte Jäger das Zeitliche gesegnet hatte. Das Drama mutierte zur Komödie. Tränen flossen, aber nicht die, an die der Autor des Stückes gedacht hatte.

Nicht ganz so martialisch ging es in einer anderen Aufführung zu. Zwei Brüder lieben dasselbe Mädchen, das sich aber nicht entscheiden kann. Ein Kraftakt zwischen den Brüdern soll der unschlüssigen Dame weiterhelfen. Beide kommen auf eine ausgefallene Idee. Derjenige, der die Kante eines Tisches mit der Faust abschlägt, erhält das Liebchen zugesprochen. Warum diese nicht gerade alltägliche Form der Auseinandersetzung gewählt wurde, bleibt das Geheimnis des Autors. Ich selbst hatte weder vorher noch nachher von dieser Wettkampfart etwas gehört. Wie lässt sich eine solche Idee schauspielerisch umsetzen?

Die Tischkante wurde an einer Seite angesägt. Der Verlierer, der „Loser", holt gewaltig aus, schleudert seine Faust gegen den Tisch, bremst kurz davor ab, schreit aber auf, weil solche Versuche – Faust gegen Tisch – äußerst schmerzhaft sind. Der andere, der Sieger, der „Winner", holt noch weiter aus, feuert seine Hand richtig auf die Tischkante, schreit aber nicht auf. Ein Sieger, die Liebe einer Frau vor Augen, verspürt bekanntlich keinen leiblichen Schmerz. Das, was so schön und so schlüssig geplant war, nahm aber einen etwas anderen Verlauf.

Wie vorgesehen, holt der von der Regie ausgewählte Verlierer aus, schlägt wie geprobt zu, schreit „au", ohne wirklich zu leiden, tut aber so, als sei er tödlich an Leib und Seele verletzt. Jetzt tritt der Held auf die Bühne. Er schaut seine Liebste an, krempelt die Ärmel hoch, schwingt die Faust nach oben, um sie dann von senkrecht über dem Kopf mit aller Kraft nach unten auf die Tischplatte zu feuern. Abweichend vom Drehbuch brüllt auch er auf, hält sich mit einer Hand seine verletzte andere Hand und tanzt vor Schmerz und unter lautem Gewimmer auf der Bühne herum. Er leidet echt, und das Publikum schreit vor Lachen. Gegenüber der Probe war der Tisch umgedreht worden.

Der „Winner" siegt aber doch noch, weil die angesägte Tischkante gegenüber durch den gewaltigen Aufschlag zu Boden fiel. Schöner hätte dieses Stück nicht enden können! Der vorgesehene Sieger siegt, wenn auch unter Schmerzen, die dem Verlierer die Niederlage etwas erträglicher machten.

Heute existiert bei uns wieder ein Theaterverein mit dem Namen „Sonnenschein Sotzweiler-Bergweiler". Wann immer es unsre Zeit erlaubt, besuchen wir seine Veranstaltungen und sind jedes Mal begeistert, auch ohne die vorgenannten Pannen.

Herrenballett

Hiltrud Stein organisierte Ende der 80er Jahre die zentrale Faschingsveranstaltung der Frauenunion des Stadtverbandes St. Wendel. Sie rief mich an und fragte, ob ich in einem Herrenballett mitwirken würde. Meine Antwort war ein ausweichendes Nein, denn sonderlich viele Fertigkeiten traute ich mir in diesem Genre nicht zu. Für das Musical begeisterte ich mich, nicht aber für das Ballett als eigenständige Kunstrichtung, obwohl mir durchaus die eine oder andere Darbietung gefällt.

Rudolf Nurejew und sein akrobatisches Tanzen, das sehr stark mit dem Schwanensee von Peter Tschaikowski identifiziert wird, gefiel mir. Ballett als Ästhetik, Grazie, Ausdruck der Gefühle durch Gestik und Tanz - diesen Ansprüchen, glaubte ich nicht genügen zu können. Heute lese ich, wie sich das Ballett verändert und wie der englische Choreograf Wayne McGregor vom Computer geschaffene Figuren einsetzt und das Verhalten von Insekten nachstellt. Er stellte nicht mehr die Musik an den Anfang seiner Arbeit, sondern eine Idee, eine Philosophie, die seine Zuschauer intellektuell herausfordern soll. Ein weiteres Ziel von ihm ist es, die vorhandenen Erwartungen seiner Zuschauer zu zerstören. Ich bin zu wenig sachkundig, um solche Veränderungen bewerten zu können.

In dem Telefongespräch unserer Choreografin mit mir kreisten meine Gedanken um etwas ganz anderes, das mit diesen hochtrabenden Betrachtungsweisen nichts zu tun hatte. Ich suchte nur krampfhaft nach einer guten Ausrede, mit der ich mich vor dem Herrenballett drücken konnte. Warum fiel mir nicht meine Ischiasverletzung ein, wegen der ich meine sportliche Laufbahn als Leichtathlet einstellen musste? Sie wäre eine glaubwürdige Entschuldigung gewesen. So aber wand ich mich nur herum.

Hiltrud spielte ihren alles entscheidenden Trumpf aus, als sie meinte, ich sei der einzige der führenden CDU-Politiker des Kreises St. Wendel, der nicht mitmachen würde. Landrat Franz Josef Schumann, Hans Ley und andere hätten schon begeistert zugesagt. Die Wahrheit sah – wie sich später herausstellte – etwas anders aus, denn mit dem gleichen Trick, wie bei mir, stellte sie ihre gesamte Balletttruppe zusammen. Der Zweck heiligt halt die Mittel. Obwohl nach wie vor skeptisch und eher abgeneigt, wollte ich weder Spielverderber sein, noch meine Freunde im Stich lassen.

Uns allen war klar, dass niemand im Saal Künstler wie Nurejew erwartet und die Ansprüche an ein Herrenballett deutlich niedriger angesetzt sind. Aber immerhin, unser guter Ruf stand auf dem Spiel. Herrenballett bedeutet für mich, Männer in Dreitagebärten, also unrasiert, grell geschminkte Lippen, rot gepuderte Wangen, bunte Kopftücher die Haare bedecken - von ihren Omas entliehen - aufgekrempelte Hemden, kurze Röcke, die den Blick auf behaarte Beine zulassen. Nicht nur bei dem „Can Can" ließ sich unschwer erkennen, was sich hinter dieser Maskerade verbarg. Tanzende Männer in Frauenkleidern gab es schon früher. Noch bis ins 17. Jahrhundert übernahm unser Geschlecht auf der Bühne auch die Frauenrollen. Ob die Männer damals so auftraten wie heute, wenn sie stampfend und ungelenk über die Bühne stürmen, das mag bezweifelt werden. Je grausiger die Versuche, Harmonie und Bewegung in Gleichklang zu bringen, um so durchschlagender der Lacherfolg. Diese Vorstellung von Herrenballett hatte ich im Kopf und auch den Spruch von Papst Johannes XXIII: „Giuseppe, nimm dich nicht so wichtig." Mit anderen Worten, ich ließ mich auf das Abenteuer Herrenballett und „Sterbender Schwan" ein. Das Wohnzimmer von Brigitte und Franz Josef Schumann diente als Bühne für unsere erste Probe. Oh, was hatte sich da für eine Truppe versammelt. Von Grazie und Ästhetik kaum eine Spur. Für die Körperlehre hätten wir jeden Typus anbieten können: lange Dürre ebenso wie kurze Dicke, vice versa. Wir brachten mit unserer Uraufführung Ästhetik im Einzelfall und Heterogenität als Ganzes auf die Bühne. Was von unserer Truppe künstlerisch an Tanzschritten und sonstigen Verrenkungen gefordert wurde, hielt sich in Grenzen. Selbst der Ungeschickteste schaffte es nicht, aus der

Rolle zu fallen. Mit viel Fantasie ließen sich wenigstens einige Elemente des sterbenden Schwans erkennen. Die Schau konnte beginnen.

Wir positionierten uns im Flur und tänzelten auf den Zehenspitzen ins Wohnzimmer. Den linken Arm hatten wir in die Seite gestützt und die rechte Hand lag abgewinkelt, die offene Handfläche nach vorne, auf dem Kopf. Mit den Fingern sollten wir winken. In unseren Straßenanzügen sah das alles schon ziemlich komisch aus.

Der kreative Akt kam, als wir aus einer Reihe zwei machten, indem abwechselnd die einen Tänzer nach rechts und die andere nach links scharf abbogen, in die Richtung, aus der wir gekommen waren. Aus dieser Zweierformation formten wir wieder eine Reihe, indem die linke Hälfte auf der Stelle tippelte und die rechte sich nach vorne bewegte. Hintermänner rechts und Vordermänner links formten dann wieder eine Linie. An andere künstlerische Finessen kann ich mich nicht mehr erinnern, auch nicht, wie oft wir aus einer Reihe zwei und umgekehrt machten. Unsere Vorführungen empfand ich von der Choreografie her zwar nicht gerade als bestechend, aber geschockt war ich von unserem Auftritt noch nicht.

Das änderte sich erst am Tag unserer Vorführung vor großem Publikum. Erneut hatten wir uns im Wohnzimmer der Familie Schumann versammelt, um unsere zweite und letzte Probe, die Generalprobe, durchzuführen. Gerade dabei, die uns schon früher zugewiesene Ausgangsstellung einzunehmen, meinte unsere Choreografin Hiltrud, wir sollten jetzt die Kostüme anziehen. Was da auf uns zukam, überstieg meine Vorstellungskraft. Fest davon überzeugt, entweder in unserer Straßenkleidung, maximal aber in normalen Frauenröcken aufzutreten, erhielt jeder von uns eine weiße Strumpfhose, ein tief dekolletiertes Hemd und um die Hüfte herum einen bunten, aber immer noch durchsichtigen Petticoat-Rock.

Doch damit nicht genug. Eine riesige, zu einer Fliege gebundene Schleife schmückte unser Haar. So geschminkt - wie schon beschrieben - wurde unser Auftritt ein riesiger Erfolg, der filmisch der Nachwelt erhalten werden sollte. Mir war dieser ganze Auftritt äußerst peinlich, und zumindest Hans Ley ging es ebenso wie mir. Während wir uns alle dem Schicksal ergaben, zog er diesen Film ganz diskret aus dem Verkehr.

Was ich nicht wusste, war, dass zusätzlich auch noch Fotos gemacht wurden. Eines davon faxte mir Hannelore Becker vor einigen Monaten zu. Sie hält damit ein enormes Erpressungspotenzial in Händen. Ich rümpfe nicht die Nase, wenn andere sich an solchen oder ähnlichen Späßen, die beim Publikum immer gut ankommen beteiligen, aber für mich war es der einzige Auftritt dieser Art.

Kleider machen Leute – auch in Neunkirchen.

Ich heiße nicht Wenzel Strapinski, und ich bin kein arbeitsloser Schneidergeselle aus Seldwyla, einem wonnigen und sonnigen Ort irgendwo in der Schweiz, wo die Gemeinde reich und die Bürgerschaft arm ist. Meine Geschichte spielte sich auch nicht an einem unfreundlichen Novembertag ab, sondern an einem heißen Tag im Sommer.

Wegen dieser Jahreszeit trug ich keinen weiten, dunkelgrauen Radmantel, mit schwarzem Samt ausgeschlagen, sondern schlicht eine Jeanshose mit einem kurzärmeligen Sporthemd. Was mir fehlte, war das edle und romantische Aussehen. Hätte ich es gehabt, wäre mir einiges bei brütender Hitze in der ehemaligen Hüttenstadt Neunkirchen erspart geblieben. Wer Gottfried Keller: „Die Leute von Seldwyla" kennt, der weiß, worüber ich schreibe. Wissenschaftlich hochtrabend geht es um die Frage, wie der Schein das Sein prägt oder anders gesagt, wie das komplexe Verhältnis zwischen Täuschung und Realität, unter einem gesellschaftskritischen Aspekt zu bewerten ist.

Als Antwort würde der erste Teil meiner Überschrift ausreichen: „Kleider machen Leute."

Meine Geschichte begann, als ich in den Bundestag einzog. Nicht sonderlich modebewusst lief ich so herum, wie die meisten Menschen, denen nichts daran liegt, durch eine modisch übertriebene Kleidung aufzufallen. Bei mir kommt noch verschärfend hinzu, dass ich nur widerwillig ein Geschäft aufsuche, um einen Anzug zu kaufen.

Ich habe schlicht und einfach keine Lust, verschiedene Anzüge anzuprobieren und mich so wie Claudia Schiffer, einem allerdings kleineren Publikum, dressbewusst vorzustellen. So wie in der Malerei, beurteile ich Anzüge ganz spontan aus dem Bauch heraus. Sie gefallen mir, oder sie gefallen mir nicht. Mein Einkaufsverhalten lässt sich am besten als spontan und hocheffizient beschreiben.

Habe ich die Herrenabteilung eines Kaufhauses erreicht und ist ein Verkäufer frei, teile ich ihm meine Konfektionsgröße mit und bitte ihn, mir die für mich passenden Anzüge zu zeigen. Nachdem er oder sie die für mich infrage kommende Größe von den anderen etwas getrennt hat, schaue ich mir die Anzüge an. Ich ziehe lediglich einen, maximal zwei, in die engere Auswahl. Erst dann frage ich die Verkäuferin oder den Verkäufer bzw. meine Frau, was sie von meiner Auswahl halten.

So wie geschildert verhielt ich mich auch in dem damals führenden Modehaus in Neunkirchen. Nachdem der etwas ältere Verkäufer von mir alle kaufrelevanten Daten erfahren hatte, zeigte er uns die für mich infrage kommende Kollektion. Ich entschied mich für einen Anzug, der mir optisch und qualitativ als der beste erschien. Meine Wahl begeisterte den Herrn, der uns so freundlich bediente.

Ich weiß nicht, ob er meine bereits an anderer Stelle erwähnten kognitiven Dissonanzen abbauen wollte, als er mir versicherte, einen ausgezeichneten Geschmack zu besitzen. So gelobt zu werden, geschieht nicht allzu oft. Ich war gerade dabei, Luft zu holen, um ihm zu sagen, wie sehr ich seine Meinung schätzen würde. Soweit kam ich nicht, denn er ergriff vor mir das Wort.

Ich solle mir doch bitte noch einen anderen Anzug anschauen, meinte er. Er nahm einen von mir nicht in die engere Auswahl gezogenen Anzug von der Stange. Dieser, so sein Hinweis, wäre einige hundert DM billiger und ebenfalls von guter Qualität. Dann folgte der Satz, der mir zwar nicht gerade die Sprache verschlug, der mich aber für lange Zeit sehr nachdenklich stimmte: „Überlegen Sie sich doch bitte, ob Sie den billigeren nehmen", und dann seine rhetorische Frage: „Wo haben Sie denn schon einmal Gelegenheit, einen so teuren Anzug zu tragen?"

Gaby schaute nur noch weg. Ich nahm es nicht so tragisch, denn ich unterstellte ihm gute Absichten. Sein Gewissen versuchte ich dadurch zu beruhigen, indem ich ihm versicherte, mir den teuren Anzug leisten zu können. Wir wären zwar gezwungen einige Monate konsequent zu sparen, aber genau das würden wir gerne auf uns nehmen. Es blieb bei unserer ursprünglichen Kaufabsicht.

Wie zu erwarten war, mussten wir über mehrere Monate unser Konsumverhalten dramatisch nach unten korrigieren. Das, was andere für kaum möglich hielten, geschah aber. Es gab den einen oder anderen Anlass, wo ich den Anzug tragen konnte.

Einige Tage nach diesem einmaligen Kauf saß ich mit dem damals wohl bekanntesten und besten Kabarettisten des Saarlandes, mit Gerd Bungert, zusammen. Er veröffentlichte Ende 2007 ein humorvolles Buch über den Golfsport und das 19. Loch. Wir unterhielten uns über alles Mögliche und auch über meine Erfahrung beim Kauf eines Anzugs. Als er etwas später auf einer großen Veranstaltung in unserem Kreis auftrat, zählte die von mir geschilderte Geschichte zu seinem Repertoire. Das Modehaus schloss im letzten Jahr für immer seine Tore. An einem Verkäufer, dessen soziale Ader Kapriolen schlug, der es aber mit seiner Kundschaft gut meinte, lag es sicherlich nicht.

So ganz ohne Schrammen kam ich aus diesem Vorfall nicht heraus. Es dauerte einige Monate, bis mein arg demoliertes Selbstbewusstsein wieder halbwegs hergestellt war. Jeanshosen trage ich nach wie vor, aber nicht, wenn ich mir einen Anzug für besondere Anlässe kaufen will.

Das, was mir in Neunkirchen widerfuhr, war eher lustig. Die folgende Geschichte endete tragisch, weil wenige Menschen nicht zwischen „Sein und Schein" unterscheiden konnten.

Am 1. Weihnachtstag 1890 bricht mitten in Neapel ein ärmlich ausschauender Mann ohnmächtig zusammen. Er trägt weder Geld noch einen Ausweis mit sich.

Die Krankenhausleitung, die nicht weiß, wer für ihn die Behandlungskosten aufbringen soll, lässt ihn als Bettler zum nächsten Polizeirevier bringen. Niemand kümmert sich um ihn. Ohne Notversorgung stirbt er einen Tag später, 78 Jahre alt, allein, fern von seiner Heimat und

Familie. In Wirklichkeit war er ein mehrfacher Millionär, der zwar aus ärmlichen Verhältnissen stammte, es aber bereits mit 36 Jahren so weit gebracht hatte, seinem Traum – den er aber für real hielt – nachzujagen.

Ihm fiel es leicht, alte und neue Sprachen zu lernen. Er hatte sich unter anderem Russisch, Chinesisch, Latein, Hebräisch, Englisch, Spanisch, Italienisch, vor allem aber Griechisch angeeignet. Von der Ilias des Homer in den Bann gezogen, belächelt und verhöhnt von der Fachwelt, machte er sich als Laie auf die Suche nach der Stadt Troja. Er glaubte an Homer, nach dem dort auch der Palast des Priamos und der Tempel der Athene liegen mussten. Sieben Schichten, sieben untereinanderliegende Städte fand er, Funde, über die er in der „Times" oder in der „Augsburger Allgemeinen Zeitung" berichtete. Einen Tag, bevor er seine Ausgrabungen beenden wollte, fand er im Juni 1873, 28 Fuß tief, unter einem kupfernen Schild verborgen, goldene Becher und Schalen, Diademe, Ohrgehänge, Spangen, Armbänder usw. Es ist ein Schatz von unermesslichem Wert, der seit 3000 Jahren im Hügel von Hissarlik, in der Nähe der Dardanellenstadt Kaleh Sultanie, im früheren sagenumwobenen Troja, ruhte.

Mit seinem Spaten siegte er über die Arroganz und Selbstgefälligkeit einer Fachwelt, die ihm bis zu seinem Lebensende diesen Erfolg nicht gönnte. Heinrich Schliemann und der „Schatz des Priamos" beherrschten wochenlang die Schlagzeilen der Weltpresse. Heinrich Schliemann, der Multimillionär, der Ehrenbürger von Berlin und gern gesehene Gast des amerikanischen Präsidenten, starb allein und einsam, unerkannt, weil er nicht die erwartete Kleidung trug.

Komplimente können danebengehen.

Diese Geschichte kennen viele meiner Freundinnen und Freunde, denn sie ist oft genug erzählt worden - aber meistens nicht von mir. Bis zuletzt zögerte ich, sie in diesem Buch zu veröffentlichen.

Zugegeben, ich hatte mich tollpatschig angestellt, aber wem ist so etwas noch nicht passiert? Mich bedrückt bis heute etwas anderes. So wie ich mich verhielt, zeigte ich nur, wie schwer begreiflich für unsere Gesellschaft Beziehungen zwischen zwei Menschen sind, die sich etwas außerhalb eingefahrener gesellschaftlicher Normen bewegen.

Bei dem, was ich ansprechen will, handelt es sich deshalb um weit mehr als nur um eine Situationskomik oder um den gescheiterten Versuch von Hans Ley, zu retten, wo es nichts mehr zu retten gab. Welchen Mann freut es nicht, von einer attraktiven jungen Dame angesprochen zu werden und welcher Mann macht nicht gerne Komplimente, zumal sie nicht übertrieben sind? Ich jedenfalls gehöre nach wie vor zu dieser Kategorie Mann.

Die ganze Geschichte fing an mit der Aktion „CDU vor Ort". Hans Ley und ich hatten uns vorgenommen, jeden Betrieb – ob klein oder groß – in unserem Kreis aufzusuchen. Die Idee stammte von Matthias Wissmann. Nicht nur für mich wurde diese Kampagne die erfolgreichste meiner politischen Laufbahn.

Wir hörten von den Problemen, mit denen sich Firmen tagtäglich herumschlagen mussten - vor allem mit der Bürokratie. In vielen Fällen konnten wir helfen, oft allein schon dadurch, indem wir die richtigen Ansprechpartner vermittelten. Die Presse und große wetterfeste Plakate mit unseren Konterfeis kündigten unsere Besuche in den Ortsteilen an. Einige Parteifreunde begleiteten uns. Diese arbeitsintensive Aktion zahlte sich auch parteipolitisch aus. Eines Tages, als ein mit uns befreundeter Unternehmer eine weitere Halle einweihte, sprach mich eine attraktive Dame an und sie lud Hans und mich ein, ihren Betrieb zu besuchen.

Wie es sich gehörte, bereiteten wir uns auf diese Besuche intensiv vor, was unter anderem hieß, sich nicht nur mit der Branche zu befassen, sondern auch mit dem Unternehmen selbst. Ohne uns abzusprechen, sagten Hans Ley oder ich am Anfang und am Ende der Besichtigung einige Worte. Am Anfang bedankten wir uns für die Einladung und am Schluss für das, was wir in diesem Unternehmen gesehen und erfahren hatten.

Dieses Mal kam mir das Schlusswort zu - ein in vielerlei Hinsicht unglücklicher Zufall. Die jugendliche Dame begrüßte uns und Hans Ley bedankte sich für die Einladung. Dann übernahm ein junger Mann die Führung, von dem ich annahm, dass er der Sohn sei. Er machte seine Sache ausgezeichnet, nett, redegewandt und sehr sachkundig. Wir erfuhren viele Neuigkeiten in diesem Unternehmen und alles lief wie gewohnt ab.

Dann, zum Schluss, erfolgte mein Part. Ich wusste, wie viele kleine und mittlere Betriebe Probleme haben, einen Nachfolger zu finden (70000 Unternehmen stehen jährlich zur Übergabe an). Deshalb wollte ich der Unternehmerin ein Kompliment machen. Ich wies auf dieses grundlegende Problem des Mittelstandes hin, um dann zu erklären, sie sei von dieser Problematik völlig unberührt, denn mit ihrem Sohn hätte sie einen geeigneten Nachfolger. Richtig stolz auf mich, ein solch passendes Kompliment gefunden zu haben, hoffte ich auf Applaus, aber nichts geschah. – Keine Hand rührte sich, alle schwiegen.

Hans tat das, was normal nicht seine Art ist, denn er fiel mir ins Wort mit einer Bemerkung, die ich anfangs weder verstand noch akzeptieren konnte.

„Entschuldigen Sie, Frau Soundso, der Helmut macht immer solche Scherze", warf er ein. Mein Kompliment - dazu noch ein gutes, wie ich glaubte - sollte ein Scherz sein? Ohne mich künstlich zu entrüsten, bestand ich darauf, es ehrlich gemeint zu haben. Ich wiederholte, welches Glück es doch sei, wenn ein solch fähiger Sohn in die Fußstapfen der Eltern tritt.

Jetzt starrten alle nur noch betreten auf den Boden und keiner, auch Hans nicht, sagte mehr ein Wort. So langsam dämmerte es mir.

Der letzte Satz aus Shakespeares Hamlet beendete unsere Aktion vor Ort: Der Rest war Schweigen.

Nicht nur die Literatur kennt ungezählte Beispiele, wo sich altersmäßig ungleiche Paare mit gesellschaftlichen Konventionen herumschlagen müssen. Über solche Beziehungen zu urteilen oder sie sogar zu verurteilen, steht niemandem zu.

Kaufen will gelernt sein.

Wir hatten zu Hause ein Lebensmittelgeschäft und allein deshalb brauchte ich nicht zum Einkaufen zu fahren. Das änderte sich auch nicht, als unsere Mutter starb und unser Bruder Gerhard die Geschäftsräume in Wohnungen umwidmete.

Erst als ich den Bundestag verlassen hatte, wurde ich gefordert. Gaby machte mir den harmlosen Vorschlag, in einem mittelgroßen Geschäft unserer Gemeinde das eine oder andere zu besorgen, was sie in ihrer Hausfrauentätigkeit entlasten würde. Die Liste der zu kaufenden Waren hielt sich in Grenzen, als ich mich auf den Weg nach Tholey machte.

Im Geschäft fielen mir Menschen auf, die Einkaufswagen vor sich herschoben und ich fand relativ schnell heraus, wo diese standen. Sie waren zu meiner großen Überraschung aneinandergekettet. Ich brauchte einige Zeit, um herauszufinden, wie sie sich mit einer Euromünze trennen ließen. Damit besaß ich einen Einkaufskarren, aber noch keine Waren.

Gaby hatte mir zwar gesagt, wo ich den einen oder anderen Gegenstand finden könnte, aber zwischen Theorie und Praxis klaffen auch in diesem Falle Welten. Ich fand nichts und fragte mich von Regal zu Regal durch. Ich wusste, dass Joghurt und andere Gegenstände Verfallsdaten besitzen, aber nicht, dass die Waren mit der kürzesten Verfallzeit vorne und die andern weit hinten in den Regalen stehen.

Diesen Trick erklärte mir Gaby, nachdem ich bald abgelaufene Produkte mit nach Hause gebracht hatte. Doch damit nicht genug der gravierenden Probleme. Hatte ich z. B. das Regal gefunden, in dem Nudeln lagen, musste ich feststellen, dass es davon nicht nur verschiedene Sorten, sondern auch verschiedene Verpackungsgrößen gab. Um auf der sicheren Seite zu sein, kaufte ich solche Mengen, die für eine Großfamilie in Zugstärke ausgereicht hätten.

Was es mit Sonderangeboten auf sich hat, wie sie kenntlich gemacht sind, fand ich ebenfalls erst einige Kaufversuche später heraus. Mehr als peinlich verlief der Abschluss meines ersten Einkaufsabenteuers. Als Politiker stolz, wenn einen Menschen erkennen, konnte ich mich an meinem ersten Tag in diesem mir fremden Geschäft alles andere als freuen.

Nachdem ich meine begrenzte Einkaufsliste abgearbeitet hatte, stand ich plötzlich unerwartet vor einem weiteren Problem. Die Waren, die ich gekauft hatte, mussten bezahlt werden, aber ich sah weder die Kasse noch den Ausgang, an dem ich sie vermutete. Um nicht ziellos herumirren zu müssen, sprach ich eine mir unbekannte Kundin an, die mich freundlich anschaute. Sie zeigte mir den Weg und meinte: „Herr Rauber, oft waren Sie noch nicht einkaufen!", womit sie Recht hatte.

Jetzt kennen mich fast alle Beschäftigten persönlich und sie fragen mich, nachdem ich das Geschäft betreten habe, wonach ich heute suche. Von Tag zu Tag lehne ich mehr Hilfsangebote ab. Es dauert sicherlich nicht mehr lange, dann gebe ich selbst Auskunft darüber, was sich derzeit im Angebot befindet und welche Erfahrungen ich mit dieser oder jener Ware gemacht habe.

Ein kleiner aber wichtiger Nachtrag sei mir erlaubt. Einkaufen ist nicht nur ein Abenteuer, sondern auch ein Akt vorgelebter Solidarität und verschworener Schicksalsgemeinschaft. Einer hilft dem anderen so gut es geht. Es war die Zeit, als ich mich noch zu den unerfahrenen Einkäufern zählte. Gaby hatte mir auf den Zettel „Mozzarella" geschrieben und sonst nichts. Ich hatte keine Ahnung, welche Ware sich hinter dem Wort verbirgt.

Verloren stand ich im Laden und sagte zweimal diesen Namen leise und fragend vor mich hin.

Sofort war ich umringt von fünf Schicksalsgenossinnen und -genossen, die mich nicht nur über die Ware aufklärten, sondern mir sogar halfen, sie zu finden. Wer heute über einen fehlenden Gemeinschaftsgeist in unserer Gesellschaft klagt, der hat schon viel zu lange keinen Selbstbedienungsladen mehr besucht.

Die Küche, als Teil unserer Erlebnisgesellschaft.

Wer Bücher über die „Erlebnisgesellschaft" liest, der stößt auf keine einzige Küche, die irgendeinen „Thrill" oder „Kick" auslösen kann. Professor Gerhard Schulze will ich nicht zu nahe treten. Er hat den genannten Begriff geprägt und viele schlaue Sätze zur „Eventkultur" geschrieben. Es lohnt sich, sie zu lesen. Wir suchen nach Glück und wir müssen uns, wie er sich ausdrückt, mit Spaß begnügen. Nach seiner Meinung sind die Menschen am glücklichsten, die sich schweren Aufgaben stellen und die versuchen, sie zu lösen. Für mich gibt es kaum ein Objekt, das dazu geeigneter wäre als die Küche. Warum sie bisher so wenig aus diesem Blickwinkel betrachtet wurde, lässt sich leicht erklären. Es gibt noch zu viele Frauen, die sich die Verbotene Stadt in China zum Vorbild nehmen. Für sie ist die Küche ihre Domäne, in der Männer nichts zu suchen haben. Als Fan von Wildwestfilmen erinnern sie mich an die Pioniere, die sich sesshaft machten oder an die Goldgräber, die ihre „Claims" absteckten. Denen, die sich andere Filme als ich ansehen, erkläre ich, was unter „Claims" zu verstehen ist. Der Boden wird abgesteckt und dadurch ein Herrschaftsbereich markiert. So geschieht es auch im Haus mit der Küche. Wem es als Mann gelingt in diese Sphäre vorzudringen, wie, unter welchen Umständen, ist völlig gleichgültig, der staunt. Er erfährt wie abenteuerlich, aufregend und spannend eine Küche sein kann. Wer die Augen offen hält und wissbegierig ist, der findet Gegenstände, die ihm völlig fremd erscheinen. Er stößt auf Wunder der Technik, von denen er nicht einmal träumen konnte.
Lassen sie mich konkret werden.
Vor einigen Monaten, ich war schon einige Zeit aus dem Bundestag ausgeschieden, rief mich mein Freund

Hans Ley an. Er wollte mit mir etwas besprechen.

Ich musste ihm sagen, dass dies während der Mittagszeit nicht ginge. Ich sei dabei zu kochen. Nachdem er dreimal ungläubig gefragt hatte, was ich tue und ich ihm jedes Mal die gleiche Antwort gab, relativierte ich zumindest etwas das, was ich unter Kochen verstand. Kochen hieß in diesem Fall, die Kindersicherung des Herdes erfolgreich außer Gefecht gesetzt zu haben und fähig gewesen zu sein, die richtige Platte zu erhitzen.

Dies ist gar nicht so einfach, wie der Laie vermuten könnte. Die Platten werden nicht mehr über Drehknöpfe, sondern über Zeichen, die angetippt werden müssen, bedient. Das Problem des Kochens, als eine Funktion aus Hitze und Zeit, glaubte ich dadurch lösen zu können, dass ich mir die einzelnen Heizphasen und Heizstufen auf einem Zettel notierte. Anfangs funktionierte alles hervorragend. Ich sah, wie sich um den Topf ein rot glühender Kranz bildete, für mich ein Zeichen, dass die Platte heiß wurde.

Gerade als ich anfing so richtig stolz auf meine Kochkünste zu sein, hörte es auf zu glühen. Einen Fehler im System konnte ich nicht ausschließen. Ich traute mich auch nicht, die heiße Platte mit den Fingern zu berühren. Deshalb begann ich erneut die einzelnen Zeichen so wie gehabt anzutippen, aber immer wieder mit dem gleichen Ergebnis. Der rot glühende Kranz verschwand nach kurzer Zeit.

Mit jedem fehlgeschlagenen Versuch, die Ofenplatte für mich sichtbar heiß zu halten, wurde ich aggressiver und geneigter auf eine warme Mahlzeit zu verzichten. Plötzlich aber, wie durch ein Wunder, begann es im Kochtopf, auch ohne glühende Platte zu brodeln. Schuld war eine Technik des Ofens, die automatisch die Temperatur zurücknimmt, wenn eine bestimmte Hitze erreicht ist.

Auf jeden Fall war ich um eine weitere existenzielle Lebenserfahrung reicher. Vertrauen sie in der Küche blind auf ihre Frau, denn sie gibt ihnen wohlüberlegt nur die Informationen an die Hand, die sie zwingend brauchen. Sie wollen uns weder verwirren noch überfordern.

Vieles lässt sich lernen, wenn die Bereitschaft vorhanden ist. Ich rede von mir, bescheiden, wie ich bin, noch nicht von einem Gourmetkoch, aber weit davon entfernt bin ich nicht mehr. Das saarländische Nationalgericht, den Lyoner, kann ich schon mit der Mikrowelle so erhitzen, dass er weder innen kalt ist noch platzt. Den Köchen unter uns sage ich nur: 2,45 Minuten Hitze auf Stufe 7.

Auch die Backempfehlungen auf den Verpackungen der Wagner Pizzen, die aus unserer Gegend kommen und die eng mit dem Namen Annette und Gottfried Hares verbunden sind, beherrsche ich bestens: „Backofen, Umluftgrill, gut vorwärmen, dann 200 Grad, ca. zehn Minuten".

Mit diesen Stichworten, die den Fachkennern alles sagen, hoffe ich meine Kochkünste ausreichend und beeindruckend genug demonstriert zu haben. Was ich bisher schilderte, ist nur eine von vielen Facetten aus der Küche.

Einem äußerst ernsten Thema wende ich mich im nächsten Kapitel zu.

Auch im Haushalt lauern Gefahren.

Gewaltige Gefahren bedrohten die Menschheit und sie tun es noch immer. Manche lassen sich auf den ersten Blick nicht erkennen. Wer sieht schon in einem gewöhnlichen Schiff eine Gefahr für die Menschheit?
Mitte September 1374 geschah es. In Genua standen viele Menschen an der Reling. Sie warteten sehnsüchtig auf eine Handelsgaleere, die sie reich machen sollte. Statt der erhofften Schätze brachte sie die Pest mit. Das Schiff kam aus Kaffa, von der Südküste der Krim. Der „Schwarze Tod" raffte in Europa allein zwischen 1348 und 1352 um die 25 Millionen Menschen auf grausame Weise dahin. Erst 1720 wurde in Marseille der letzte Fall von Pest festgestellt.
Von diesen Gefahren spreche ich nicht und auch nicht von dem Rest der apokalyptischen Reiter des Albrecht Dürer (Pest, Krieg, Hungersnot und Tod), der von der Offenbarung des Evangelisten Johannes inspiriert wurde. Die Gefahren, die mit der Klimakatastrophe zusammenhängen, erwähne ich. Aber nur, um entschieden Mark Twain zuwidersprechen. Der hatte sich erdreistet zu behaupten, alle würden vom Wetter reden, aber keiner würde etwas dafür tun. Wir tun was für unser Wetter, aber nicht das, was wir sollen.
Zu dramatisieren liegt mir nicht. Deshalb verhalte ich mich auch nicht so wie der Hirtenjunge, der ständig seine Mitbürger mit einem falschen Alarm narrte. Er schrie „Wolf", obwohl er keinen sah. Als der Wolf dann tatsächlich seine Herde überfiel, hörte niemand mehr auf seine Hilferufe. Er musste sehen, wie er alleine mit der Bestie fertig wurde.
Die Gefahren, die ich in den nächsten Zeilen anspreche, sind überschaubar, real und empirisch belegt. Sie fußen auf einem breiten Erfahrungsschatz von Men-

schen, die wie ich viel Zeit in der Küche und Umgebung verbringen. Diesen Spezies erzähle ich nichts Neues, denn sie wissen selbst, was sie tun und was sie lassen müssen. Damit dieser Kreis von Lesern keine unnütze Zeit vergeudet, empfehle ich ihnen, die nachfolgenden Zeilen einfach zu überspringen. Ganz bewusst wende ich mich nur an die Männer und Frauen, die ernsthaft überlegen sich in nächster Zeit in der Küche häuslich zu machen. Sie bitte ich eindringlich das was ich schreibe nicht nur zu lesen, sondern auch zu verinnerlichen und zu beachten.

Den meisten Lesern dürfte es wie mir gehen. Wenn sie vom Tod im Haus hören, dann denken sie zuerst an Kriminalfilme, wo Einbrecher ertappt werden und deshalb morden oder an eifersüchtige Ehepartner, die das gleiche tun.

Diese und andere Grausamkeiten schließe ich aus, denn ich beschäftige mich nur mit einer Meldung des Statistischen Bundesamtes vom 12. April 2005, die auf jährlich 20 000 Unfällen in deutschen Haushalten hinwies.

Diese Zahl erscheint auf den ersten Blick wenig dramatisch, wenn wir sie mit anderen vergleichen. Allein in unserem Land kommen jährlich durch das Rauchen zwischen 110 bis 140 Tausend Menschen um. (Siehe: der Spiegel, vom 12.06.2006, S. 69)

In der von mir angesprochenen Meldung stand aber auch zu lesen, dass 6000 Menschen sich im Haushalt tödlich verletzen. Damit hört jeder Spaß auf. Jeder auf unnatürliche Weise umgekommene Mensch ist ein Toter zu viel. Die Zahl von 12 Millionen Haushaltsunfällen im Jahr, die im Internet stand, halte ich für völlig überzogen. Ich lehne sie hauptsächlich aus zwei Gründen ganz entschieden ab. Sie schürt nur Ängste bei denen, die sich schon jetzt den Gefahren des Haushaltes permanent aussetzen. Aber was noch schlimmer ist. Sie gibt all denen Argumente an die Hand, die schon immer vorhatten, sich dauerhaft vor jeder Hausarbeit zu drücken. In der Küche und darauf beschränke ich mich, lauern Gefahren. Es lässt sich nicht leugnen. Sie sind schmerzlich, aber zum Glück nur in den seltensten Fällen tödlich.

Ich selbst stieß auf sie, ohne dass ich es wollte. Es war an einem nicht gewöhnlichen Sonntag, als ich meiner routinierten Tätigkeit nachging. Die Spülmaschine hatte gerade die Trocknungsphase abgeschlossen und wie schon viele Male zuvor, begann ich Teller, Tassen, Töpfe, Messer, Gabeln und so weiter, in die vorgesehenen Schubladen und Regale einzuräumen.

Bis zu dem 14. Januar 2007 geschah nichts Dramatisches, was sich zu erwähnen lohnen würde.

Das genannte Datum ist aus dem Grund außergewöhnlich, weil sich an diesem Tag der Kreisvorsitzende der CDU und Landtagspräsident Hans Ley in unserem Ort angekündigt hatte. Er wollte verdiente Mitglieder ehren. Wie auch immer, ich zählte dazu.

Das Unglück in unserer Küche begann, als ich das Essbesteck in den Schubladen neben der Spülmaschine verstaut hatte und ich mich anstellte, die Gläser einzuräumen. Sie gehören in Regale mit Schranktüren, die in etwa Kopfhöhe über der Spülmaschine angebracht sind. Wer sich diese glatten Flächen ansieht, der kann, im Gegensatz zu einer Brotmaschine, keine Gefahr erkennen. Diese Gefahren gibt es aber, denn diese Türen verändern ihren Charakter dann, wenn sie offen stehen und wenn eine Lebensweisheit nicht beachtet wird. Nur starr nach unten zu blicken führt nicht weiter. Viel wichtiger ist es mit einem breiten Blickwinkel durchs Leben, in diesem Falle durch die Küche zu gehen.

Hätte ich mich so verhalten, wäre meine Schädeldecke heil geblieben. Sie hielt der massiven Holztür nicht stand, als ich mich abrupt aufrichtete, um die Gläser einzuräumen. Eine stark blutende Platzwunde zeigte, wie schwach der Mensch gegenüber lebloser Materie sein kann. Zwei große Pflaster, überkreuz auf die Wunde gedrückt, markierten, für jeden zu sehen, meine nicht ganz lebensbedrohliche Verletzung.

Die Fragen und Kommentare, die ich auf der späteren CDU-Veranstaltung zu hören bekam, gebe ich an dieser Stelle nicht wieder. Eigentlich hätte ich aus dieser Erfahrung klug werden müssen, aber weit gefehlt.

Erneut geschah es an einem besonderen Tag. Unsere Familie war dabei den Geburtstag von Gaby vorzubereiten und mir kam die verantwortungsvolle Aufgabe zu, die Balkonmöbel zu reinigen.

Wie es geschah, kann ich beim besten Willen nicht sagen. Auf jeden Fall stieß ich mit meinem Kopf gegen einen Gegenstand, der nicht nachgab. Etwas tröstlich war nur, dass ich mich auf der anderen Stirnseite verletzte. Alles andere, auch die sehr mitfühlenden Fragen und verbalen Einlassungen der Gäste veränderten sich nicht.

Wenn sie aus meinen dramatischen Unfallberichten folgern, ich würde mit dieser Art von Selbstverstümmelung nur versuchen auf mein schweres Los als Hausmann aufmerksam zu machen, dann liegen sie völlig falsch. Meine Absicht war und bleibt, meine schmerzlich gemachten Erfahrungen weiter zu geben und so Unheil von der Welt abzuwenden.

Mein Weg in die Politik und zurück.
Es begann mit der Saarabstimmung.

Die Saarabstimmung 1955 politisierte und emotionalisierte in einem Maße unsere Gesellschaft, wie es heute kaum vorstellbar ist. Mein Vater zählte zu den führenden „Neinsagern" in unserer Gemeinde und unser Wohnzimmer diente fast täglich als Treffpunkt irgendwelcher Zirkel von Gleichgesinnten.

Als Kind saß ich dabei und verstand nur eines: Wir „Neinsager" gehörten zu den guten und die „Jasager", diese „Vaterlandsverräter", zu den bösen Menschen. Erst viele Jahre später beschäftigte ich mich intensiv mit diesem Teil unserer Geschichte. Ich stellte fest, wie wenig differenziert die Politik unseres ehemaligen Ministerpräsidenten Johannes Hoffmann dargestellt worden war. Sein Buch „Das Ziel war Europa" zeigt diesen Mann in einem völlig anderen Licht als damals.

Wir, die Kinder aus den „Neinsager-Familien" schlugen uns regelrecht darum, Abziehbilder mit dem Slogan „Der Dicke muss weg", ungefähr visitenkartengroß, überall dorthin zu kleben, wo sie auffielen und hängen blieben.

In keinem Wahlkampf geht es sonderlich zimperlich zu, aber diese Auseinandersetzung um das Saarstatut war von Hass und Feindschaft nur so durchtränkt. Der Riss, der damals durch viele Familien ging, konnte stellenweise nie richtig gekittet werden.

Bei der Abstimmung am 23.10.1955 ging es nicht darum, ob unser Land zukünftig zu Deutschland oder zu Frankreich gehören sollte. Dennoch spitzte sich die Auseinandersetzung auf diese Fragestellung hin zu, ungeachtet der Präambel der Saarverfassung von 1947. In ihr war ausdrücklich ein Anschluss an Deutschland ausgeschlossen worden. „Das Volk an der

Saar gründet seine Zukunft auf den wirtschaftlichen Anschluss des Saarlandes an die Französische Republik und die Währungs- und Zollunion mit ihr, die einschließen: die politische Unabhängigkeit des Saarlandes vom Deutschen Reich."

Die politische Unabhängigkeit des Saarlandes vom Deutschen Reich so stark zu betonen hatte Konsequenzen. Es war verboten, für einen Zusammenschluss des Saarlandes mit der aufsteigenden und neu gegründeten Bundesrepublik zu werben. Diesen Hebel benutzten Johannes Hoffmann (CVP) und Richard Kirn (SPD Saar), um die pro deutsche Opposition in unserem Lande niederzuhalten. Im Mai 1951 wurde die Demokratische Partei Saar (DPS) verboten. Mit dem gleichen Argument ließ die Regierung Hoffmann die in der nationalen Frage gleich gesinnten Christ- und Sozialdemokraten zur Landtagswahl am 30.11.1952 als Parteien nicht zu.

Damals schrieb die FAZ: „Inmitten einer Welt der Freiheit stellt die Saar eine Insel der Unfreiheit darf." Die Politik der Regierung Hoffmann wurde mit der des SED-Politikers Otto Grotewohl gleichgesetzt, der seit 1949 als Ministerpräsident entscheidend die Politik der DDR bestimmte.

Wer sich mit diesem Teil unserer Geschichte befasst, der ist erstaunt, dass bereits im Januar 1950 der Pariser „Figaro" eine Bresche für eine uneingeschränkte Meinungsfreiheit an der Saar schlug. „Mit den Mitteln des Despotismus macht man keine freiheitliche Politik", lautete der Schlussappell des Blattes an die Saarregierung.

Diese und viele andere – heute als historisch zu nennenden – Einzelheiten kannte ich als Kind nicht. Mir war auch nicht bewusst, wie tief der Hass einiger Saarländer gegenüber den Franzosen noch Mitte der 50er

Jahre saß. Sie fühlten sich von den französischen Truppen in der Garnisonstadt St. Wendel besetzt.

Als Kind erinnere ich mich an einen Wandertag. Wir spazierten als junge Gymnasiasten, begleitet von einem Lehrer, durch die Stadt, als ein französisches Militärfahrzeug, ein Lastkraftwagen, an uns vorbeifuhr. Auf der offenen Ladefläche saßen einige Soldaten, die uns Kindern zuwinkten. Gelernt höflich zu sein, winkte ich zurück. Ohne anfangs zu wissen warum, schlug mir der uns begleitende Lehrer mit der flachen Hand links und rechts ins Gesicht. Er beschimpfte mich wüst, weil ich Vertretern dieser feindlichen Macht einen, wie ich es empfand, freundlichen Gruß erwiderte.

Diese Geschichte zeigt, in welch vergifteter Atmosphäre die Abstimmung damals stattfand.

Das Saarstatut war Teil der Pariser Verträge (23.10.1954), das unsere politische Unabhängigkeit garantieren sollte. Die bereits schon vorhandene Währungs- und Zollunion mit Frankreich sollte bestehen bleiben. Unser Land zu europäisieren hieß, uns durch einen Kommissar für Verteidigung und Außenpolitik innerhalb der Westeuropäischen Union zu integrieren.

Die Politik von Johannes Hoffmann zielte darauf ab, „dem Saarland wirtschaftliche Entwicklungsmöglichkeiten im weitesten Umfang zu geben". Er wollte gleichartige Beziehungen wie zu Frankreich auch im Verhältnis zur Bundesrepublik herstellen. Dieser zweite Halbsatz steht so wörtlich in den Pariser Verträgen über das Statut der Saar (XII. B).

Der CDU Saar, am 07.08.1955 im Saarbrücker Johannishof gegründet, reichte diese Ambivalenz nicht aus. Eine dort angenommene Resolution, drückte kurz und prägnant aus, um was es der CDU in der Saarabstimmung wenige Wochen später ging: „Die CDU Saar vermag aus dem vollen Verantwortungsbewusstsein vor ihrer vaterländischen und europäischen Verpflichtung einem Statut nicht ihre Zustimmung zu geben, dessen Geltung zeitlich nicht abzusehen ist, das aber die tatsächliche politische und wirtschaftliche Abtrennung von Deutschland herbeiführt, die kirchliche Loslösung von Trier, Speyer und Düsseldorf sowie die kulturelle Entfremdung befürchten lässt."

In einer nie mehr erreichten Wahlbeteiligung von 96 Prozent lehnten 67 Prozent der Wählerinnen und Wähler des Saarlandes das Saarstatut ab. Johannes Hoffmann trat zurück und die französische Regierung machte den Weg für die erste deutsche Wiedervereinigung nach dem 2. Weltkrieg frei. Die grundsätzliche Einigung zwischen Deutschland und Frankreich über die politische und wirtschaftliche Eingliederung der Saar in die Bundesrepublik Deutschland erfolgte am 4. Juni 1956.

Die JU prägt meinen politischen Weg bis heute.

Mit der Mitgliedskarte 23.519, unterschrieben von dem Landesvorsitzenden Werner Scherer, trat ich am 31. August 1962 in die JU Saar ein. Unter Werner Scherer begann die erste Hochphase der JU. Politische Themen waren damals wichtig, aber nicht allein entscheidend.

Die jungen Damen der Jungen Union sahen attraktiver und nicht so verbissen aus wie die der Jusos. Damals wurden die Jungsozialisten noch in der Öffentlichkeit zur Kenntnis genommen. Eine Freundin aus dieser Zeit ist seit fast 30 Jahren meine Frau.

Wir von der JU glaubten noch daran, die Welt verbessern zu können. Nächtelang stritten wir leidenschaftlich über die möglichen Wege zum Paradies, ohne aber die Probleme vor der eigenen Haustür zu übersehen.

Vor allem zwei Aktionen begleiteten uns über viele Monate. In regelmäßigen Abständen säuberten wir unsere Wälder von allem möglichen Unrat, den rücksichtslose Zeitgenossen hinterlassen hatten. In der theoretischen Diskussion tauchte damals der Begriff „Recycling" auf. Wir setzten ihn praktisch um, indem wir uns einen Traktor mit Anhänger ausliehen und alle paar Monate von Haus zu Haus fuhren, um das Altpapier einzusammeln.

Wir beendeten diese Aktion erst, als die entsprechenden Container aufgestellt und für das Altpapier keine Preise mehr gezahlt wurden.

Dies geschah relativ plötzlich, unangekündigt und deshalb für uns überraschend. Wir glaubten noch daran, die Umwelt retten zu können. Um so besser, wenn diese Rettungsversuche auch unserer Kasse zugutekamen. Wir trugen mehrere Samstage lang, von morgens bis spät in den Nachmittag hinein, eine riesige Menge vor allem an Zeitungen zusammen. Nur mit Mühe konnten wir sie in einem Raum in der alten Schule in Sotzweiler unterbringen. Statt die erhofften bescheidenen finanziellen Einnahmen zu erzielen, mussten wir feststellen, dass niemand unsere recyclebaren Stoffe wollte. Dies zwang uns dazu, sie mit großer Mühe auf einer Deponie zu entsorgen.

Politisch begeisterte uns Jugendliche besonders der Europagedanke, für den wir demonstrierten, einmal mit einer in der heutigen Zeit völlig unmöglichen Panne.

Die befreundeten Jugendverbände aus Lothringen, Luxemburg und dem Saarland hatten einen Sternmarsch geplant. „Getrennt marschieren und gemeinsam demonstrieren und feiern" hieß die Losung. Dazu kam es anfangs nicht. Das getrennte Marschieren funktionierte noch, nicht aber das gemeinsame Feiern. Eine von drei Gruppen hatte sich schlicht verlaufen und erst nach diversen Suchaktionen fanden wir zusammen.

Demonstriert hatten wir, jede Gruppe für sich, und deshalb konzentrierten wir uns nur noch auf das gemeinsame Feiern. Mit dem Handy wäre uns dieses Missgeschick nicht passiert.

Meine Kontakte zur örtlichen JU verloren sich, als ich mich für die Offizierslaufbahn bei der Bundeswehr entschied. Dort spielte weniger der parteipolitische als vielmehr der theoretisch wissenschaftliche Aspekt eine Rolle. Was ich bei der Bundeswehr bewusst erlebte, waren der „Kalte Krieg", der „Prager Frühling", die Entspannungspolitik, die Diskussion um die Notstandsverfassung bzw. die Auseinandersetzung mit der 68er-Bewegung. Von den Ostverträgen Willy Brandts war ich überzeugt. Kurz vor der Verabschiedung stritt ich mächtig mit dem Landtagsabgeordneten Jakob Feller, den die JU Anfang 1972 als Referenten eingeladen hatte. Später wurde mir gesagt wie genervt er war. Er fragte den neben ihm sitzenden Ortsvorsitzenden der JU, wer denn dieser linke Vogel sei (gemeint war ich), der sich in diese Versammlung eingeschlichen hätte.

In unserem Elternhaus etwas anderes als CDU zu wählen, wäre annähernd so schrecklich empfunden worden, wie aus der Kirche auszutreten. Ein paar Tage nach dieser Diskussionsveranstaltung wurde ich Ortsvorsitzender der JU Sotzweiler und Bergweiler und noch im selben Jahr stellvertretender Kreisvorsitzender unter Josef Alles. Wenige Monate später gehörte ich auch dem Landesvorstand an.

Ohne irgendjemandem zu nahe zu treten, hatte die JU unter Gerd Meyer ihre erfolgreichste Phase. Es sind viele Geschichten, die aus dieser Zeit kursieren. Zu sagen, dass diese Zeit für mich in meiner gesamten politischen Laufbahn die schönste war, reicht. Damals wie heute machten uns unsere Freundschaften stark, die weit über das Politische hinausgingen. Sie bestehen bis heute, wie allein die Beispiele Gerd Meyer und Günther Schwarz mit ihren Familien zeigen. Etwas später kamen Gaby, Karl Rauber, Franz Josef Schumann, Hermann Scharf und Udo Recktenwald, unser neuer Landrat dazu.

Am längsten und intensivsten begleitete mich mein Freund Hans Ley, mit dem ich sowohl auf Kreis- als auch auf Landesebene gemeinsam einen langen und manchmal auch steinigen Weg gegangen bin. Wenn die CDU des Kreises St. Wendel bundes- und landesweit eine viel bewunderte Spitzenposition einnimmt, dann ist dies keinem mehr zu verdanken als Hans Ley, der unseren Verband mit einem beispiellosen persönlichen Einsatz führt.

Wenn ich auf die 70er Jahre in unserer Gemeinde zurückblicke, dann hatten wir mit Rudi Geßner, Ludwin Scherer, Peter Bständig, Heinz Lermen, Walter Krächan, Hermann Wahlen - der leider schon viel zu früh verstorben ist - und Georg Wyrobisch den Kern eines starken Teams. Viele von ihnen gestalten bis heute unsere Kommunalpolitik mit. Der Bau des Jugendgästehauses, das Kinderferienlager oder die Fahrten in den Ski-Urlaub sind mit keinem Namen enger verbunden als mit dem von Rudi Geßner. Als Geschäftsführer der Stiftung „Kind und Jugend" und an vielen anderen Stellen leistet er ehrenamtlich eine großartige Arbeit.

Mein Herz schlägt nach wie vor für die JU und ihr verdanke ich es, wenn mir die Politik auch heute noch so viel Freude macht. Stellvertretend nenne ich nur den Kreisvorsitzenden Florian Gillen, der Ende 2007 in den Landtag nachrückte. Über 50 junge Damen und Herren unterstützten mich als „Rauber-Team" in meinen Wahlkämpfen. Sie begleiteten mich, unterschiedlich zusammengesetzt, mehrere Wochen fast rund um die Uhr. Morgens in der Früh kamen wir zusammen und wir verabschiedeten uns oft erst spät am Abend. Keiner hat mich damals mehr unterstützt als Stefan Spaniol, der heute ein wichtiger Leistungsträger in unserer Partei ist. An diese schöne Zeit denke ich gerne und mit großer Dankbarkeit zurück. Die JU'ler zählten zu den ersten, denen ich lange vor 2005 sagte, nicht mehr für den Bundestag zu kandidieren. Sie versuchten mich umzustimmen, was ich bis heute als großes Kompliment empfinde.

Was meinen weiteren Weg in der Politik anbelangt, wurde ich 1974 nach Abschluss der Gebiets- und Verwaltungsreform Mitglied des Gemeinderates Tholey. Anfangs führte ich als Stellvertreter und dann als Vorsitzender die CDU-Fraktion. Beigeordneter wurde ich zum ersten Mal 1986.

Landtagskandidatur mit Zögern.

Wenn der Mantel der Geschichte vorüberweht, dann bleibt dem Staatsmann nur wenig mehr übrig, als den Saum zu erfassen. Dieser Satz von Bismarck trifft auf Helmut Kohl zu, der die Chance der deutschen Einigung sah, der sie ergriff und handelte. Weniger dramatisch gilt er auch für normal sterbliche Menschen, wenn ihnen ganz plötzlich Chancen eröffnet werden, die sie ergreifen oder nicht ergreifen können. Eine solche Situation ergab sich für mich 1975, als Jakob Feller aus dem Landtag ausschied, um Bürgermeister von St. Wendel zu werden. Mit Freunden und einem einflussreichen Journalisten des Kreises saßen wir in der Gaststätte meines Onkels zusammen und sie rieten mir, für den Landtag zu kandidieren. Nach zwei Tagen Bedenkzeit entschied ich mich anders, denn ein solches Amt erschien mir eine Nummer zu groß. Nach dem

Motto „Schuster bleib bei deinen Leisten" sah ich bei der Bundeswehr realistischere berufliche Perspektiven. Als einer von vier Offizieren der technischen Truppe Nachschub durfte ich an der Universität Mannheim Betriebswirtschaftlehre studieren. Weil ich gerne wissenschaftlich arbeitete, wollte ich Dozent an der Bundeswehrhochschule werden. Als mir ein solches Angebot gemacht wurde, hatte sich mein Leben verändert.

Gaby, die ich zwischenzeitlich heiratete, studierte in Trier, und wir beide sahen unseren Lebensmittelpunkt im Saarland. Manchmal weht der Mantel der Geschichte auch zweimal an einem vorbei. Fünf Jahre später erhielt ich erneut die Chance, Mitglied des saarländischen Landtages zu werden und dieses Mal versuchte ich mein Glück.

Vierzehn Jahre gehörte ich diesem Gremium an, zum Schluss als stellvertretender Fraktionsvorsitzender und durchgehend als energiepolitischer Sprecher. Bei der Bundeswehr trat Mathias Backes, der Sohn meiner Nichte Susi, in meine Fußstapfen. Er ist auf dem Weg, ein guter Offizier zu werden.

Meine Reden im Landtag zu allen möglichen Themen - schwerpunktmäßig allerdings zu Kohle und Stahl - umfassen drei Bände. Aus vielerlei Gründen will ich nicht näher darauf eingehen.

Obwohl Politiker mit Leib und Seele, fühlte ich Anfang der 90er Jahre, dass das innere Feuer als Landtagsabgeordneter nachließ. Die Alltagsroutine drohte mich zu erdrücken. Allein deshalb wollte ich etwas Neues beginnen und es musste nicht unbedingt in der Politik sein. An Optionen fehlte es damals nicht, aber der Bundestag war unzweifelhaft mein Traum.

Bundestag mit Ach und Krach.

Gaby gehörte viele Jahre als stellvertretende Vorsitzen-
de dem Landesvorstand der CDU an. Sie wurde von
mehreren Seiten angesprochen – allein schon wegen
der Frauenquote – für den Bundestag zu kandidieren.
Ich selbst könne ja nach wie vor dem Landtag angehören. Ein Gespann Rauber – Rauber wurde von unserer
Seite aus vielerlei Gründen nicht eine einzige Sekunde
in Betracht gezogen.
Wie früher und auch einige Male später, verzichtete
Gaby zu meinen Gunsten auf ihren Weg in der Politik.
Hans Ley, Karl Rauber und wir beide saßen in unserem
Wohnzimmer, um über das weitere Vorgehen zu bera-
ten. Wir gingen von vier sicheren Plätzen für die CDU
aus. Karl Rauber schlug vor, die uns von Saarlouis-
Merzig angebotene Koalition anzunehmen. Als mit weitem Abstand stärkster Kreisverband beanspruchten sie
Platz drei. Mir selbst schien der vierte Platz zu wenig,
weil ich glaubte, als nicht ganz unbekannter stellvertretender Fraktionsvorsitzender im Landtag eine bessere
Platzierung zu erreichen. Um Haaresbreite wäre mir
meine eigene Fehleinschätzung zum Verhängnis geworden, denn Karl hatte absolut Recht.
Bei Kandidaturen zählt in erster Linie die Loyalität im
Kreisverband und danach erst andere Kriterien. Unser
ehemaliger Kultusminister und jetziger Fraktionsvorsitzender im saarländischen Landtag, Jürgen Schreier,
hatte mir in der entscheidenden Abstimmung für den
vierten Platz viel geholfen. Dafür bin ich ihm auch heute
noch dankbar. Er ging damals durch die Reihen seiner
Delegierten, um für mich zu werben. Klaus Töpfer, Peter
Jacoby, Peter Altmaier und ich zogen 1994 in den
Bundestag ein.
Mit Peter Jacoby bildete ich über einige Jahre eine

Fahrgemeinschaft. Montags morgens frühstückten wir bei uns, um dann gemeinsam nach Bonn aufzubrechen. Hanno Thewes, sein persönlicher Referent, saß meist am Steuer.

Nachdem Klaus Töpfer 1998 zur UNO wechselte, wurde Annegret Kramp-Karrenbauer unsere Kollegin, ein großer Aktivposten als Innenministerin und seit September 2007 als Kultusministerin.

Peter Jacoby, Peter Altmaier und ich schafften erneut den Sprung in den Bundestag. 1999 verließ uns Peter Jacoby nach der gewonnenen Landtagswahl, um im Saarland den wohl schwierigsten und undankbarsten Kabinettsposten anzunehmen. Seine hervorragende Arbeit erklärt, warum er als Finanzminister hohes Ansehen genießt. Albrecht Feibel rückte für ihn in den Bundestag nach. Ohne Ausnahme hatte ich mit allen ein äußerst freundschaftliches Verhältnis. Wir arbeiteten eng zusammen und unterstützten uns gegenseitig. Jetzt werden wir von Peter Altmaier, dem Staatssekretär im Innenministerium, Anette Hübinger und Hermann Scharf vertreten.

Der Bundestag wird aufgelöst.

Die Regierung Schröder steckte schon vor dem 5. Mai 2005 tief im Schlamassel. Eine Serie verloren gegangener Landtagswahlen lag hinter ihr. Es fehlten ihr schlicht die Erfolge. Bei allen wirtschaftlichen Leistungsindikatoren bewegte sich Deutschland im Euroraum am untersten Ende. Länder wie Italien und Portugal verwiesen auf bessere Arbeitsmarktdaten als wir. Schröder gewann 1998, weil wir als CDU/CSU zu schwach und er in den Augen der Wählerinnen und Wähler zu stark erschien. Er versprach Zukunft, indem er die Arbeitslosigkeit als Geißel des ausgehenden 20. Jahrhunderts in vier Jahren halbieren wollte. Wie sich herausstellte, konnte er sie nicht einmal senken.

2002 griff er auf dieselbe Trickkiste zurück. In Berlin, im Deutschen Dom, stellte er die Hartzkonzeption nicht einfach vor, sondern er inszenierte sie. Hartz trat als Heilsverkünder auf. Vollmundig verkündete er, die Arbeitslosigkeit innerhalb von drei Jahren halbieren zu können. Heute traut sich kaum jemand mehr in der SPD, diesen Namen in den Mund zu nehmen. Flop folgte auf Flop. Die Menschen spürten, dass die rot-grüne Regierung mit ihrem Latein am Ende war.

Das, was vor ein paar Jahren schier undenkbar erschien, trat am 5. Mai 2005 ein. Die SPD in Nordrhein-Westfalen verlor in ihrem Herzland die Landtagswahl gegen die CDU, unter Führung von Jürgen Rüttgers. Zu Ende war der Traum, dieses Land für ewig beherrschen zu können. Die Sensation, die sich schon vorher in der einen oder anderen Umfrage abzeichnete, trat ein und die politische Szene in Deutschland sollte sich verändern.

Ich war zu diesem Zeitpunkt fest entschlossen, 2006 nicht mehr für den Bundestag zu kandidieren. Nach 25 Jahren Mitgliedschaft im Landtag des Saarlandes und im Deutschen Bundestag spürte ich, dass es Zeit war, aufzuhören. Die Termine an den Wochenenden, ständig mit ernsten Problemen konfrontiert, die einen oft nicht schlafen ließen, getrennt von der Familie und den Freunden, allein in den Hotels, das stundenlange Warten auf Flughäfen und Bahnhöfen, sind nur einige der Punkte, die jene andere Seite eines Berufes markieren, der mir so vieles geschenkt hat.

Wer nicht bereit ist dies alles und mehr hinzunehmen, der sollte die Konsequenzen ziehen. Politik lässt sich nicht halbherzig betreiben.

Mit meinem Mainzer Freund Hans-Otto Wilhelm verbrachte ich während meiner Bonner und Berliner Jahre fast so viel Zeit wie mit meiner Familie. Er verließ 2002 den Bundestag und wir unterhielten uns zuvor stundenlang über die Vor- und Nachteile des Ausscheidens. Wir stießen immer wieder auf einen Punkt. Gehen muss jeder, der eine früher, der andere später. Was solls dachte ich mir. Millionen von Menschen mussten vor mir den Ruhestand bewältigen und Millionen anderen steht dieser Schritt noch bevor.

In Maria Laach war es, im Januar 2004, am Rande der Politikerexerzitien. Hans Ley lief um den See herum und Hermann Scharf und ich ließen es ruhiger angehen. Bei unserem Spaziergang fragte ich ihn zum ersten Mal, ob er sich vorstellen könne, mein Nachfolger zu werden.

 Hermann zeigte sich erfreut und wenige Minuten später besprachen wir diese Thematik mit Hans. Er dachte wie ich. Wir hielten diese Unterredung nicht geheim, und alles lief auf Hermann zu.

An dem besagten Wahltag in Nordrhein-Westfalen lud ich ihn zu uns nach Hause ein. Die zuständigen Parteigremien hatten die gewünschte Weichenstellung vorgenommen. Wir unterhielten uns über alles Mögliche. Mir lag viel daran, dass er meine Mitarbeiterinnen und auch die von mir gemietete Wohnung übernimmt. Die Ergebnisse der Landtagswahl verfolgten wir auf dem Bildschirm. Den Ton hatten wir ausgeblendet. Über den Sieg der CDU konnten wir uns auch so freuen.

Hermann war gerade gegen 19:00 Uhr aus der Tür und unterwegs zu einem anderen Termin, als mich Hans Ley anrief. „Was sagst Du jetzt?", seine aufgeregte Frage. Ich dachte, er spricht das Ergebnis an und drückte meine Freude über diesen Sieg aus. „Darum geht es nicht", insistierte er, „ich meine die vorzeitige Auflösung des Bundestages."

Ich hielt das für einen schlechten Scherz eines dritt-klassigen SPD-Politikers, der die Chance ergriffen hatte, sich wichtig zu tun. Als Hans den Namen Müntefering nannte, sah unsere politische Welt anders aus. Die SPD-Spitze hatte uns überrumpelt, und jetzt galt es erst einmal, Zeit zu gewinnen.

Hans riet mir – falls am nächsten Tag die Medienvertre-ter anrufen sollten - nicht zu sagen, dass ich auf eine weitere Kandidatur verzichten wolle. Als die erwarteten Fragen der Journalisten an diesem Montagmorgen an mich gerichtet wurden, redete ich um den heißen Brei herum und ich fühlte mich ziemlich unwohl. Eigentlich waren – wie schon erwähnt - die Würfel längst gefallen. Zu viele wussten von meinem geplanten Verzicht. Hans rief mich am Montagabend erneut an, und wir unterhiel-ten uns sehr intensiv darüber, wie es bei uns in der CDU weitergehen könne. Nach seiner Meinung sollte allein schon aus strategischen Gründen die Kandi-datenfrage nach wie vor offen gehalten werden. Unsere Tochter Anne, die mithörte, was wir telefonisch besprachen, riet mir, anders zu handeln. Ich sollte unverzüg-lich und sofort sagen, nicht mehr zu kandidieren. Ich könne doch keine Erwartungen zerstören und Freund-schaften nur deshalb aufs Spiel setzen, weil Schröder ein Jahr früher in Rente geschickt wurde. Anne hatte Recht und ab diesem Zeitpunkt gab es für mich kein Zurück mehr. Ich bin bis heute froh, so gehandelt zu haben.

Hermann bringt eine Vielzahl von Fähigkeiten mit, die unsere Politik so dringend braucht. Ich bin deshalb nach wie vor sicher, dass er seinen Weg weiter gehen wird.

„Was hast Du für die Menschen
unserer Region geleistet?"

Politiker als Personen und die Politik als Ordnungssystem, kämpfen gegen ungezählte Vorurteile. Einige lassen sich nachvollziehen und sind berechtigt, andere aber nicht. In diesem Kapitel versuche ich, das eine oder andere Klischee zurechtzurücken. Meine eigene Arbeit als Abgeordneter stelle ich zurückschauend dar und öffne sie so für jede weitere Kritik.

Ich weiß, wie groß die Gefahr ist, sich selbst zu viel zu loben und prahlerisch zu wirken. Einige sehen sich sogar als Gravitationszentrum des Weltalls um das sich die Gestirne drehen. Um mich kreisen keine Gestirne und das, was ich bewegen konnte, versuche ich - soweit es geht - mit Fakten zu belegen.

Das, was ich als Antwort wiedergebe, ist auszugsweise einem meiner Rechenschaftsberichte entnommen. „Als Abgeordneter wollte ich da sein, in Sprechstunden, auf Festen und Veranstaltungen, bei politischen Diskussionen, in Gesprächen mit Vertretern von Rettungsorganisationen, Umweltschutzgruppen, in Betrieben, in sozialen Einrichtungen, in Energie- und Versorgungsunternehmen, in Schulen, Bundeswehreinrichtungen und auch in den Medien. Kritik und Anregungen trug ich dort vor, wo sie angebracht waren, in der Fraktion, in der Landesgruppe und in den zuständigen Ausschüssen. Es gab ungezählte Anlässe - als wir noch an der Regierung waren -, wo ich unsere Minister oder Staatssekretäre um Unterstützung bat. Sei es, um für Willi Gehring 14 THW-LKWs für Rumänien zu besorgen, die Bundeswehrpioniere in Weiskirchen nach Heilwasser bohren zu lassen, um Anträge auf Fördermittel für Unternehmen zu beschleunigen, um Wirtschaftskontakte zu vermitteln oder um Familien bzw. Einzelpersonen zu helfen. Meine Kontakte in der Bundeswehr haben vielen Menschen weiter geholfen."

So weit dieser Rechenschaftsbericht, den in dieser oder etwas abgewandelter Form die meisten Abgeordneten aller Parteien schreiben könnten. Weil ich ausgeschieden bin, rede ich nur noch sehr begrenzt in eigener Sache. Deshalb hoffe ich etwas glaubwürdiger zu sein, wenn ich die Politik gegen falsche Anschuldigungen verteidige. Die bedauerlichen Skandale einzelner Politiker dürfen nicht verallgemeinert werden. Den Politikern pauschal vorzuwerfen, den Kontakt zur Basis verloren zu haben, ist schlicht unzutreffend. Ein Politiker, der am Wochenende „rund um die Uhr" unterwegs ist, hört wie kaum ein Zweiter auch von den Sorgen und Nöten seiner Gesprächspartner.

Es gab keine einzige Veranstaltung, auf der mich nicht jemand auf ein Problem ansprach. Wenn ich einem helfen konnte, freute ich mich darüber genauso wie der, dem geholfen wurde. Es sind Tausende von Anliegen, die im Laufe der Jahre an einen herangetragen werden und ich habe versucht - soweit es ging - ihnen gerecht zu werden. Den Menschen, die einen ansprechen, ist ihre Sorge, die größte und ich weiß, wie viel Überwindung es kostet, einen Abgeordneten um Unterstützung zu bitten. Allein deshalb dürfen solche Fälle für einen selbst nie zur Routine werden. Ich habe immer versucht, mich in die Lage meines Gesprächspartners hineinzuversetzen, und oft konnte ich danach einige Zeit nicht schlafen.

Sehr stolz bin ich auf eine Geschichte, die schon einige Jahre zurückliegt. Eine deutsche Familie, die aus Kasachstan in das Land ihrer Vorfahren zurückkam, sprach mich auf einen tragischen Fall an. Sie hatte in ihrer engen Verwandtschaft, die noch in Kasachstan lebte, ein vier Monate altes Baby mit einem angeborenen Herzfehler. Nur bei uns konnte ihm geholfen werden. Mit Norbert Blüm und vielen anderen Freunden schafften wir es, die deutsche Bürokratie zu überwinden und das Kind in Deutschland operieren zu lassen. In fehlerhaftem Deutsch, aber aus tiefstem Herzen kommend, haben sich die Eltern bei mir bedankt. Es gibt kaum einen Dank, der mir bis heute mehr bedeutet.

Die Lösung solcher oder ähnlicher Einzelfälle geschieht - so gut wie immer - ohne öffentliche Begleitung. Sie sind nicht nur für die Betroffenen, sondern auch für das eigene Selbstverständnis ungemein wichtig.

Dort, wo meine Arbeit am augenscheinlichsten wurde, ist sicherlich der Bereich der Bundeswehr bzw. der wehrtechnischen Betriebe. Nicht nur die persönlich Betroffenen wissen, was ich zur Erhaltung der Luftlande-Brigade 26 und speziell zur Rettung des Standortes Lebach geleistet habe.

Mein Engagement wurde auch von der damaligen SPD-Landesregierung unter Oskar Lafontaine und Irmgard Krajewski anerkannt. Es freut mich, auch wenn ich die Politik von Oskar Lafontaine – heute weniger denn je - begreifen kann. Ich hoffe nur, dass sein plumper Populismus bei unserer Wählerschaft nicht verfängt.

Früher, als Ministerpräsident, Tausende von Lehrerstellen abzubauen und damit die Zukunft unserer Kinder zu gefährden, steht in einem krassen Widerspruch zu seinen heutigen Forderungen. In der Plenardebatte des saarländischen Landtages am 18. September 1996 sagte Lafontaine allerdings die Wahrheit: „Beim wehrtechnischen Bereich ist es keine Frage, dass der Kollege Rauber sich besonders engagierte. Dies ist jedem, der in Bonn das Szenarium kennt, bekannt." Ministerin Krajewski äußerte sich ähnlich.

Rüstungskonversion in Bexbach und St. Wendel.

Da, wie bekannt, zu viel Eigenlob stinkt, will ich zwei konkrete Maßnahmen, die für unser Land von größerer Bedeutung sind, nennen, aber andere reden lassen. Als das Jägerbataillon 1998 Bexbach verlassen hatte, forderte das Bundesvermögensamt die Maßnahme nach den gleichen Kriterien, wie viele andere vorher abzuwickeln. Konkret bedeutete dies, 28 Mio. DM für die Gesamtfläche zu veranschlagen. Wie im politischen Geschäft üblich, bemühten sich viele Kolleginnen und Kollegen, genau so wie ich, diesen für die Kommune viel zu hohen Betrag nach unten zu drücken. Die Saarbrücker Zeitung für den Bereich Homburg schrieb dazu am 27. Juli 1998: „Schließlich soll dem St. Wendeler Bundestagsabgeordneten Helmut Rauber (CDU) beim Besuch des Kanzleramtsministers Bohl der große Durchbruch gelungen sein, bestätigen Doris Gaar und Bürgermeister Müller. Von da an ging es bergauf mit den Verhandlungen. Die utopische Summe von 28 Mio., die ursprünglich in Bonn veranschlagt wurde, war damit vom Tisch." Zu erwähnen ist, dass Bürgermeister Müller SPD-Mitglied ist und er bei vielen Gelegenheiten auf meinen Beitrag zur Konversion in Bexbach hinwies. Gezahlt wurden keine 28 Mio., sondern lediglich 3 Millionen DM.

Meinen Beitrag zur Konversionsmaßnahme in St. Wendel, die anstand, als die letzten französischen Soldaten unsere Garnisonsstadt verließen, möchte ich ebenfalls anhand von Presseberichten belegen. Die Saarbrücker Zeitung, der Stadtanzeiger usw. hatten sich mit dieser Rüstungskonversionsmaßnahme seit einigen Monaten befasst und sie journalistisch sehr sachkundig begleitet. Die einzelnen Stellungnahmen variierten nicht sonderlich stark. Der Artikel in der Saarbrücker Zeitung vom

17. September 1998 gibt prägnant das wieder, was als Ergebnis vieler gemeinschaftlicher Bemühungen herauskam. Die Überschrift lautete: „Schlüsselfax aus Bonn" und dann: „Der Bund ist offenbar bereit, das 235 ha große Gelände mit den Gebäuden für eine praxisnahe Summe zur weiteren Vermarktung an die Stadt zu verkaufen. Das Verhandlungsangebot St. Wendels betrage 2 Mio. DM, erklärte gestern Bürgermeister Klaus Bouillon (CDU).

Die entscheidende Bewegung habe der CDU-Bundestagsabgeordnete Helmut Rauber in die Verhandlungen gebracht, so Bouillon. Nachdem unter Raubers Beteiligung bereits im Juli für das ehemalige Bundeswehrgelände in Bexbach eine bezahlbare Lösung gefunden worden war, gut 3 Mio. DM werden dafür hingelegt, hat Rauber beim Kanzleramtsminister Friedrich Bohl erfolgreich auf eine vergleichbare Lösung für St. Wendel gedrängt.

Seine Zustimmung gab Bohl beim Trachtenfest am Bostalsee, wie Rauber im Gespräch mit der SZ berichtet: Wir saßen nebeneinander. Ich habe gesagt, „lasst uns für St. Wendel die gleiche Lösung finden wie für Bexbach. Und er sagte: Das geht klar." Das Fax mit der definitiven Entscheidung seines Duzfreundes hielt der Bundestagsabgeordnete am gestrigen Mittwoch um 11:58 Uhr in den Händen. Vorausgegangen war im März ein Besuch Raubers und Bouillons bei Bohl in Bonn, bei dem die St. Wendeler ihre Pläne für das frei werdende Kasernengelände präsentierten und für einen geringeren Kaufpreis warben. Weitere Gespräche folgten."

Soweit dieser Zeitungsartikel in der Saarbrücker Zeitung, den der damalige Redaktionsleiter Stefan Bergmann wie folgt kommentierte: „Die Zusage aus dem Bundeskanzleramt ist die richtige Entscheidung. Jetzt kann die Stadt das französische Garnisonsgelände für einen bezahlbaren Preis kaufen; die anstehende Herkulesaufgabe, das 235 ha große Areal für zivile Zwecke umzuwandeln und zu vermarkten, wird so ein gutes Stück leichter. Hinter der tatkräftigen Hilfe des mächtigen Kanzleramtsministers Bohl nun ein reines Wahlgeschenk zu vermuten, ist zu kurz gegriffen. Der Bundestagsabgeordnete Helmut Rauber, der offenbar die Fäden für die Entscheidung gezogen hat, bewährt sich damit als ernst zu nehmender Ansprechpartner in militärpolitischen Fragen und Interessenvertreter seiner Heimatregion."

Dieses Lob freut mich nach wie vor, aber weit mehr, wie sich diese Rüstungskonversionsmaßnahme entwickelt hat. Wenn ich in St. Wendel Golf spiele oder sehe, wie viel Hunderte neuer Arbeitsplätze auf dieser Fläche entstanden sind, dann bin ich froh darüber, wenigstens einen kleinen Beitrag dazu geleistet zu haben. Ohne die freundschaftliche Beziehung zu Fritz Bohl, mit dem ich nach wie vor noch eng verbunden bin, wäre eine solche Lösung nicht möglich gewesen.

Unter der SPD-Bundesregierung kämpfte ich im Verteidigungsausschuss oft leider vergeblich dafür, diese zukunftsweisende Regelung auch bei anderen Kommunen anzuwenden. Anzumerken ist, dass bei früheren Verhandlungen anhand der vorhandenen Sachwertschätzungen ursprünglich der horrende Betrag von etwa 50 Mio. DM im Raum stand (s. Bericht im St. Wendeler Stadtanzeiger vom 22. 09. 1998, S. 2). Dieser Betrag hätte jeden Investor abgeschreckt.

Ein Beispiel,
das nicht missverstanden werden soll.

Auf Bundes- und Landesebene fällt es äußerst schwer, den eigenen Beitrag auf politische Entscheidungen zu erkennen. Wer ehrlich ist, der muss zugeben, dass die großen politischen Strömungen von einzelnen Abgeordneten, gleich wie er heißt, kaum, bis gar nicht, beeinflusst werden können. Bei Maßnahmen für die Region sieht es anders aus. Am klarsten lässt sich die eigene Arbeit in der Kommunalpolitik ablesen.

Ich bitte es mir nicht übel zu nehmen und es nicht falsch zu verstehen, wenn ich ein Beispiel nenne, auf das ich sehr stolz bin. Anfang 1980 war ich für den Landtag auf einem sicheren Platz bereits nominiert, aber noch nicht gewählt. Die damalige CDU geführte Landesregierung unter Werner Zeyer hatte ein Programm zur Erschließung von Gewerbeflächen vorgelegt.

Als ich aus der Zeitung davon erfuhr, schrieb ich unserem damaligen Bürgermeister Toni Schäfer mit Datum vom 08. Februar 1980 einen Brief. Ich wies auf das erwähnte Programm hin und bat ihn, „sofort die Finanzierungspläne für die Erschließung der Gewerbeflächen in Tholey (neben Lehrwerkstätte) und in Theley (an der Primstaler Straße) zu erstellen". Nach meiner Meinung sollte auch das Gelände in Hasborn an der Autobahn mit in diese Planung aufgenommen werden. Zum Schluss drängte ich ihn, auch ohne Vorlage von Richtlinien, die Erschließungsmaßnahme einzuleiten „da nicht sicher ist, ob nach dem Windhundverfahren bezuschusst wird".

Wegen der damals noch offenen Finanzierung führte ich am 10. März 1980 mit dem damaligen Finanzminister Ferdi Behles ein Gespräch. Uns wurde ein hoher

Zuschussbetrag gewährt. Heute arbeiten auf diesem erschlossenen Gewerbegebiet mehrere hundert Menschen. Solche Chancen mitgestalten zu können, sind relativ spektakulär und selten, und sie dürfen nicht falsch interpretiert werden. Unsere Kommunalpolitik ist keine Einzelschau, sondern eine Mannschaftsleistung. Nur so lassen sich die Ergebnisse für die CDU in der Gemeinde Tholey erklären.

„Wenn das Auge des Gesetzes nicht schlafen kann" *

Abgeordnete sind, um es etwas ironisch auszudrücken, gefordert, wenn der Frieden nach innen und außen bewahrt, der Wohlstand erhalten und das Klima gerettet werden soll. Manchmal geht es aber um scheinbar ganz banale Dinge. Die von mir gewählte Überschrift* stammt aus einem Saarbrücker Zeitungsartikel vom 24. September 1986. Zwei Bilder und ein Dreispalter befassten sich mit dem - wie es die SZ ausdrückte - „Dilemma der Brotfrau". Nicht nur die Saarbrücker Zeitung, sondern auch Rundfunk und Fernsehen stellten sich auf die Seite der Fahrverkäuferin Christel Schäfer. Sie verkaufte drei Jahre lang unbehelligt jeden Morgen frische Brötchen, Kuchen und Kaffeestückchen ihrer Kundschaft in Sotzweiler. Ihr Vergehen - welches das Auge des Gesetzes nicht schlafen ließ - war, dass sie ihr Kommen mit der Fahrzeughupe ankündigte.
Die Polizei - sonst unser Freund und Helfer, ein Instrument der Exekutive - schlug zu. Einer ihrer Kollegen fühlte sich durch den, wie er glaubte, ungesetzlichen Lärm der Brotfrau in seiner Tagesruhe gestört. Er zeigte die Fahrverkäuferin an und wies darauf hin, dass keine Hupe, sondern nur eine Batterie betriebene Klingel ge-

setzlich zulässig ist. Um sich gesetzestreu zu verhalten, rüstete die Bäckerei das Fahrzeug um. Wer glaubte, dass jetzt Ruhe eingekehrt wäre, sah sich getäuscht.

Dem betroffenen Polizisten war auch der Klingelton nicht leise genug und deshalb ließ er das Räderwerk der Justiz sich weiter drehen. 50,00 DM zuzüglich Gebühren in Höhe von 12,50 DM sollten als Strafe gezahlt werden – so jedenfalls berichtete es die Saarbrücker Zeitung. Zwei Verhandlungstage vor dem Amtsgericht in St. Wendel beanspruchte diese Auseinandersetzung. Sie dauerte länger als das Gerichtsverfahren im Falle Hartz, bei dem es um gekauften Sex zulasten des VW-Konzerns ging. Das Urteil wurde - so wie geschildert - gefällt, obwohl zwei benannte Zeugen und 95 Unterschriften die Aussage der Brotverkäuferin stützten, nie gehupt zu haben.

Mir schien diese Auseinandersetzung schlicht als ein schlechter Witz und deshalb mischte ich mich ein.

Klaus Wagner, der damalige Polizeichef von Tholey, musste die Aktion der Polizei koordinieren. Er sprach mich Anfang 2007 bei unserem Neujahrsempfang auf diese schon über 20 Jahre zurückliegende Geschichte an. Sein freundschaftlich formulierter Vorwurf an mich war der, auf der falschen Seite gestanden zu haben. Ich stand in der Tat auf der Gegenseite, mit überzeugenden und weniger überzeugenden Gründen. Im Reigen der klassischen Gewaltenteilung gehört der Abgeordnete zur Legislative. Sie schafft Gesetze und Rechtsverordnungen, die es der Exekutive - in diesem Falle der Polizei – erlaubt, für alle Bürger verbindliche Regeln und Normen durchzusetzen. Die Frage in diesem Fall ist allerdings die nach der Verhältnismäßigkeit. Wenn Gerichte klagen, überlastet zu sein, dann wundert mich das nicht, wenn sie sich - wie in diesem Falle geschehen - zwei Tage lang mit Lächerlichkeiten beschäftigen. Mein bescheidener Beitrag in diesem heroischen Kampf zwischen der armen Brotfrau und der gnadenlosen Justiz ist in dem bereits erwähnten Zeitungsartikel dokumentiert. Dort ist nachzulesen, wie ich mich einschaltete. Ich würde es als eine Zumutung empfinden, wenn sich eine Verkäuferin bei Regen und Kälte per Handklingel bei ihrer Kundschaft aufmerksam machen muss. Weiter heißt es in diesem Zeitungsartikel: „In einem Schreiben an den saarländischen Wirtschaftsminister Hans Joachim Hoffmann, bittet Rauber darum, dass endlich Rechtsklarheit geschaffen wird. Der Abgeordnete hält es für weit übertrieben, wenn die Polizei Bäcker anzeigt, die sich der sogenannten Autoklingel bedienen, die auf dem gleichen Prinzip wie das Hupen beruht. Er selbst sieht für die Polizei wichtigere Aufgabenfelder als hinter Fahrerinnen herzuspionieren, um zu kontrollieren, dass sie nur ja nicht die Autoklingel benutzen. Rauber schreibt, dass er es als Bürger, der selbst über solche Fahrgeschäfte versorgt wird, nicht im geringsten Maße als störend empfindet, wenn morgens solche Autoklingeln betätigt werden. Viele Kunden hätten sich sogar beschwert, dass sie dieses Klingeln nur sehr schwer hören, was als Beweis gelten könne, dass der Lärmpegel nicht übertrieben hoch einzustufen sei. Rauber bittet den saarländischen Wirtschaftsminister, sich dafür einzusetzen, dass die Autoklingel nicht mehr von der Polizei angezeigt wird." Nach diesem die Welt bewegenden Vorkommnis ist in unserem Ort Ruhe eingekehrt und der Streit zwischen Brotfrau und Polizei hat sich von selbst aufgelöst. Christel Schäfer betreibt seit einigen Jahren sehr erfolgreich die Gastronomie, früher in der alten und jetzt in der neu gebauten „Heldenrechhalle" in Sotzweiler.

Ob sich mittlerweile die EU-Kommission dieser Thematik bemächtigt hat, um europaweit für alle Brotfrauen einheitliche Phonstärken und Klangbilder vorzuschreiben, kann ich leider nicht sagen. Wundern würde es mich nicht! Was von mir ironisch gemeint und überzeichnet dargestellt wurde, hat einen tieferen Kern. Müssen wir tatsächlich jede noch so belanglose Form des Zusammenlebens bis ins letzte Detail regeln und alle die kriminalisieren, die sich etwas von dieser Norm wegbewegt haben? Würde es manchmal nicht ausreichen - statt alles durch Gesetze zu regeln - an Toleranz und gegenseitige Rücksichtnahme zu appellieren?!

Die freie Meinungsäußerung kann teuer werden. Doppelsieg gegen den Millionenerben Reemtsma.

Die Firma Reemtsma zählt zu den größten Zigarettenherstellern der Welt. Einer, der durch den Nikotinkonsum anderer besonders reich geworden ist, heißt mit Vornamen Jan Philipp. Er übt und das sage ich, um nicht als klein kariert zu gelten, als Literaturprofessor einen anständigen Beruf aus.

Dieser Herr initiierte eine äußerst umstrittene Wehrmachtsausstellung und wurde dadurch ebenso berühmt wie als Opfer einer Entführung. 33 Tage hielten ihn Kriminelle unter schrecklichen Bedingungen gefangen und erpressten ein Lösegeld von heute 15 Mio. Euro, die höchste Summe, die je gezahlt wurde. Die Entführer sitzen, aber das Lösegeld bleibt bis auf 1,3 Mio. Euro verschollen.

Ich wünsche keinem Menschen etwas Schlechtes, auch nicht, wenn er - wie in meinem Fall – einen anständigen Bürger vor die Schranken des Gerichts zerrt. 1995, „zufällig" zum 40-jährigen Bestehen der Bundeswehr, schlägt seine Ausstellung hohe Wellen, auch in der internationalen Politik. „Vernichtungskrieg, Verbrechen der Wehrmacht zwischen 1941 und 1944" hieß diese mit vielen Mängeln behaftete Ausstellung, die Kritik und Gegenkritik provozierte.

Alle berufenen und weniger berufenen Experten meldeten sich in den Medien zu Wort. Ich sah mich und meine Meinung durch unsere Parteispitze gut repräsentiert. Außer in „loyal", im Organ unseres Reservistenverbandes, äußerte ich mich nicht.

Als dann die Ausstellung 1999 auch in Saarbrücken gezeigt werden sollte, entstand für mich eine neue Situation und ich sah mich gefordert.

Über eine Pressemitteilung mit der Überschrift: „Helmut Rauber, MdB: Kritik an Wehrmachtausstellung auch in Saarbrücken – pauschale Verunglimpfung der Soldaten" drückte ich harmlos und nicht verletzend meine Meinung aus. Das literarische Feingefühl des Herrn Professors schien Dissonanzen in Form der Kritik an seiner Ausstellung nicht zu vertragen.

Eine ganze Latte von Rechtsanwälten forderte mich in seinem Namen auf, nicht mehr das zu wiederholen, was ich mich zu sagen getraut hatte. Allein die Aufzählung, wer mir alles gegenübersteht, um mich juristisch in die Knie zu zwingen, war schon Furcht einflößend genug. Richtig zitternde Knie bekam ich aber erst, als ich das las, was sie von mir forderten: Als erstes verboten sie mir das zu wiederholen, was ich gesagt hatte. Sollte ich es dennoch tun, drohten sie mir eine Strafe von 10100,00 DM an.

Doch damit nicht genug! Sie würden die ganze Angelegenheit erst dann als erledigt betrachten, wenn ich nach Punkt 1 und 2 auch noch die „Kosten der anwaltlichen Inanspruchnahme gezahlt habe. Sie beliefen sich auf 7,5/10 Geschäftsgebühr aus einem Gegenstandswert von 30000,00 DM zuzüglich Auslagenpauschale und Mehrwertsteuer". Was dies im Klartext heißt, weiß ich bis heute noch nicht. Ich vermutete allerdings Schlimmes.

Von mir an meinem Geburtstag dann noch per Einschreiben so etwas zu verlangen, empfand ich als wenig feinfühlig.

Meine Presseerklärung war über die SPD-Landtagsfraktion und das Adolf-Bender-Zentrum in St. Wendel nach Hamburg gesandt worden. Die mir zugestellte Unterlassungs- und Verpflichtungserklärung sollte ich unterschrieben bis zum 1. März 1999 zurückschicken.

In meinem Antwortschreiben teilte ich ihnen mit, dass all das, was sie mir vorgeworfen hätten, richtig sei. Ich würde aber als frei gewählter Abgeordneter auch zukünftig meine Meinung sagen. Mit freundlichen Grüßen schloss ich meinen Brief an die Herren Rechtsanwälte ab.

Dann allerdings explodierte die Bombe. Freitagmorgens erhielt ich einen Einschreibebrief. Mir wurde vom Landgericht Saarbrücken mitgeteilt, wegen Unterlassung „Ehrkränkender Äußerung" bereits am Montag vor der 14. Zivilkammer mit Rechtsanwalt zu erscheinen. Ich verhielt mich wie jeder andere Saarländer, indem ich mich fragte, wer mir in dieser schwierigen Lage weiterhelfen könne.

Dabei stieß ich auf den „Einser-Juristen" Peter Müller. Ihn rief ich an und er beriet mich honorarfrei. Wolfgang Zeyer vertrat mich.

Das ganze Wochenende über arbeitete ich wie besessen und wälzte die einschlägige Literatur. Auch vor Gericht in Gottes Hand zu sein, mag tröstlich sein, aber der nicht gerade kleine Geldbetrag machte mir schon einige Sorgen.

Ich blieb aber bei meiner Meinung. Für mich stand immer außer Frage, dass Hitler als Oberbefehlshaber der Wehrmacht den 2. Weltkrieg auslöste, an dessen Ende 55 Mio. Gräber standen. Nicht nur Hitler, sondern das gesamte System des Nationalsozialismus muss von der ideologischen Umsetzung ihrer Politik her als verbrecherisch, totalitär und Menschen verachtend bezeichnet werden.

Aufgabe einer seriösen Geschichtsforschung wäre es gewesen, nicht nur historische Ereignisse begreifbar zu machen, sondern aufzuzeigen, wie sie sich entwickelten. Was mich erboste, war die nach meiner Meinung pauschale Verurteilung, der Generalverdacht von 19 Mio. Menschen, die in der Wehrmacht dienten bzw. dienen mussten.

Das nachgewiesene kriminelle Verhalten einzelner Teile darf nicht dazu führen, alle zu verunglimpfen. Der Krieg mit seinen Schrecknissen schafft Situationen, die Dritte oft nicht sachgerecht beurteilen können.

Wenn ich darauf hinweise, dann geht es mir nicht darum, Gräueltaten gegeneinander aufzurechnen. Erlaubt ist es aber zu sagen, dass es auch Bilder bestialisch getöteter deutscher Soldaten gab. Nicht vergessen sind die Worte des sowjetischen Dichters Ilja Ehrenburg. Er rief zum Mord an Deutschen auf: „Wenn du einen Deutschen getötet hast, töte noch einen – es gibt für uns nichts Lustigeres als deutsche Leichen."

Solche Hinweise fehlten in dieser Ausstellung ebenso wie Beispiele, wo deutsche Soldaten unter Gefahr des eigenen Lebens andere Menschen gerettet haben. Wichtig wäre es zudem gewesen, deutlich zu machen, wie der einzelne Soldat in dieses Terrorsystem eingebunden war, aus dem er selbst nicht entrinnen konnte.

Wir siegten gegen Reemtsma vor der 14. Zivilkammer des Landgerichtes in Saarbrücken am 09. März 1999. Mir wurde nach wie vor das erlaubt, was zu einem Wesenselement unserer Demokratie zählt: die eigene Meinung frei zu äußern. Dass Reemtsma die Kosten des Rechtsstreites tragen musste, hat mich gefreut und ihn nicht sonderlich ärmer gemacht.

Statt sich in sein Schicksal zu ergeben, ging der Professor in Berufung. Es kam zu einem erneuten Urteil, dieses Mal vom saarländischen Oberlandesgericht und zwar am 30. Juni 1999. Dort wurde für Recht erkannt, dass ich weiterhin diese Wehrmachtsausstellung als „aufhetzerisch, tendenziös, unwissenschaftlich und als eine Beleidigung von Millionen anständiger Soldaten" bezeichnen darf.

Der Senat bestätigte in dem Urteil, dass die entsprechenden Passagen als Meinungsbildung zu bewerten und nicht zu beanstanden seien. Vielmehr dienten sie dem öffentlichen Meinungskampf und seien vom Artikel 5, Absatz 1, Satz 1, des Grundgesetzes gerechtfertigt. Dies gelte im vorliegenden Fall umso mehr, da im Vordergrund nicht eine private Auseinandersetzung stehe, sondern es um die Bildung der öffentlichen Meinung ginge.

Aus ganz Deutschland erhielt ich eine Unzahl von Zuschriften, die mir - ohne eine einzige Ausnahme - zu meinem Erfolg gratulierten. Auch heute noch freut es mich, dass auch die Kosten dieses Berufungsverfahrens der Verfügungsklägerin zur Last fielen.

In der Gemeinde Tholey ist die Welt noch in Ordnung.

Das Saarland ist ein herrliches Land mit liebenswerten Menschen, die alle behaupten dort zu wohnen, wo es am schönsten ist. Diesen Glauben will ich niemandem rauben, denn subjektiv gesehen haben sie Recht. Wer sich aber unsere Sehenswürdigkeiten betrachtet, die Schönheit der Landschaft und der Dörfer, die historische oder kulturelle Bedeutung z. B. der Abtei, wer die Johann Adams Mühle oder die Imsbach kennt, den Schaumberg, der unser Land überragt, der gibt mir Recht, wenn ich unsere Gemeinde zu den schönsten und geschichtlich bedeutendsten im Saarland zähle.

Ein Blick in unser Gemeindeblatt, das fast den Umfang einer Zeitschrift angenommen hat, zeigt nicht nur einen agilen Bürgermeister in Aktion. Mindestens ebenso sticht ein sehr anspruchsvolles und vielseitiges kulturelles und sportliches Freizeitangebot ins Auge. Dahinter steckt sehr viel Arbeit unserer Vereine und der Gemeindeverwaltung.

Zu früherer Zeit wurde ein Sechstel des heutigen Saarlandes von Tholey aus regiert. Wenn unser Bürgermeister dürfte, wie wir wollen, dann wären wir bald wieder so weit. Die Fähigkeiten, ein solches Gebilde hervorragend zu führen, bringt Hermann Josef Schmidt jedenfalls mit. Er setzt die hervorragende Arbeit seiner Vorgänger Toni Schäfer und Hans Dieter Frisch mit einem ihm eigenen Stil, der Bürgernähe mit Können verbindet, fort. Die CDU-Fraktion und der Bürgermeister ziehen an einem Strang, was auch mit der Person von Ludwin Scherer zusammenhängt, der unsere Fraktion ruhig und besonnen führt.

Auf der jüngsten Geburtstagsfeier unseres Bürgermeisters fragte mich mein langjähriger Förderer Reinhold

Bost aus Eppelborn, was das Erfolgsgeheimnis der CDU Tholey sei. Ich antwortete ihm mit einem einzigen Wort: „die Einigkeit". Weil wir einig und geschlossen auftreten, ohne irgendjemanden auszugrenzen, sind wir stark. Jede politische Gruppierung die beansprucht, Volkspartei zu sein, muss sich mit Interessengegensätzen auseinandersetzen, die ein gutes Stück systemimmanent sind. Unterschiedliche Meinungen zu artikulieren, bedeutet nur dann Streit, wenn sich die Entscheidungsprozesse zu lange hinziehen und wenn nach einer abschließenden Meinungsbildung - demokratisch legitimiert – die unterlegene Seite weiter herumnörgelt und dagegen stänkert.

Ich selbst kenne nur wenige Fälle, wo eine mögliche Gewissensentscheidung mit der notwendigen und unverzichtbaren Fraktionsdisziplin kollidierte. Machiavelli, dessen Grab ich vor einigen Jahren in Florenz in der Kirche Santa Croce besuchte, sprach von den zwei zentralen Geboten der Politik: an die Macht zu kommen und dann an der Macht zu bleiben. Wem dies zu „machiavellistisch" erscheint, dem hilft vielleicht eine andere Formulierung weiter. „Nur wer Mehrheiten besitzt, kann entscheiden und gestalten". Gefährlich ist lediglich die absolutistische, d. h. die unkontrollierte, die nicht an höhere Ziele gebundene Macht.

Es schadet zwei Seiten, wenn der politische Gegner selbstherrlich an die Wand gespielt wird, gleichgültig, wie gut seine Vorschläge sind. Das Gemeinwesen leidet darunter und auch die so handelnde Partei. Keine Partei macht alles richtig und keine macht alles falsch.

Wir arbeiten mit der SPD im Gemeinderat gut zusammen. Ich bitte aber zu berücksichtigen, dass das Rollenverständnis einer Opposition ein anderes ist als das einer Mehrheitsfraktion. Mit anderen Worten: Die in unserer Bevölkerung weit verbreitete Sehnsucht nach

Harmonie und Einigkeit darf nicht Konsens um jeden Preis bedeuten. Die Demokratie lebt von dem, manchmal auch leidenschaftlichen Ringen um die beste Lösung. Wichtig ist nur, fair und anständig miteinander umzugehen.

Was mein politisches Engagement auf kommunaler Ebene betrifft, wäre es ohne die Unterstützung meines Ortsverbandes nur schwer möglich gewesen. Hans Stock als Ortsvorsteher und Wolfang Recktenwald, Erhard Bastuck, Horst Hoffmann und die beiden Damen Gisela Rausch und Gaby, hielten mir in vielfältiger Form den Rücken frei. Mittlerweile arbeiten wir auch in unserem Ort ausgezeichnet mit der örtlichen SPD zusammen.

Der politische Erfolg hat viele Väter und Mütter. Was meine Mitgliedschaft im Deutschen Bundestag anbelangt, habe ich vielen Parteifreundinnen und Parteifreunde zu danken. Wie viele standen während der Wahlkämpfe früh morgens bei Wind und Wetter mit mir zusammen vor Fabriktoren, Schulen, Bahnhöfen oder Geschäften, um Flugblätter zu verteilen? Wie viele sind durch ihre Orte gelaufen, um für mich zu werben? Wie viele andere waren für mich ehrliche und sachkundige Ratgeber, wie z. B. Alois Ames, der unsere Partei und mich in der Vergangenheit oft beriet und der sich auch die Zeit nahm, dieses Buch kritisch durchzulesen? Sie alle hätten es verdient, in diesem Buch erwähnt zu werden. Leider geht es nicht. Ich weiß wohl, wie problematisch es ist, wenn ich einige Parteifreunde anspreche und andere nicht.

Unsere Politik auf Gemeindeebene trägt nicht ein oder zwei, sondern viele Gesichter. Stellvertretend nenne ich Nadine Müller, die aus unserer Gemeinde kommt. Sie schlägt sich als Landtagsabgeordnete ausgezeichnet und sie wird ihren weiteren Weg in der Politik gehen.

Nicht nur für mich zählt sie zu den großen Hoffnungs-trägern unserer Partei. Friedbert Becker als erster Beigeordneter und Fraktionsvorsitzender und Herbert Schug, Stefan Spaniol und Michael Scholl gehören zu den Spitzenkräften des Kreistages.

Unsere Damen können sich nicht nur sehen lassen. Sie machen auch eine gute Politik, wie z. B. Ise Höring und Elisabeth Biwer als weitere Stellvertreter des Bürgermeisters. Mit Elisabeth stellen wir zum ersten Mal eine weibliche Ortsvorsteherin, die ebenso wie ihre Kollegen Friedbert Becker, Aloysius Berwanger, Stefan Hubertus, Walter Krächan, Klaus Peter Moutty, Gerhard Scherer (seit Mitte 2008 Dietmar Lauck), Herbert Schug und Hans Stock ausnahmslos unserer Partei angehören und ein hohes Renommee in ihren Orten genießen. Walter Gotthard hat sich nicht nur als Ortsvorsitzender einen Namen gemacht.

Reinhard Wagner, Direktor der „Deutsche Rentenversicherung Saarland" war sich nie zu schade, sich auch auf Orts- und Gemeindeebene zu engagieren. Zukunftsfähig wird eine Partei durch die Jugend. Kein Gemeinderat unseres Landes zählt mehr JU Mitglieder als unserer. Darauf sind wir zurecht sehr stolz. Martin Backes, Alexander Besch, Stefan Funck, Heiko Moutty, Thomas Naumann, Roland Peter und Michael Scholl sind alles prima Kerle, die was können, die sich einbringen und sich vor keiner Verantwortung und Arbeit drücken. Sie melden sich zu Wort, selbstbewusst und immer sachlich orientiert. Auf diese jungen Herren ist Verlass und es macht richtig Spaß, mit ihnen zusammenzuarbeiten.

Unterwegs. Die Junge Union Saar – eine außenpolitische Größe

Eine Reise von JU-Freunden in die Anden wird nach wie vor in den Medien von Fall zu Fall erwähnt. Heute führende CDU-Politiker versprachen sich dort gegenseitige Treue und Unterstützung. Diese Reise reicht aber nicht einmal in Ansätzen an das heran, was eine kleine Delegation von JU-Politikern aus dem Saarland zu Beginn des Jahres 1976 an tief greifenden Veränderungen mitbewirkte. Sie hat in der damaligen Zeit für einiges Aufsehen gesorgt und auch innenpolitisch zu gravierenden Veränderungen geführt.

Wenn ich mich richtig erinnere, zählte unsere Gruppe zehn Personen, die dadurch politisches Gewicht erhielt, weil neben Gerd Meyer, auch Günther Schwarz und Werner Schreiber dem Landtag angehörten. Als wir zurück kamen titelte die Saarbrücker Zeitung am 2. Februar 1976 auf Seite 1: „Junge Union Saar empfiehlt Annahme der polnischen Verträge." Röder verspricht Prüfung – Genscher sieht „positives Signal".

Eine gewaltige Schlagzeile und dazu noch ein großes Bild eines jungen Herrn, das zeigt, wie wenig sich manche Menschen im Laufe der Jahre verändern. Gemeint ist der damalige JU-Vorsitzende, Gerd Meyer.

Fett gedruckt, nach den Ortsangaben Saarbrücken – Warschau – Bonn, hieß es: „Die Junge Union Saar hat der Landesregierung am Wochenende empfohlen, im Bundesrat für die Ratifizierung des jüngsten Polen-Abkommens zu stimmen. Nach einem Besuch in der Volksrepublik Polen bezeichnete Landesvorsitzender Gerd Meyer ein „Ja" zu den Vereinbarungen als berechtigt. Regierungschef Franz-Josef Röder betonte in einer ersten Stellungnahme: „Wir werden die Erfahrungen der Jungen Union Saar durchaus Ernst nehmen und werden sie in unsere Überlegungen

137

und werden sie in unsere Überlegungen einbeziehen." Bundesaußenminister Hans-Dietrich Genscher sprach von einem „positiven Signal, das die CDU-Junioren mit dem Votum gesetzt hätten." Soweit der Artikel aus der Saarbrücker Zeitung, der auch deutlich macht, mit welch herausragenden Persönlichkeiten wir sprachen.

Mich hat das deutsch -polnische Verhältnis seit dieser Zeit nicht mehr losgelassen.

Ich kann mich noch gut an ein Gespräch mit Helmut Kohl erinnern. In einem relativ kleinen Kreis machte er deutlich, wie wichtig das deutsch-polnische Verhältnis für seine Politik ist. Kohl sprach von Versöhnung, die mit Frankreich und auch mit Israel gelungen sei, nicht aber mit unserem Nachbarn Polen.

Wer unsere gemeinsame Geschichte kennt, der weiß, wie belastet diese Beziehungen waren und zum Teil bis heute noch sind.

Was stand damals hinter diesen Polenvereinbarungen? Es handelt sich um drei Teilkomplexe, die aber, wie zwischen polnischen und deutschen Regierungsvertretern ausgemacht, als Ganzes zur Abstimmung gestellt wurden. Konkret ging es um ein Rentenabkommen, um die Vergabe von Krediten und letztendlich um die Ausreise in Polen lebender Deutscher. Zustimmungsbedürftig seitens der Bundesländer wäre nur das Rentenabkommen gewesen.

Der Bundesrat stimmte am 12. März 1976 dem Gesamtkomplex der Polenvereinbarungen zu. Wir zahlten eine Rentenpauschale von 1,3 Milliarden DM und gewährten zusätzlich den Polen einen Kredit in Höhe von einer Milliarde DM. Im Gegenzug sagten die Polen zu, 125000 Deutschstämmige in die Bundesrepublik Deutschland ausreisen zu lassen.

Über das, was zum Glück einstimmig abgestimmt wurde, gab es im Vorfeld, vor allem innerhalb der

CDU/CSU, erheblichen Streit mit extrem unterschiedlichen Positionen. Kohl hatte sich als CDU Vorsitzender anfangs positiv zu den Vereinbarungen geäußert. Später musste er sich auf Druck von Franz Josef Strauß in Richtung eines „qualifizierten Nein" bewegen. Meine Meinung hielt ich damals in einem ausführlichen Erfahrungsbericht fest. Als CDU/CSU sollten wir das Vertragswerk passieren lassen. Einmal, um uns außenpolitisch nicht zu isolieren und zum anderen, um uns innenpolitisch die Koalitionsmöglichkeiten mit der FDP offen zu halten.

Am 4. Mai 1975 erzielte die CDU-Saar mit 49,1 Prozent das beste Ergebnis der Nachkriegszeit. Dennoch kamen wir über ein Patt mit dem uns gegenüber stehenden SPD-FDP Bündnis nicht hinaus. Unsere Haltung zu den angesprochenen Vereinbarungen trug dazu bei, den Weg zu der schwarz - gelben Koalition am 1. März 1977 zu ebnen.

Dostojewskij und der Mythos Sibirien

In unserem Elternhaus - vorne zur Straße das Geschäft, nach hinten die Wohnräume - hatten wir ständig meist männliche Gäste. Sie kamen zum Einkaufen, aber oft auch nur, um mit unserem Vater zu reden, sich auszutauschen. Sie erzählten vom Krieg und ihren schrecklichen Erlebnissen als Kriegsgefangene, und ich hörte als Kind gespannt zu. Diese Geschichten wurden mir später noch oft geschildert.

Diejenigen, die mit 18 oder 19 Jahren in den Krieg zogen und 10 Jahre später aus der Gefangenschaft zurückkehrten, hatten ihre Jugend verloren. Der Krieg und das Elend danach prägten und füllten ihre Erlebniswelt aus. Ich erinnere mich an bewegende Momente, fast still und doch so eindringlich. Unsere Mutter führte einen mir fremden, ausgemergelten jungen Mann in unsere Wohnzimmer und sagte nur: „Josef, Theo ist da!" Mein Vater - blind - breitete die Arme aus und beide umarmten sich lange, ohne ein Wort zu sagen.

Theo Schmitt war der letzte Mann aus unserem Ort, der aus der Kriegsgefangenschaft in Sibirien zurückkehrte. Sibirien, das war auch der Film „So weit die Füße tragen", ein Sechsteiler im Fernsehen, der 1959 die Straßen leer fegte. Die russische Geschichte, die zaristische Zeit, die Aufstände, die Deportationen, die Literatur sind ebenfalls verknüpft mit dem Namen Sibirien.

Beispielhaft spreche ich das Leben von Fjodor Dostojewskij an, wohl einer der größten Schriftsteller, die je gelebt haben. Für Maxim Gorki ist Dostojewski der größte aller russischen Märtyrer. Mir geht es wie André Gide nach der Lektüre der Dostojewskijbriefe, die in zwei Bänden vorliegen. Die Passagen, die ich zitiere, stammen aus der 1. Auflage, 1990 als „Insel Taschenbuch" erschienen.

André Gide lehnte jegliche, die persönliche Freiheit einschränkenden Konventionen ab und bekannte sich offen zu seinen homosexuellen Neigungen. Was Dostojewski betrifft, stellte er nach Lektüre dieser Briefe fest: „Man ist darauf gefasst, einem Gott zu begegnen und findet einen Menschen – einen kranken, armen, sich unablässig mühenden Menschen".

Das große Thema dieses russischen Adligen und Schriftstellers ist der Mensch, wie er sein soll und wie nicht. Ein Mensch, der in Schuld und Sühne verstrickt ist, konfrontiert mit den dunklen und den lichten Quellen. Den Weg des Lebens hält er für besser als den Weg des Todes. Am 11. Oktober 1821 wurde er in Moskau geboren. Auf eigenen Wunsch verlässt er als Oberleutnant die Armee. Eine kurze Zeit später stößt er als 24-jähriger auf sozialistische und kommunistische Ideen, die ihn überzeugen und zu denen er steht. Er wird verhaftet und am 16. November 1849 von einem Militärgericht in St. Petersburg zum Tode verurteilt. Die Hinrichtung ist auf den 22. Dezember festgesetzt, kurz vor Heiligabend, eine grausame Komödie, vom Zaren selbst inszeniert.

An diesem 22. Dezember schreibt Fjodor an seinen Bruder Michail in der Peter Paul-Festung in St. Petersburg einen Brief: „Bruder, mein lieber Freund! Alles ist entschieden. Heute am 22. Dezember hat man uns auf den Semjonowplatz geführt. Dort wurde uns allen das Todesurteil verlesen, man ließ uns das Kreuz küssen, zerbrach über unseren Köpfen die Degen und kleidete uns für die Hinrichtung an (weiße Hemden). Dann stellte man drei zur Vollstreckung des Urteils an den Pfahl. Wir wurden in Gruppen zu je drei aufgerufen, ich war also in der zweiten an der Reihe und mir blieb kaum noch eine Minute zum Leben."

Dann hören sie, dass „seine kaiserliche Majestät" ihnen das Leben geschenkt hat. Das Todesurteil wurde in vier Jahre Zwangsarbeit in Sibirien umgewandelt. In diesem Brief schreit Dostojewskij es regelrecht heraus: „Leben bedeutet überall Leben, das Leben ist in uns selbst und nicht nur im Äußerlichen. Sich vom Unglück, so groß es auch sein mag, nicht unterkriegen zu lassen – das ist der Sinn des Lebens und die Aufgabe."

Auch später schreibt Dostojewskij Hymnen an das Leben und an die Sonne, die Dimitrij Karamasow im sibirischen Bergwerk singen will, obwohl er sie nicht sieht. Schon in der Untersuchungshaft vor seiner Scheinhinrichtung hatte er gelernt, zwischen Kopf und Herz zu unterscheiden. Das Leben, das mit allen Fasern und mit Leib und Seele erfahren wird, ist der Ausgangspunkt von Fragen.Es sind Fragen nach der tragenden und treibenden Kraft des Lebens, wie sie der einzelne Mensch ebenso stellen kann wie die Völker. An Weihnachten wird Dostojewskij erstmals in Ketten gelegt. „Sie wogen ihre 10 Pfund, und damit zu gehen, war äußerst unbequem. Danach setzte man uns auf offene Schlitten, jeder für sich mit einem Gendarmen, und wir verließen mit vier Schlitten, voran ein Feldjäger, Petersburg. Mir war schwer ums Herz". Sie fahren durch St. Petersburg, vorbei an den festlich beleuchteten Häusern und er nimmt von jedem Einzelnen Abschied. Er kommt auch am Haus seines Bruders vorbei. Er friert schrecklich, trotz der warmen Kleidung. Zehn Stunden sitzt er im Schlitten, ohne auszusteigen. Er ist völlig durchgefroren, bis ans Herz, und er kann sich selbst in den geheizten Räumen nur schwer aufwärmen. Mitte Januar 1855 erreichen sie Omsk.

Vier Jahre Arbeitslager liegen vor ihm und er leidet schrecklich an Körper und Geist. Ein Fuß friert ihm ab. „Alle Häftlinge stinken wie die Schweine. Man friert die ganze Nacht. Flöhe, Läuse und Schaben gab es scheffelweise. Zu essen bekamen wir Brot und Kohlsuppe."

Dostojewskij überlebt Sibirien, aber Ruhe findet er nicht, immer auf der Flucht vor Schuldnern und vor sich selbst. Er verliert auch an den Spieltischen in Baden-Baden, Bad Homburg oder Wiesbaden ein Vermögen und die Verluste beim Roulette stoßen ihn in den wirtschaftlichen Ruin.

Während seine Frau dem Tod entgegensieht, setzt er sich mit seiner jungen, intelligenten und zu radikalen Anschauungen neigenden Geliebten Polina Suslova ins Ausland ab (1863). Er kehrt zu seiner Frau zurück, die wenige Monate später stirbt. Nur drei Jahre später schreibt er seiner ehemaligen Geliebten aus Dresden einem Brief. Er teilt ihr mit, dass er - damals 44 Jahre alt - seine 20 Jahre junge Stenografin Anna Snetkina geheiratet hat. „Sie hat ein Herz und weiß zu lieben."

In diesem Brief spricht er auch offen von seinen Schulden. Sein Roman „Der Spieler" brachte ihm 14.000 Rubel ein, die nicht ausreichten, seine Schuld von damals 15000 Rubel zu begleichen. „Nun bleiben mir nur noch 3000 Rubel Schulden. Doch diese 3000 sind die schlimmsten. Je mehr Geld man zurückzahlt, desto ungeduldiger und dümmer werden die Gläubiger." Um eine Vorstellung vom Ausmaß seiner Schulden zu bekommen: Für den Kauf seiner Datscha musste er lediglich 1000 Rubel auf den Tisch legen.

Dostojewskij, Sibirien und St. Petersburg - Orte, die noch öfter in diesem Buch auftauchen werden.

Siebenmal die Strecke Saarbrücken – Berlin.
Fahrt mit der Transsibirischen Eisenbahn.

Die Stadtrundfahrten in Moskau und in Wladimir liegen hinter uns, und in Susdal haben wir am 24. Juni 1981 den Geburtstag von Gaby gefeiert.

Unsere kleine Reisegruppe von neun Personen, davon zwei Frauen, steht auf dem Moskauer Hauptbahnhof. Wir steigen in den Zug ein, der uns nach Irkutsk bringen soll. Schnell sind die Koffer verstaut. Es ist glühend heiß in der Hauptstadt der Sowjetunion.

Wer das Gewirr unterschiedlicher Menschen – unterschiedlich in Aussehen, Kleidung und Sprache – sieht, der braucht keine weiteren Erklärungen mehr, was den Begriff des Vielvölkerstaates ausmacht. Auf einer ausgebreiteten Decke, in bunten, herunterhängenden Gewändern, sitzt eine Großfamilie. Sie teilt ihre Mahlzeit auch mit ihren Hühnern, die sie auf ihrer Reise, wer weiß, wohin, begleiten. Farbenfrohe Kleider sind aber eher die Ausnahme auf diesem Bahnhof, auf dem das

Grau in Grau der breiten Masse überwiegt.

Gaby und ich teilen das Schlafabteil mit unserem Freund Lothar Thome und einem weiteren Herrn aus unserer Gruppe. Ab jetzt heißt es, aus dem Koffer zu leben, denn die Schränke waren viel zu klein. Eine Pistole führten wir nicht mit, wie es in einem Reiseführer aus dem Jahre 1912 empfohlen wurde.

Wer damals die längste Eisenbahnstrecke der Welt mit ihren 9.297 Kilometer bis Wladiwostok zurücklegen wollte, der brauchte fast drei Monate. Zu unserer Zeit hätten für dieselbe Strecke nur sieben Tage ausgereicht. Die Transsibirische Eisenbahn wurde von zehntausenden, meist Strafgefangenen, zwischen Mai 1891 und Mai 1906 unter größten Opfern erbaut. Die Route konnte anfangs nicht durchgehend befahren werden. Bei Irkutsk musste der Baikalsee im Sommer mit einer Fähre überquert werden. Im Winter ging es auf dem zugefrorenen See über einen provisorisch verlegten Schienenstrang schneller.

Unser Ziel hieß Irkutsk am Baikalsee. 5.000 Kilometer und 3 1/2 Tage lagen vor uns. Der Zug verlässt Moskau und die weite Ebene Russlands mit ihren riesigen Graslandschaften, aufgelockert durch vereinzelte kleinere Birkenwälder beginnt.

Etwas müde strecke ich mich nach einigen Stunden auf der untersten Liege des Doppelbettes aus und schließe für einige Zeit die Augen. Nach Stunden wieder das gleiche Bild, die gleiche Landschaft. Mit jedem Kilometer, der hinter uns liegt, wird einem die Weite dieses Landes und der Größenwahn eines Napoleon oder Hitlers bewusst. Sie glaubten, dieses Land erobern und besetzen zu können.

Die Hitze im Abteil ist kaum noch zu ertragen und wir öffnen die Fenster, um sie schnell wieder zu schließen. Links und rechts entlang des Zuges begleitet uns eine

Fahne aus aufgewirbeltem Sand, der alles zu durchdringen scheint. Wir fahren durch Dörfer mit einfachen Holzhäusern und kunstvoll geschnitzten Fensterrahmen, die sich mit ihrem hellen Blau vom Grün der Holzfassaden abheben.

Wir sehen die Brunnen vor den Häusern, die breiten, unbefestigten Straßen, die sich bei Regen in Schlammmassen verwandeln.

Dann taucht die Wolga vor uns auf, der Strom, der einen spontan an den Soldaten erinnert, der dort am Strand „Wache für sein Vaterland" hält. Dieses Lied wurde vor allem nach dem 2. Weltkrieg bei uns oft gesungen. Es verkörpert auch in unserer Sprache ein gutes Stück der schwermütigen russischen Seele.

Der Zug hält selten und unterschiedlich lang. Wenn es ungefähr 20 Minuten sind, dann reicht diese Zeit aus, um sich auf dem Bahnsteig Obst zu kaufen, das Frauen anbieten.

Es dauert nicht mehr lange und wir erreichen die unendlich erscheinenden Wälder des Ural, die Taiga mit ihren Fichten-, Kiefern- und Tannenbeständen. Dieses Gebirge hatte ich mir mächtiger vorgestellt. Der Zug rollt auf den Kilometerstein 1777 zu, auf den „Obelisken". Auf der einen Seite ist der Name Europa und auf der anderen Seite der Name Asien eingraviert. Unsere Reiseleitung machte uns früh auf diesen Stein aufmerksam, und wir standen am Fenster, um bewusst den Übergang von einem zum anderen Erdteil zu erleben.

Im früheren und heutigen Jekatarinenburg, das in diesem Sommer 1981 noch Swerdlowsk hieß, hielten wir fahrplanmäßig an und der Ural lag fast hinter uns. Auf die besondere Bedeutung dieser Stadt hatte uns unsere Reiseleiterin nicht hingewiesen, die keinen Tag ausließ, uns die Schlagzeilen der Prawda vorzulesen. Sie versuchte uns damit klar zu machen, wie friedliebend die Sowjetunion ist und was der Sozialismus alles erreicht hat.

Der Parteitag der KPdSU war wenige Monate vor unserem Besuch am 3. März 1981 in Moskau zu Ende gegangen. Breschnew wiederholte dort im Zusammenhang mit der Solidaritätsbewegung in Polen seine nach ihm benannte Doktrin. Sie fordert einen widerspruchslosen Gehorsam in der sozialistischen Staatengemeinschaft. Die Führungsmacht behält sich vor, ihn gegebenenfalls auch mit militärischen Mitteln zu erzwingen. Auf der Basis dieses selbst gegebene Vorrecht walzten im August 1968 die Staaten des Warschauer Paktes - mit Ausnahme von Albanien und Rumänien - den „Prager Frühling" nieder. Es war der Versuch, einen Sozialismus mit menschlichem Gesicht zu etablieren.

Das andere Ereignis, das, wie der Parteitag, bei der morgendlichen Propagandalesung unerwähnt blieb, war noch geschichtsträchtiger. In der Nähe von Jekatarinenburg steht das Ipatjew-Haus. In seinem Keller wurde am 16. Juli 1918 in der Frühe Zar Nikolaus II. mit seiner gesamten Familie von den Bolschewiken ohne Gerichtsverfahren hingerichtet. Nikolaus starb als gewöhnlicher Bürger Romanow. Er musste seinen Sohn Alexej die Stufen von den oben liegenden Gemächern in den Keller auf den Armen tragen. Zum Gehen war er zu schwach.. Mit der Zarenfamilie metzelten die 11 Schergen auch ihren Koch, ihre Hofdame, ihren Doktor und einen Kammerdiener nieder.

Im Politikmagazin Newsweek vom 20. Juli 1998 ist dieser barbarische Akt beschrieben worden (Seite 17) aber ich erspare es ihnen, sich damit zu belasten. Die Bediensteten waren freiwillig mit der Familie in die Verbannung gegangen.

Lenin, der vermutlich persönlich den Erschießungsbefehl erteilte, gab nur den Tod des Zaren bekannt. Er wollte sich wegen der Kaiserin, die aus Deutschland kam, nicht mit unserem Land überwerfen. Auch der auf tönernen Füßen stehenden Frieden von Brest Litowsk (Ende 1917) sollte nicht gefährdet werden.

Alle Revolutionen scheinen nach dem gleichen Drehbuch, mit den gleichen Akteuren, die nur unterschiedliche Namen tragen abzulaufen. Mit dem Elend der breiten Massen und dem Wunsch der Menschen, über das eigene Schicksal selbst bestimmen zu können, fängt es an. Die Herrschenden hören und sehen so lange weg, bis es zu spät ist. Ihre Zeit ist dann abgelaufen, wenn charismatische Führer auftauchen und dem Volk bessere Zeiten versprechen.

Nikolaus II. galt als entscheidungsschwach. Ein stinkender, verdreckter und trunksüchtiger Mönch hatte den Zaren davor gewarnt, sich in den 1. Weltkrieg hineinziehen zu lassen. Rasputin lag die Damenwelt der zaristischen Aristokratie in St. Petersburg zu Füßen. Er vergnügte sich mit Dirnen ebenso, wie mit allem, was einen Rock trug,

Als die russische Armee 1915 eine schmerzliche Niederlage nach der anderen erlitt, begab sich Nikolaus ins Hauptquartier seiner Truppen. Er legte die Amtsgeschäfte in die Hand seiner ehrgeizigen Frau Alexandra, einer gebürtigen Deutschen. Sie stand stark unter dem Einfluss von Rasputin, diesem selbst ernannten Heiligen. Er hatte ihrem Sohn, den Nikolaus an ihrem letzten Tag in den Keller tragen musste, das Leben gerettet. Der Thronfolger litt unter einer unheilbaren Bluterkrankheit.

In St. Petersburg wurden wieder einmal die Lebensmittel knapp und die Brotpreise stiegen an. Erst demonstrierten die Frauen und dann mit ihnen die Eisenbahner und Fabrikarbeiter. Die Leibgarde des Zaren, die kosakische Kavallerie, versuchte anfangs noch die Menschenmenge mit Knüppeln auseinander zu treiben. Als am nächsten Tag über 200 000 Menschen durch die Straßen zogen, griff die Masse der Soldaten nicht mehr ein. Sie lehnten sich meuternd gegen ihre früheren Herrscher auf. Lediglich eine kleine Gruppe zarentreuer Soldaten schoss an diesem 11. März 1917 in die Menge. Sie tötete Menschen die demonstrierten, weil sie nicht genug zu essen hatten. Vier Tage später, am 15. März 1917, dankte der Zar ab und Leo Trotzki wird der entscheidende Führer der späteren Oktoberrevolution. Russische Geschichte - beiläufig erzählt, weil ein Zug in einer Stadt hielt.

Es ging weiter entlang des unteren Randes des westsibirischen Tieflandes, das dann südlich in die kasakische Steppe übergeht. Wir fuhren in Moskau bei glühender Hitze los. Plötzlich fielen die Außentemperaturen mitten im Sommer unter den Gefrierpunkt. Wir froren erbärmlich und beschwerten uns bei unserer Reiseführerin, weil die Öfen des Zuges kalt blieben. „Geheizt wird nur zwischen Oktober und Mai", hörten wir als Antwort. Nur für einen einzigen Waggon galt das nicht.

Wenn wir in den Speisewagen wollten, passierten wir ein leeres, klimatisiertes Abteil, das viel großzügiger als unseres ausgestattet war. Wir wollten wechseln und waren auch bereit den entsprechenden Aufpreis zu zahlen, was uns aber abgelehnt wurde. Dieses Abteil, so sagte uns die Reiseleitung, sei für hochrangige österreichische Kommunisten reserviert, Vertreter einer Partei, von der ich bis dato noch nichts gehört hatte.

Wegen dieser Typen veränderte sich unsere unkomfortable Lage nicht, denn wir mussten weiter schwitzen und frieren. Auf halber Strecke stieg tatsächlich eine Handvoll Fahrgäste ein, die von uns ebenso abgeschirmt wurden wie die restlichen Fahrgäste. Saßen wir im Speisewagen durfte dort sonst niemand Platz nehmen, obwohl es noch genügend freie Tische gab. Die anderen Fahrgäste standen an den Türeingängen in Schlangen und warteten. Weil wir nicht zu unhöflich sein wollten, zogen wir uns möglich schnell in unseren Wagen zurück, wo es von Tag zu Tag beschwerlicher zu ging.

Mehrere Abteile teilten sich lediglich eine kleine Toilette mit einer tellergroßen Spüle und einem Wasserhahn. Kaltes Wasser tröpfelte nur dann heraus, wenn der Hahn nach unten gedrückt wurde. Zu mehr als mit einer Hand das Gesicht etwas anzufeuchten reichte die Hygiene nicht.

In Omsk, wo Dostojewskij viele Jahre als Gefangener so schrecklich leiden musste, überqueren wir die Irtysch und in Nowosibirsk den Ob. Dann verändert sich die Landschaft und ab Krasnojarsk prägen Berge die Geografie. Wir kommen nach Irkutsk - lebendig durch die Erzählungen Tolstois und durch die Dekabristen. Geschichten über Frauen werden wach, die aus Liebe zu ihren Männern mit ihnen das Schicksal der Verbannung teilten.

Als wir unser Hotel am Baikalsee beziehen, ist dieser 636 Kilometer lange und stellenweise bis zu 80 Kilometer breite und an einigen Stellen 1820 Meter tiefe See gerade einmal einen Monat eisfrei. 350 Flüsse führen in den See hinein und nur einer, die Angara, hinaus.

Wir machen von dort einen Abstecher zur mongolischen Grenze, Wälder, so weit das Auge reicht und Stechmücken, die einen plagen. Die Kartoffelsträucher auf den kleinen Äckern um die Häuser sind schwarz. Ein plötzlicher Kälteeinbruch hat vermutlich die Ernte vernichtet.

Zurück im Hotel wollen wir unsere umgetauschten Rubel ausgeben. Wir versuchen eine Flasche des berühmten Krimsekts zu bestellen. Gegenüber den Preisen, die bei uns üblich sind, mussten wir für diese Flasche einen völlig überteuerten Preis in Dollar bezahlen.

Die Stadt Bratsk ist durch eines der größten Wasserkraftwerke der Welt bekannt. In wenigen Jahren wurde es aus dem Boden der sibirischen Wälder gestampft. Von hier fliegen wir in mehreren Etappen zurück nach Moskau. Wir kommen etwas verspätet zu unserer Maschine, und die Passagiere waren schon dabei, ihre Sitze einzunehmen. Sofort mussten die noch draußen stehenden Gäste warten und uns vorbeiziehen lassen. Ein erneutes Beispiel, wie totalitäre Systeme mit ihren eigenen Landsleuten umgehen.

Gaby ist zwischen mir und einem „Bären von Mensch" eingeklemmt. Ein halb verbranntes, kaltes Hähnchen wird serviert, und Gaby bekommt keinen Bissen herunter. Dies lag an dem Hähnchen selbst, aber auch daran, wie unser Nachbar seines herunterschlang. Er trennte das Fleisch von den großen Knochen ab. Den Rest, einschließlich der kleineren Teile, zermahlte er deutlich vernehmbar mit seinem Gebiss. Wer den Killer in dem James Bond-Film „Der Spion, der mich liebte" kennt, der weiß was ich meine.

Nach 14 Tagen verließen wir die Sowjetunion. Ich kam noch einige Male zurück nach Russland, nach Georgien, nach Armenien, nach Aserbaidschan, nach Kirgisien, nach Kasachstan und in die baltischen Staaten.

Wahlbeobachter in Russland.

Die dramatischen Ereignisse in Russland, als Jelzin das „Weiße Haus", das Parlamentsgebäude, in Moskau stürmen ließ, liegen gerade einmal zwei Jahre zurück.

(4.10.1993)

An einem kalten Dezembertag 1995 fliegen Vertreter eines ehemaligen verhassten und verfeindeten Landes, verächtlich als BRD abgekürzt, nach Russland. Sie sollen für die OSZE die zweiten demokratischen Parlamentswahlen beobachten. Unser Botschafter holt uns am Flughafen ab. Bevor wir uns im Hotel Savoy einquartieren, spazieren wir über den fast menschenleeren Roten Platz, der schwach beleuchtet ist. Er bietet aber immer wieder einen beeindruckenden Anblick.

Wenige Meter davon entfernt erleben wir an der U-Bahn-Station eine andere, eine bedrückende Szenerie. Alte Frauen, in abgetragene dicke Mäntel gehüllt, betteln oder versuchen Gegenstände wie Plastiktüten für wenig Geld zu verkaufen. Vermutlich stammen sie aus dem Abfall, den andere zurückgelassen haben. Sie kämpfen gegen den Hunger und wollen nur überleben.

Am nächsten Tag beginnen wir unsere Arbeit als Wahlbeobachter, die immer nach dem gleichen Muster abläuft. Als OSZE werden wir vom Gastgeberland zur Wahlbeobachtung eingeladen. An zwei Tagen, am Freitag und Samstag, führen wir Gespräche mit allen führenden Vertretern der unterschiedlichen Parteien, mit Medienvertretern und auch mit dem Hauptrepräsentanten der Wahlkomitees. Die eingeladenen OSZE-Vertreter sollen der Weltöffentlichkeit zeigen, wie demokratisch die Wahlverfahren durchgeführt wurden und wie legitim die so bestimmte Machtverteilung ist. Das Urteil der OSZE trägt deshalb nicht unerheblich zur Imagebildung eines Landes bei.

Der Bundestag entsendet zur OSZE eine nach oben begrenzte Zahl von maximal fünf Beobachtern. Diese Obergrenzen machen Sinn, um zu verhindern, dass ein Land die Wahl im Gastgeberland entsprechend der eigenen Interessenlage einseitig interpretieren kann.

1995 trafen sich um die 100 Wahlbeobachter der OSZE in Moskau, das größte Kontingent, das je eingesetzt wurde.

Oft wurde ich gefragt, was denn so wenige - in diesem Fall so viele - Kontrolleure bewirken können, in einem Land, in dem die Sonne nicht untergeht.

Allein die Tatsache, dass die OSZE eingesetzt wird und die handelnden Personen damit rechnen können, kontrolliert zu werden, schreckt potenzielle Betrüger ab. Es kommen Vertreter aller politischen Gruppierungen zu Wort. Wer sich vor einer internationalen Öffentlichkeit artikulieren kann, der ist vor einer allzu großen Willkür der Machthaber geschützt.

Bei Wahlen in Aserbaidschan erlebte ich selbst mit, wie schamlos betrogen wurde. Die OSZE weigerte sich, diese Wahl anzuerkennen, was zu einer Wahlwiederholung führte.

Die Wahlbeobachter werden nicht nur über Informationsmaterial, sondern auch durch Vorgespräche, die in Deutschland und- oder vor Ort stattfinden gut vorbereitet. Nach den Unterredungen in der Hauptstadt geht es ab in die zugeteilten Regionen. Die einzelnen Teams vor Ort setzen sich meist aus zwei Abgeordneten, einer Dolmetscherin oder einem Dolmetscher und einem Fahrer zusammen. An die ihnen zugeteilten Bereiche sind sie nicht zu eng gebunden.

Die eigentliche Beobachtung fängt am Sonntagmorgen, schon Minuten vor dem offiziellen Wahlbeginn an. Die im Laufe des Tages festgestellten Mängel können lediglich notiert werden. Es besteht keine Möglichkeit, in den Wahlgang selbst einzugreifen. So genannte Checklisten vereinheitlichen und standardisieren den Beobachtungsprozess, der damit beginnt, dass sich das Team ausweist. Dann wird gefragt ob Vertreter aller großen Parteien im Wahlausschuss oder als zugelassene Beobachter anwesend sind. Als nächstes wollen wir in der Regel wissen, ob Unregelmäßigkeiten festgestellt wurden und wenn ja, welcher Art sie waren. Alle weiteren Fragen ergeben sich aus der Situation vor Ort.

Einmal, in Aserbaidschan, beschwerten sich viele Oppositionspolitiker darüber, dass der Schulleiter, die Schulleiterin oder der Chef der Verwaltung als Leiter des Wahlkomitees fungierten. Ich konnte mir damals keinen Reim auf diese Kritik machen. Erst spätabends, beim Auszählen, bemerkte ich den Grund. Die Wahlhelfer waren noch dabei auszuzählen. Eine Matrone, im Umfang so breit wie hoch, saß ganz allein in der Ecke, über Formularen, mit einem Bleistift und Radiergummi zur Hand. Als wir auf sie zugingen, gab sie uns zu verstehen, alles hätte seine Ordnung, aber was sie tat, war leicht zu erkennen. Sie allein legte schon die Wahlergebnisse zu einer Zeit fest, als die anderen Verantwortlichen noch dabei waren die Stimmen auszuzählen.

Sonderlich zu stören schien das niemanden. Wir fragten eine junge hübsche Dame, die zu einer Oppositionspartei gehörte, ob sie nicht sehe, welcher Wahlbetrug hier in vollem Gange sei. Fast schon entschuldigend antwortete sie uns: „Ja, was soll ich denn tun? Die Wahlleiterin ist meine Chefin und ich kann doch nicht riskieren, durch eine solche Kritik meinen Beruf als Lehrerin zu verlieren".

Diese eklatanten Wahlbetrügereien konnten wir 1995 in Moskau nicht feststellen, obwohl ein Teil der sowjetischen Traditionen noch fortlebte. In den einzelnen Wahllokalen herrschte reges Treiben, Kaffee und Kuchen gab es umsonst. Die Menschen saßen in einzelnen Grüppchen zusammen und diskutierten darüber, wem sie ihre Stimme geben sollten. Ohne eine Wahlkabine aufzusuchen, trafen sie dann mehr oder weniger einheitlich ihre Entscheidungen. Dieses so genannte

„family voting" ist verboten und wurde von uns in unserem Abschlussbericht kritisiert, der montags nach der Wahl von der zentralen Stelle herausgegeben wurde.

Am Rande der Duma-Wahl 1995 erlebten wir eine weitere Seite des neuen Russlands. Nach dem ersten Tag unserer Gespräche mit den führenden Politikern Russlands saßen wir todmüde mit einigen ausländischen Freunden in dem Restaurant unseres Hotels zusammen. Wir tranken Bier, die Flasche für sieben Dollar. Wucherpreise, wie überall in Moskau, das zu dieser Zeit zu einer der teuersten Städte der Welt zählte. Am Nachbartisch hatten einige junge Russen mit ihren aufgetakelten „Luxusweibchen" - grell geschminkt und leicht bekleidet - Platz genommen. Sie grölten herum und tranken Champagner, die Flasche – wie die Getränkekarte auswies – zu 400 Dollar. Das war in etwa soviel, wie die alten Mütterchen an der U-Bahn-Station für ein Jahr vom Staat zum Überleben erhielten.

Diese Neureichen, die nicht fragten, was die Welt kostet, leerten aber nicht nur eine Flasche dieses teuren Getränkes. Sie stellten in der Mitte des Tisches längsseits Gläser in einer Reihe auf, ein Glas dicht neben das andere. Ohne die Flasche abzusetzen, wurden die Gläser gefüllt. War eine leer, folgte die Nächste. Russland, das Land der Gegensätze, das Glücksritter reich und andere zu Verlierern machte.

Ein erboster Wahlleiter in Puschkin.

Die zweite Duma-Wahl fand am 17. Dezember 1999 statt. Wir flogen zuerst nach Moskau, um dort an den schon erwähnten Gesprächen – allerdings mit einem anderen Kreis von Politikern und sonstigen Medienvertretern – teilzunehmen. St. Petersburg kannte ich damals noch nicht, die Stadt, die schon an anderer Stelle dieses Buches eine wichtige Rolle spielte. Deshalb wollte ich dort eingesetzt werden.

Ein Schneesturm fegte am Freitagabend vor der Wahl über Moskau hinweg. Wir froren erbärmlich, als wir in dem primitiven Wartesaal des nationalen Flughafens im Durchzug saßen, um mit einer Linienmaschine nach St. Petersburg zu fliegen. Die meisten unserer dort eingesetzten Freunde wählten den Nachtzug, weil er ihnen sicherer und bequemer erschien. Neben mir saß ein Pilot der Roten Armee und wir stellen uns gegenseitig vor. Er sprach offen über den Prestigeverlust, den die Soldaten der Roten Armee nach dem Zerfall der Sowjetunion erleiden mussten.

Unser Hotel in St. Petersburg lag nicht weit vom Winterpalast des Zaren entfernt. Noch spät in der Nacht liefen wir mit einer Handvoll Kollegen über den Platz, auf dem so oft Weltgeschichte geschrieben wurde. Erinnert sei z. B. an den Blutsonntag vom 22. Januar 1905. Hungrige Frauen, Kinder und unbewaffnete Männer wollten dem Zaren eine Petition übergeben. Sie baten in erster Linie darum, ihre trostlose wirtschaftliche Lage zu verbessern. Die Polizei schoss wahllos in die Menge und tötete etwa 1000 Demonstranten. Sie wurde angeführt von dem Priester Georgij Gapon. Revolutionär war es schon, wenn er eine verfassungsmäßige Volksvertretung forderte, einen Achtstundentag und die allmähliche Übergabe von Grund und Boden an das Volk. Die Zahlenangaben über die Toten variieren in der einschlägigen Literatur enorm. Die Art und Weise wie der Zar und seine Helfershelfer auf diesen Vorfall reagierten, radikalisierte die Gesellschaft in einem nicht mehr zu heilenden Maße. Die Demonstranten, sonntäglich gekleidet, hatten noch die Nationalhymne „Gott sei des Kaisers Schutz" gesungen. Sie

waren der nackten Gewalt des Staatsapparates ausge-
liefert, die gnadenlos gegen sie vorging.

Es bedarf eines solchen Klimas, um Menschen wie
Trotzki, der eigentlich Lew Bronstein hieß, stark zu machen. Trotzki, so hieß der Oberaufseher des Gefängnis
in Odessa, wo er einige Zeit inhaftiert war.

Revolutionen entstehen nicht monokausal, sondern
sind das Ergebnis vieler Umstände. In Russland spielte
zum Beispiel ihre unfähige und arrogante Marinefüh-
rung im russisch-japanischen Krieg eine nicht unerheb-
liche Rolle. Sie machte sich über die Japaner lustig, die
sie abfällig als „Affen" titulierten.

Wir waren nicht zum Geschichtsunterricht, sondern zur
Wahlbeobachtung in St. Petersburg. Ein englischer
Lord, ein belgischer Senator und ich sollten dort diese
Duma-Wahl beobachten. 14 Wahllokale hatten wir
schon besucht und unsere Bögen ausgefüllt. Wir waren
schon ziemlich müde, als der englische Lord vorschlug,
zur Sommerresidenz der Zarin Elisabeth I. nach Puschkin zu fahren, das früher Zarskoje Selo hieß. Er kenne -
so versicherte er uns - den Direktor, der die Sommerresidenz verwaltet. Ihn wollte er bitten, uns durch die verschiedenen Räume zu führen.

Um ehrlich zu sein, glaubte ich nicht so recht an das
gegenseitige Kennen. Vielleicht trafen sie sich einmal
auf irgendeiner Veranstaltung, flüchtig, wie viele solcher
Begegnungen die vergessen sind, sobald einige Zeit
verstrichen ist.

Wir fuhren los, am Platz des Sieges vorbei, wo während
der 900 Tage Belagerung zwischen 1941 und 1944
durch deutsche Truppen oft erbittert gekämpft wurde.
Wir sahen den Panzer, der die Stelle markiert, wie weit
die deutschen Truppen schon vorgedrungen waren. Im
Ausland dieser Art von deutscher Geschichte zu begegnen, bedrückt.

Wir kamen zur Sommerresidenz. Der englische Lord stellte sich vor, und tatsächlich, der herbeigerufene Direktor und er begrüßten sich als alte Freunde. Er zeigte uns „sein Museum" und es hatte sich gelohnt, dorthin zu fahren.

Um das Angenehme mit dem Nützlichen zu verbinden, schlug einer von uns vor, das der Residenz am nächsten gelegene Wahllokal aufzusuchen. Wir meldeten uns bei dem Wahlleiter an, der sich völlig anders verhielt, als wir es gewohnt waren. Die einzelnen Wahlleiter, die wir trafen, reagierten unterschiedlich, einige nervös, andere selbstsicher, aber alle kooperationsbereit und auskunftsfreudig. Dieser Herr in Puschkin allerdings tobte herum und jeder konnte leicht erkennen, wie verärgert er über unseren Besuch war. Die uns begleitende Dolmetscherin hatte nur noch einen roten Kopf und schwieg. Auf unsere mehrmalige Frage, warum sich dieser Wahlleiter so benehme, gab sie uns kleinlaut Auskunft. Wir seien jetzt die achte oder neunte Beobachtergruppe, die ihn aufsuche. Offensichtlich hatte nicht nur ein englischer Lord eine gute Idee.

Anna Politkovskaya

Nicht an den Tag, aber an das Ereignis konnte ich mich genau erinnern, weil es außergewöhnlich war.

Die Protokolle der internationalen Tagungen sind sehr ausführlich und es ist nicht notwendig, sich Notizen zu machen. An diesem 20. Februar 2003 machte ich mir Notizen, die ich fand, als ich meinen Ordner „Tschetschenien-Konflikt" zur Hand nahm, um für dieses Kapital zu recherchieren.

Eine zierliche Frau im Rollkragenpullover, mit einem schmalen Gesicht, kurz geschnittenen Haaren und auffallend großen Ohrringen, erhielt in Wien den OSZE-Preis für Journalismus und Demokratie. Sie beeindruckte nicht allein dadurch, wie sie auftrat, bescheiden aber selbstbewusst, sondern was sie sagte. Ruhig, aber umso bestimmter redete Anna Politkovskaya vor allem uns Europäern ins Gewissen. Europa schweigt zu dem, was in Tschetschenien geschieht. Putin erklärt zum wiederholten Male den Konflikt für beendet und wir, die Europäer, glauben ihm. Putin spricht Deutsch. Das reicht, um ihn als Demokraten zu legitimieren.

Anna Politkovskaya ergreift Partei nicht für die russischen Soldaten, die maskiert Menschen ohne richterlichen Beschluss gefangen nehmen, die nie wieder auftauchen und die plündern und vergewaltigen. Sie stellt sich auch nicht auf die Seite der Freischärler, die wahllos auf Polizisten schießen, die Menschen töten, die kein Lösegeld zahlen können und die – wie in Beslan im September 2002 geschehen – unschuldige Kinder in die Luft sprengen.

Anna Politkovskaya ist parteiisch für die Umsetzung der Menschenrechte, die sie einfordert. Als unabhängige Journalistin – als solche bezeichnet sie sich, nicht als Politikerin – schrieb sie für die Zeitung Novaya Gazetta. Freimut Duwe, unser SPD-Kollege, sagte in seiner Laudatio: „Anna hat über 50 Mal die Brücke in die Kriegsregion überschritten, die als „no man's land", als Niemandsland, für unabhängige Journalisten gilt".

Sie wusste, wie gefährlich ihr Beruf war. Sie starb nicht in diesem Krieg, der begann, als die Sowjetunion auseinanderfiel und sich die Provinz Ende 1991 unabhängig erklärte. Es kämpfen Tschetschenen gegen Russen, Tschetschenen gegen Tschetschenen, nicht allein in der Region, sondern weit darüber hinaus, wie die Geiselnahmen tschetschenischer Terroristen im Moskauer Theater und die zwei Selbstmordattentate, bei denen zwei Flugzeuge in die Luft gesprengt wurden, beispielhaft belegen.

Im Oktober 2002 hatten tschetschenische Terroristen 900 Besucher des Moskauer Theaters in ihre Gewalt gebracht, und sie weigerten sich, mit der russischen Behörde zu verhandeln. Lediglich einer Hand voll liberaler Politiker und Anna Politkovskaya vertrauten sie. Sie war das Sprachrohr, durch das die Geiseln ihre Angst und Verzweiflung ausdrücken konnten. Zwei Tage später stürmten russische Spezialkommandos das Theater und töteten 41 Rebellen und 129 Geiseln.

Anna Politkovskaya wollte auch im September 2004 helfen, als Terroristen die Schule in Beslan besetzt hielten. Sie versuchte telefonisch, in London den Vertreter der separatistischen Gruppierung zu erreichen und sie drängte ihn, über Präsident Aslan Mashkadow seinen Einfluss geltend zu machen, um wenigstens die Kinder freizulassen. In der ersten Maschine, die sie bekommen konnte, flog sie in die Beslan-Region. Der Tee, der ihr im Flugzeug gereicht wurde, war vergiftet, und sie wurde nur wenige Minuten, bevor jede Rettung zu spät gewesen wäre, in einem Krankenhaus aus den Fängen des Todes befreit.

Wieder einmal tauchten Kräfte auf, die eine friedliche Lösung offensichtlich verhindern wollten. 333 Menschen – die meisten davon Kinder – kamen beim Angriff der russischen Sicherheitskräfte um. Anna Politkovskaya, die so oft die Gefahren des Krieges gespürt und erlebt hatte, wurde am 07. Oktober 2006 im Fahrstuhl ihrer Wohnung mit vier Schüssen getötet. Ihr politischer Einfluss in Russland sei extrem unwichtig gewesen, erklärte Putin wenige Tage vor ihrer Beerdigung. Die Tausende von Menschen, die aus allen Teilen Russlands nach Moskau kamen, um sie auf ihrem letzten Weg zu begleiten, vermittelten ein anderes Bild.

Brasilien. Zu unseren Vorfahren, die ihre Heimat verließen. Ein Nachtflug von Madrid nach Rio de Janeiro.

Gaby und ich sind auf dem Weg dorthin, wo Verwandte aus unserem Ort vor langer Zeit hofften, ihr Glück zu finden.

Auswanderer damals, Migranten heute, die Ziele verschieden, die Beweggründe ähnlich. Wir diskutieren zu Recht darüber, ob Deutschland ein Einwanderungsland ist oder nicht. Wir fragen, ob wir eine Leitkultur brauchen oder wie die Menschen, die zu uns gekommen sind, integriert werden können.

Verdrängt oder verdeckt scheint aber eine Phase unserer Geschichte zu sein, als sich Menschen aus Deutschland aufmachten, um für sich und ihre Familien bessere Lebensperspektiven im Ausland zu suchen.

Sie verließen ihre Heimat aus unterschiedlichen Gründen. Einige, weil sie politisch verfolgt wurden, andere, weil sie ihre Religion nicht ausüben durften, die meisten, weil sie wirtschaftlich für sich und ihre Familien keine Zukunft sahen.

Im Heimatbuch „Sotzweiler", von unserem ehemaligen Bürgermeister Toni Schäfer, ist eine Eingabe von Landrat Engelmann wiedergegeben.

Am 1. Weihnachtstag 1842 wendet er sich an die Regierung in Trier und bittet seine vorgesetzte Stelle darum „seinen mit leidenden Menschen eine andere Quelle der Ernährung zu verschaffen." „Die jetzige Jahreszeit überhaupt und die gegenwärtigen ungünstigen Zeitverhältnisse insbesondere haben hier eine beinahe vollkommene Arbeitsruhe herbeigeführt. Um dieser zu begegnen und der Tagelöhnerklasse Verdienste zu gewähren, wurde bereits der jetzt wiederholte Antrag gestellt, öffentliche Arbeiten in der hiesigen Gegend zur

Ausführung bringen zu lassen. Durch eine solche Maßnahme könnte auch vielen anderen Einwohnern Gelegenheit zum Erwerb geboten werden ..."

In diesem ausgezeichneten Heimatbuch zeigt Toni
Schäfer auch das Ausmaß der Auswanderung auf. Zwischen 1832 und 1857 verließen 1003 Menschen aus
dem Amtsbezirk Tholey mit ihren 9 Gemeinden (Orte)
ihre Heimat. Bezogen auf die 3685 Einwohner kehrten
fast 30 Prozent der Bevölkerung unserer Gemeinde,
ihrer Heimat, den Rücken.

Schon damals gab es Ereignisse, die uns an die der-
zeitige Diskussion über globale Klimaveränderungen
erinnern. Im Jahr 1860 schleuderte ein Vulkanausbruch
in Indonesien gewaltige Massen von Asche in die Erd-
atmosphäre. Sie führten bei uns zu einem nass kalten
Sommer, mit nicht zu verkraftenden Ernteausfällen.
Durch diesen eher singulären Vorfall, wurden bei uns
Menschen gezwungen ihre Heimat zu verlassen.

Das Land, von dem die meisten Auswanderer glaubten,
ihren Traum vom Glück am ehesten erfüllen zu können,
war die USA. „The pursuit of happiness", das Recht
nach Glück zu streben, ist in der Unabhängigkeitserklä-
rung verankert.

Die Fahrt in dieses Gelobte Land kostete weniger als in
die Staaten Lateinamerikas, wohin es 1825, vorzugs-
weise nach Brasilien, immerhin 30 Prozent der Auswanderer zog. Dies war allerdings eine einmalig hohe
Zahl.

Die Geschichte, die ich erzähle, handelt von menschlichen Schicksalen und einem Ereignis, das Vorfahren
unserer Familie traf, sie aber nicht in die Knie zwingen
konnte. Es ist eine Geschichte, die einem Groschenro-
man entliehen sein könnte, die aber das Leben schrieb.
Sie beginnt mit der Liebe zweier Menschen, die nicht
zueinander finden konnten, weil es einem Sohn aus

reichem Haus verwehrt wurde, ein armes Mädchen zu heiraten.

Meine Schwester Liesel hörte sie oft von unserer Oma und ich gebe sie so wieder. Die Mutter unserer Oma, sprich unsere Urgroßmutter, hatte eine Schwester. Um sie geht es in den nächsten Zeilen. Die Familie Wecker gehörte zu den ärmsten in unserem Ort. Elise Wecker, so hieß die Schwester unserer Urgroßoma, wird als hübsche junge Dame beschrieben. Ein Mann aus reichem Elternhaus verliebt sich in sie. Romeo und Julia auf dem Land - nicht durch Feindschaft, sondern durch gesellschaftliche Schranken getrennt.

Was damals nicht geschehen durfte, geschah: Die Tante meiner Oma bekam ein Kind, eine Todsünde, ein kaum zu löschender Makel. Unsere Religion, die Menschlichkeit, die Nächstenliebe neben die Gottesliebe stellt, machte Liebe zum Verbrechen. Die Liebe dieser beiden Menschen war aber stärker als alle gesellschaftlichen Konventionen und pharisäerhaften Moralvorstellungen. Sie ließen sich nicht trennen. Zwei Menschen, fest verwurzelt in ihrer Heimat, die über ihren kleinen Ort kaum hinauskamen, denen nichts Weltmännisches eigen war, die nicht einmal hochdeutsch, geschweige denn eine Fremdsprache reden konnten, verließen, ganz allein auf sich gestellt, über Nacht ihre Freunde und ihre gewohnte Umgebung. Sie gingen fort und nur einer aus ihrer Verwandtschaft wusste davon.

Als sie die Ortsgrenze hinter sich lassen und noch einmal zurückblicken, ist es das letzte Mal, dass sie ihre Heimat sehen. Sie verließen ihre gewohnte Umwelt und das quälende Heimweh wurden sie nie wieder los. In Bremerhaven, dem Tor für so viele Menschen in eine andere Welt, schifften sie ein, im Dritten, dem untersten Deck, bei den Ärmsten der Armen. Siebzig Tage verbrachten sie auf See, krank durch das Meer und krank

162

wegen des Trennungsschmerzes. Sie heirateten, kurz bevor sie das Schiff betraten, weil sie als Mann und Frau ihr neues Leben beginnen wollten.

Nikolaus Scheid war 33 Jahre alt, als er mit Elise, seiner Frau, 1861 gemeinsam auswanderte. In der Gegend von Santa Catarina, wohin sie zogen, leben heute noch viele Menschen deutscher Abstammung, die ihre Sprache und ihr Brauchtum bewahren und die sich so über Generationen hinweg ein Stück Heimat lebendig halten.

Die Briefe, die das Ehepaar Scheid in seine alte Heimat schickte, drückten vor allem Heimweh aus, mit dem sie nicht fertig zu werden schienen. Ein Bruder lässt den anderen nicht im Stich. Nicht so sehr von Not getrieben, sondern aus Sorge um den Bruder, um ihm beizustehen, mit ihm sein Schicksal zu teilen, verließ auch Peter Scheid Sotzweiler und wanderte nach Brasilien aus. Was ist das für ein Menschenschlag, der zu einer solchen Geste fähig ist?

Eine Antwort gibt Frank Schirrmacher in seinem Buch „Minimum – Vom Vergehen und Neuentstehen unserer Gesellschaft". Nach Schirrmacher braucht jede Gesellschaft einen bestimmten Anteil „verwandtschaftlichen Altruismus", der nicht durch Freundschaft oder den Staat zu ersetzen ist. Er verweist auf einen Vorfall aus dem Jahre 1846. Es sind Pioniere aus Europa, darunter das Ehepaar Donner, die auf ihrem Treck nach Kalifornien an einem Pass von der Unbarmherzigkeit eines eisigen Winters, bei klirrender Kälte, überrascht werden. Sechs Monate halten Schneestürme die 81 Siedler in der Sierra Nevada fest und die Hälfte von ihnen sterben.

Nicht die Bilderbuchhelden aus den Filmen, die kraftstrotzenden Helden, überleben Kälte und Schnee, sondern die Familien als Sozialsysteme, die sich gegenseitig helfen.

Nachkommen der Familie Scheid-Wecker, die ihre Heimat verließen oder verlassen mussten, besuchten uns nach dem 2. Weltkrieg oft zu Hause.

Im Sommer 1994, als es in Brasilien schon Herbst war, flogen Gaby und ich von Europa nach Südamerika. Wir brauchten dazu keine 70 Tage, sondern weniger als einen halben Tag, mit einem Komfort, der sich ebenfalls nicht mit dem vergleichen lässt, was unsere Vorfahren auf dem Schiff erleiden mussten. Vier Wochen lang wollten wir so viel wie möglich von Brasilien sehen.

Rio und die Gegensätze.

Elmar Scheid, ein Priester, der uns schon so oft zu Hause besucht hatte, zeigte uns sein Rio in all seinen Facetten, traumhaft schön und unfassbar elend. Er zeigte uns die Traumstrände, die so oft in unseren Medien mit Rio gleichgesetzt werden. Wir standen auf dem Corcovado unter der bekannten Christusstatue, dem Erlöser, der aus 700 Meter Höhe die Arme ausbreitet und auf den Zuckerhut herunterblickt.

Wir fuhren mit der Seilbahn später auf dieses Wahrzeichen von Rio, weniger abenteuerlich als James Bond in einem seiner Filme. Das Maracana zählt zu den größten Stadien der Welt. Welche Fußballgeschichten könnte es erzählen?

Wir besuchten die Straße mit den Tribünen, die an vier Tagen im Jahr Schauplatz eines des farbenprächtigsten Spektakels der Welt sind. In diesen vier Tagen verwischen sich die sozialen Gegensätze. Die bunten Kostüme lassen dann nicht mehr erkennen, wer zu den Armen und wer zu den Reichen zählt.

Unser Hotel „San Francisco" lag direkt am Strand, an der Copa Cabana, berühmt für die schönen Körper, die vieles zeigen.

Wir erleben aber auch das andere Rio. Ein Freund von Elmar, ebenfalls ein Priester, arbeitet in einer der 400 Favelas, die es in Rio geben soll. Ich hatte in den USA schon einige Slums gesehen, im Durchfahren, ohne auszusteigen, weil es zu gefährlich erschien, später in Nairobi und in Südafrika. Es sind immer schreckliche Erlebnisse, wo die Worte fehlen, das Elend zu beschreiben. Geplant war, uns morgens die Favela anzusehen, um dann gemeinsam mit dem Freund von Elmar zu Mittag zu essen.

Danach wollten wir unser Besuchsprogramm fortsetzen. Als uns Elmar gegen 9:00 Uhr morgens aus unserem Hotel abholte, regnete es noch. Dunkle Wolken hingen über Rio, düster wie die Stimmung, die sie erzeugten. Rio, grau in grau, völlig anders, als die makellos schönen Postkartenbilder. Dann die Favela an einem steilen Hang. Das Wasser schoss von oben herab über ungeteerte Straßen, eine schmutzige Brühe, eine andere Form der Müllentsorgung. Wir sahen Häuser, manchmal nur containergroß, Holzkästen, mit einem Wellblechdach und einige ohne Strom und Wasser. Schlamm und ein stechender Gestank plagten einen überall. Wir standen auf einem Weg mit nassen Füßen und wussten nicht, wohin wir treten sollen. Dazwischen Menschen, apathisch, zerlumpt, durchnässt, die Oberkörper nur durch ein Unterhemd bedeckt, das am Körper klebte. Kaum ein Tag vergeht, an dem in den größeren Favelas nicht ein Mord geschieht. Hier gelten eigene Gesetze, weil sich die Polizei nicht in diese Elendsviertel hineintraut. Genau so schlimm wie die äußeren Umstände war das Gefühl der Hilflosigkeit, die schiere Ohnmacht, etwas gegen dieses Elend unternehmen zu können.

Gaby war bleich und sagte kein Wort und mir selbst ging es ähnlich. Wir wollten nur noch heraus, weglaufen, nichts mehr wahrhaben und sehen müssen. Schon vor der Mittagszeit baten wir Elmar, uns zurück ins Hotel zu bringen, denn keiner von uns hätte auch nur einen einzigen Bissen hinunterbekommen. Heiß duschen, vergessen und verdrängen, war das Einzige, was wir uns in dieser Lage wünschten. Wer das Elend einer Favela einmal hautnah und nicht vom behaglichen Wohnzimmer aus durch den Fernseher erlebt hat, der sieht vieles im Leben aus einem anderen Blickwinkel. Auch bei uns leben Menschen, die arm sind. Es wäre zynisch, als Satter diesen Menschen zu empfehlen, dorthin zu blicken, wo die Not noch größer ist. Dies dürfen wir nicht - ohne Wenn und Aber. Elmar bemerkte, wie bedrückt wir waren und er brachte uns ins Hotel zurück.

Abends erlebten wir dann ein Kontrastprogramm. Ein Fahrer in einem schneeweißen Mercedes-Cabriolet holte uns von unserem Hotel ab und wir fuhren in eine Gegend, wo die Reichen wohnen. Das Haus unseres Gastgebers, von einer weiß gestrichenen Mauer umgeben, lag in einem Park, bewacht von einem Posten mit einer Maschinenpistole im Anschlag. Wir fuhren entlang einer Baumallee zum Haus, und zum ersten Mal erlebte ich, wie ein Garagentor ferngesteuert bedient wurde. Erst als sich das Tor geschlossen hatte, stiegen wir aus. Mit einem Fahrstuhl ging es in die Wohnung.

Der Blick vom Balkon dieses Hauses auf Rio bei Nacht raubte einem fast den Atem. Reichtum, der nicht geahnt werden muss. Allein die Gemälde in diesem Haus von Miro und Braque kosten sicherlich einige Millionen. Das Abendessen ging schon dem Ende zu, als uns der Gastgeber eine eher belanglose Frage stellte: „Wie gefällt Ihnen Rio?" Die üblichen Höflichkeitsfloskeln zu gebrauchen und nur die Schönheit dieser Stadt herauszustellen war mir zu wenig. „Rio ist traumhaft schön, aber ich wollte hier nicht leben. Die Gegensätze zwischen Arm und Reich könnte ich auf Dauer nicht ertragen." Diese unerwartete Antwort empfand unser Gastgeber beleidigend. Offensichtlich fühlte er sich angesprochen..

Elmar meinte, als wir wenige später nach Hause fuhren, dass ich den zweiten Halbsatz meiner Antwort am besten weggelassen hätte. Die Cariocas, wie die Bewohner Rios genannt werden, seien sehr stolz auf ihre Stadt. Sie wünschten es nicht, wenn andere versuchen würden, ihnen ein schlechtes Gewissen einzureden. Das wollte ich nicht, aber meine Antwort auf eine solche Frage wäre heute die gleiche.

Von Rio aus besuchten wir Bischof Eusebius Scheid, der heute Kardinal in dieser Stadt ist und der aus der Linie Nikolaus Scheid abstammt. Eusebius spricht mehrere Sprachen. Er ist Professor und hochgebildet. Wir führten eine rege und stellenweise auch kontroverse Diskussion in einer sehr freundschaftlichen Atmosphäre, an die ich mich gerne zurückerinnere.

Als Kind war er für uns nur „der Eusebius", aber als Bischof wollte ich ihn nicht mit „Du" ansprechen. Dazu kam es dann aber doch beim Mittagessen, als er uns diese vertrauliche Anrede anbot. Nach der Papstwahl 2005 trafen wir ihn erneut in Sotzweiler, wo er schon seit vielen Jahrzehnten von der Familie Gerhard Dörr betreut wird.

Eusebius ist eher dem konservativen Flügel unserer Kirche zuzuordnen. Das heißt aber nicht, dass er sich mit der Armut und der ungerechten Vermögensverteilung in seinem Heimatland abfindet. Die soziale Lage Brasiliens spielte bei einer weiteren Begegnung eine große Rolle. Wir trafen uns in unserem Hotel Las Cataratas an den gleichnamigen Wasserfällen im Südwesten des Landes, an der Grenze zu Paraguay, mit einem Hasborner Missionar. Pater Lauck kannten alle im Hotel, die wir nach ihm fragten. Bevor der Fluss Iguacu gestaut wurde, um eines der größten Wasserkraftwerke der Welt zu bauen, ging es darum, die vielen kleinen Landbesitzer zu entschädigen. Sie hatten in Pater Lauck einen mutigen und starken Fürsprecher. Nach einem Autounfall wurde er querschnittsgelähmt. Er kehrte nicht in seine Heimat zurück, sondern er blieb bei denen, die ihn nach wie vor so dringend brauchen. Mit seinem umgebauten VW-Bus machten wir einen Tagesausflug nach Paraguay.

Unser Hauptverkehrsmittel in Brasilien war das Flugzeug. Wir hatten uns einen „Brasil-Air-Pass" gekauft und konnten relativ kostengünstig so viel fliegen, wie wir wollten. In Brasilia, der künstlich geschaffenen Hauptstadt Brasiliens, trafen wir ein Ehepaar Backes aus Hasborn. Morgens, im Frühstückssaal, hörte ich, wie einer „Helmut" rief. Ich fühlte mich nicht angesprochen und drehte mich erst bei dem wiederholten Ruf „Helmut" um. Wir waren erstaunt, ein Ehepaar aus unserem Nachbarort zu treffen. Sie gehörten einer deutschen Reisegruppe an, die im selben Hotel wie wir untergebracht war. Zu Hause sind wir uns nicht mehr über den Weg gelaufen. Brasilia, das sind vor allem die zeitlos modernen Gebäude von Oskar Niemeier und Lucio Costa. Seit 1964 ist Brasilia, das auf der Hochebene in Zentralbrasilien, 1000 Kilometer von der Küste entfernt liegt, die Hauptstadt dieses Landes. Sie wurde auf einem Zeichenbrett entworfen und in nur vier Jahren aufgebaut. Diese Stadt wirkt kühl, auch von ihrer Atmosphäre. Mit der Fläche wurde verschwenderisch umgegangen, wie die Eixo Monumental, die breiteste

Straße der Welt (250 Meter) zeigt.

Originell und gewaltig ist die von Oskar Niemeier geschaffene Kathedrale, mit dem in der Mitte schwebenden Engel. Der unterirdische Eingang ist ganz in Schwarz gehalten und als meditativer Bereich gedacht. Es lohnt sich, Brasilia zu besuchen, aber nicht länger als einen Tag. Wie groß bzw. wie klein die Welt ist, erlebten wir erneut einige Tage später im Amazonasgebiet.

Mitten im Amazonas: „Sie kommen aus dem nördlichen Teil des Saarlandes!"

Wieder im Flugzeug, an einem Fensterplatz, klare Sicht, dichter Urwald so weit das Auge reicht. Die Landschaft gleicht einem etwas großmaschigen Puzzle, wobei die Ränder ein Gewirr von Wasserläufen sind, die sich in der Sonne silbrig spiegeln.

Nach ein paar Stunden nach wie vor das gleiche Bild, dann der Landeanflug auf Manaus. Der Amazonas und der Urwald nehmen schärfere Konturen an. Mit rund 6500 Kilometern ist der Amazonas nach dem Nil mit 6671 Kilometern der zweitlängste Fluss der Welt. Wissenschaftler aus Brasilien und Peru haben eine umgekehrte Reihenfolge ermittelt.

Zweieinhalb Tage hielten wir uns im Norden des Landes auf, in der Stadt, die durch den Gummiboom aufblühte. Ihr Glanz erlosch, als Kautschuk nicht mehr gefragt war und sich die Gummireifen aus synthetischen Stoffen kostengünstiger herstellen ließen.

Diese Stadt, mitten im Urwald, zeigt allein schon mit dem prächtigen „Teatro Amazonas" und dem Gouverneurspalast, wie verschwenderisch reich sie einmal fernab jeder Zivilisation war. Die Portugiesen trieb es in

diese unwirtliche Gegend nur, um gegenüber den vor-
rückenden Spaniern ihre Gebietsansprüche geltend zu
machen. Sie lebten friedlich mit den Manaus - India-
nern zusammen, die ihnen den Saft des „Weinenden
Baumes", Kautschuk genannt, schenkten. Mit dieser
schwarzen Masse konnten Figuren oder auch hüpfen-
de Bälle geknetet werden.
Im Jahre 1839 vermengte der Amerikaner Charles
Goodyear den Kautschuk zufällig mit Schwefelpulver.
Er erhitzte ihn und daraus entstand ein luft- und was-
serdichtes, biegsames und dehnbares Material. Fast 50
Jahre später, 1888, erfand der Engländer J. B. Dunlop
den luftgefüllten Gummireifen für Fahrzeuge aller Art.
Dunlop und Goodyear zählen zu den Namen und Firmen, die bisher alle Zeiten überdauerten.
Gummireifen stellten einen Quantensprung für die Ver-
braucher dar, und die Nachfrage nach Kautschuk überstieg bei weitem das Angebot. Angebot und Nachfrage
bestimmten den Preis, der nach oben schnellte. Manaus wurde über Nacht zu einer reichen Stadt. Dort, wo
das schnelle Geld winkt, zieht es Glücksritter hin, die
getrieben von einer grenzenlosen Profitsucht vor keiner
Grausamkeit zurückschrecken.
Ganze Indianerstämme versklavten sie. Um diesen Saft
der Bäume zu sammeln, wurden sie in entlegene, ver-
seuchte Sumpfgebiete geschickt, bedroht von giftigen
Schlangen und Krankheiten. Während sie Orgien mit
Exzessen jeder Art feierten, verhungerten die Indianer
oder wurden getötet, weil sie ihr Sammelsoll nicht erfüllten.
Wer die Geschichte Manaus liest, blickt in Abgründe
menschlichen Handelns, aber er stellt auch fest, dass
Laster und Verschwendung nirgendwo von Dauer sind.
Die Chance, das schnelle Geld durch Kautschuk zu
machen, sahen auch andere Länder. Java, Sumatra

und Ceylon deckten bereits im Jahre 1916 80 Prozent des Weltbedarfs an Kautschuk. Das Pendel des Marktes schlug zurück, die Preise fielen, und Manaus hörte auf, reich zu sein.

Wir flogen in diese entlegene Gegend, nicht um die Geschichte des Kautschuks zu studieren, sondern, um diesen mächtigen Strom Amazonas und den Dschungel zu erleben. Auf Komfort brauchten wir nicht zu verzichten. Gaby und ich schlossen uns einer kleinen amerikanischen Reisegruppe an.

Der Amazonas, das ist erst einmal Wasser, soweit das Auge reicht.

Das gegenüberliegende Ufer lässt sich nur als grüne Silhouette erkennen.

Wir fahren mit einem Boot dorthin, wo sich Rio Negro und Solimois zum eigentlichen Amazonas treffen. Der eine Teil des Stromes ist schwarz, der andere rot, und die Trennungslinien scheinen nicht zu verschwimmen.

Später legten wir am Ufer an und marschierten durch den Dschungel über Pfade, die wir nicht mit Macheten freischlagen mussten. Es reichte aber, um uns Touristen spüren zu lassen, wie sich eine Vegetation in einem brütend heißen Klima, mit einer extrem hohen Luftfeuchtigkeit entwickelt.

An einem anderen Uferrand stiegen wir in ein langes, schmales Kanu, in dem ungefähr zehn Personen hintereinander sitzen konnten. Von einem Außenbordmotor angetrieben, steuerten wir in einen Seitenarm des Stromes, in dem Bäume und Sträucher im Wasser versanken. Es ließ sich nicht mehr erkennen, wo genau das Festland verlief. Auf einem Holzfloß, mit einer kleinen Blockhütte, aßen wir zu Mittag. Gaby und ich hatten uns mit zwei älteren englischen Ladys angefreundet, die wir auf dem Flughafen in Brasilia kennen gelernt hatten.

Sie sahen aus und sie verhielten sich so wie die Ladys, die wir aus vielen Romanen und Filmen kannten. Stereotypen spiegeln manchmal auch die Realität wieder. Die Art, wie sie kerzengerade, mit einer Grazie sondergleichen, durch den Dschungel marschierten, das imponierte mir. Weil ich wusste, was Ladys gebührt, strengte ich mich enorm an, den Kavalier zu spielen. Wenn Gaby und ich unter uns waren, redeten wir in unserem Bergweiler Dialekt und wir gingen davon aus, dass uns niemand versteht. Doch weit gefehlt.

Eine junge Frau aus unserer amerikanischen Reisegruppe fragte mich in unserer Muttersprache, ob ich Deutscher sei. Sie hakte sofort nach: „Warten Sie - Sie kommen aus dem nördlichen Teil des Saarlandes!"

Mir verschlug es fast die Sprache. Wie bedeutend das Saarland ist, braucht nicht begründet zu werden, aber von einer vermeintlichen Amerikanerin im Amazonasgebiet als Bürger dieses Landes erkannt zu werden, ist schon ein gutes Stück außergewöhnlich - um nicht einen anderen Begriff zu wählen. Sie, die Amerikanerin, stellte sich uns als Saarbrückerin vor. Sie hatte vor vielen Jahren auf einer Tagung in Brüssel ihren Mann, einen Chemieprofessor aus New Orleans, kennenlernt. Zu ihm zog sie in die Neue Welt. Eine Auswanderin, ähnlich der vielen deutschen Frauen, die nach dem 2. Weltkrieg mit amerikanischen Soldaten ihre Heimat verließen. Die „amerikanische Saarbrückerin" wollte alles über ihr und unser Land wissen, an dem sie immer noch hing und das ihr nach wie vor Heimweh verursacht.

Der Amazonas, der als kleiner Bach 5000 Meter hoch in den peruanischen Anden entspringt, der sich durch Schluchten und enge Felsbetten hindurchzwängt, entfaltet nach rund 6000 Kilometern eine solch gewaltige Wassermasse, dass sie das Salzwasser des Atlantiks

fast 200 Kilometer weit zurückdrängt. Das Mündungs-
gebiet erstreckt sich über eine Breite von 320 Kilometern. Nicht nur diese und viele andere Superlative fallen
einem ein, wenn dieser sagenumwobene Strom auf
einen einwirkt.

Was ließe sich nicht noch alles über den Amazonas
schreiben? Schreiben über die Zerstörung des Ökosys-
tems, über die Brandrodungen oder über unsere Verantwortung, die Natur zu schützen.

Von Manaus flogen wir entlang des Amazonas in Richtung Osten nach Belem. In Santarem landeten wir auf
halbem Weg und wurden von ganzen Moskitoschwär-
men überfallen, als sich die Türen des Flugzeugs öffne-
ten. Die ersten Minuten waren alle Passagiere nur damit beschäftigt, sich ihrer Stiche zu erwehren. So
schlimm hatten wir diese gefährlichen Stechmücken
noch nie erlebt.

Das, was wir auf den nächsten Stationen sahen, lässt
sich in jedem Reiseführer nachlesen, nicht aber das,
was mir in Recife zustieß. Ich unterschätzte schlicht die
Macht der Sonne und zog mir einen Sonnenbrand zu,
wie ich noch keinen erlebt hatte. Meine Füße schwollen
fast faustballengroß an und ich hielt die Pein kaum
noch aus. Wir mussten abends noch einen Arzt rufen
und ich saß die halbe Nacht im Bad, um die Verbren-
nungen abzukühlen. Die Schmerzen blieben und wir
überlegten schon, unsere weiteren Reisepläne zu verändern. Allein die Strümpfe anzuziehen verursachte
schon eine nur schwer zu ertragende Pein, die bei jeder Bewegung zunahm.

Von Recife flogen wir dann an der Küste entlang nach
Süden, nach Salvador de Bahia. Für mich ist sie nach
Rio die schönste Stadt Brasiliens. Sie schaut auf eine
bewegte, aber nicht immer ruhmreiche Geschichte zurück. Jorge Amado, der auch bei uns bekannte Roman-

cier, lebte in Salvador de Bahia. Reich ist diese ehemalige Hauptstadt Brasiliens (zwischen 1549 und 1763) durch den Sklavenhandel und durch den Export von Tabak und Zucker geworden.

Wir sahen den Platz zum Schandpfahl, wo Sklaven der Willkür ihrer Herren ausgesetzt waren. Sie wurden öffentlich bestraft, wenn sie sich nicht so wie vom Besitzer gewünscht, verhielten.

Die Allerheiligenbucht – 1501 von Amerigo Vespucci entdeckt – könnte so Vieles an Elend und Grausamkeit gegenüber den fünf Millionen Sklaven aus Afrika berichten. Sie kamen durch diesen Hafen in eine für sie so fremde und feindliche Welt.

Sind Sie der Herr Rauber?

Unsere Reise durch Brasilien ging langsam zu Ende, und wir erreichten die Hauptstadt des Bundesstaates Minas Gerais. Von Belo Horizonte wollten wir nach Ouro Preto. Minas Gerais ist eine hügelige Landschaft, in der zu Beginn des 18. Jahrhunderts Zehntausende von Goldgräbern ihr Glück suchten. Etwa 100 Jahre dauerte es, bis in den Flüssen und den Bergwerken kein Gold und keine Diamanten mehr gefunden wurden.

Heute wird in dieser Gegend nach anderen Rohstoffen und Mineralien gesucht, nach Eisen, Mangan, Zink, Uran, Diamanten und Halbedelsteinen. Ein neuer Aufschwung machte Belo Horizonte zu der am schnellsten wachsenden Stadt Brasiliens. Von dem 1320 Meter hohen Berg, der dieser Stadt den Namen „Schöner Horizont" gab, lässt sich in der Tat die Schönheit dieser Gegend am eindrucksvollsten bestaunen.

Nach Ouro Preto wollten wir in erster Linie deshalb, um die Wirkungsstätte eines beeindruckenden Künstlers zu sehen. Über Aleijadinho hatten wir einiges gelesen, das unglaublich klang. Sein Vater, ein portugiesischer Baumeister, kam zu Beginn des 18. Jahrhunderts mit den Goldgräbern nach Minas Gerais. Von seinem ersten Honorar kaufte er sich eine schwarze Sklavin, die ihm einen dunkelhäutigen Sohn schenkte, den sie Antonio tauften. Dieses Kind war unförmig gewachsen, dick und ausgesprochen hässlich. Ihn zu lieben und anzuerkennen fiel schwer. Dort, wo er spürte, zurückgesetzt zu sein, reagierte er aggressiv und gereizt.

Sein Vater steigt gesellschaftlich auf, aber seine Mutter bleibt in den Augen so vieler hochnäsiger Neureicher „nur" die ehemalige Sklavin. Antonio schaut seinem Vater bei der Arbeit zu, die ihn begeistert. Bereits mit 13 Jahren entwirft er einen Zierbrunnen für das Haus des Gouverneurs, und sein Vater macht ihn zu seinem Assistenten. Seine Arbeit ist vielseitig, mit einem eigenen Stil. Er strebt nach mehr Plastizität, tieferen Reliefs und er variiert traditionelle Themen mit kindlicher Unbefangenheit.

Vor allem seine Heiligenstatuen lassen „Bewegung, Dynamik, gar Beschwingtheit erkennen. Die Gesichtsausdrücke sind liebevoll zart" (Dumont, Südamerika III 1980, S. 105).

Mit 28 Jahren überflügelt Antonio seinen Vater mit dem Bau der Kirche Sao Francisco in Ouro Preto. Endlich berühmt und anerkannt setzt er das in seinem Werk um, was ihm als Mensch so fehlt, Ästhetik und Schönheit. 1777 schlägt das Schicksal noch erbarmungsloser, als schon bei seiner Geburt zu, denn er wird leprakrank. Seine Finger und Zehen faulen ab und nur die Daumen und Zeigefinger bleiben ihm erhalten. „Sein Gesicht verzerrt sich zu einem sinistren, Ekel erregenden Ausdruck, sodass jeder, der ihn erblickt, erschrecken musste", schreibt seine Schwiegertochter.

Die Werkzeuge müssen ihm an die Hand angebunden werden und zwei Sklaven tragen ihn zur Arbeit. Einer, Mauricio, wird von einem drei Meter hohen Speckstein-block erschlagen, als sich dieser aus der Verankerung löst. Aus diesen Blöcken meißelt Aleijadinho - das Krüppelchen, wie er mittlerweile genannt wird - seine berühmten 12 Propheten. Eine kleine Nachbildung von Jeremias aus Speckstein steht bei uns im Wohnzim-mer.

Der Taxifahrer, der uns vom Hotel vermittelt wurde und uns nach Ouro Preto brachte, sprach Deutsch, so wie seine Vorfahren, die aus unserem Land auswanderten. Er ließ uns unter unserem Namen im Hotel ausrufen, als er uns abholte. Wir fuhren entlang der Goldmine Morro Velho, einem 2600 Meter tiefen Loch, dem tiefs-ten Übertageabbau Amerikas. Nach etwa 100 Kilome-tern erreichten wir die Stadt Aleijadinhos und die des Zahnziehers Tiradentes.

Gaby und ich erkundeten das kleine Städtchen auf unsere Art, mit dem Reiseführer in der Hand. Wir be-suchten den Platz, wo Tiradentes seine Landsleute mit flammenden Reden gegen die portugiesische Krone zur Freiheit und zur Unabhängigkeit aufrief. Er wurde gefangen genommen, gefoltert und am 21. April 1792 auf diesem Platz geviertelt. Ein mir völlig unbekannter Herr sprach mich in unserer Muttersprache an: „Sind Sie der Herr Rauber?"

Zu erzählen, so fern von unserer Heimat mit Namen angesprochen zu werden, könnte der Fantasie eines Angebers und Aufschneiders entsprungen sein. Auch wenn diese Geschichte wenig glaubhaft klingt, ist sie aber dennoch wahr.

Nachdem ich ihm bestätigt hatte, wie ich heiße, sagte auch er: „Rauber", was ich als Frage wertete. Erneut klärte ich ihn auf und es stellte sich schnell heraus, dass wir alle den gleichen Namen trugen. Er arbeitete als Reiseführer in diesem Städtchen und unser Taxifahrer, der wusste, wie wir heißen, erzählte ihm beim Mittagessen von seinen Fahrgästen. Ein Verwandter von ihm, ein Priester Rauber, besuchte uns wenige Monate später bei uns zu Hause in Bergweiler. Geschichten aus einer großen Welt, die manchmal ganz klein ist.

Begegnungen in Mexiko. Peter Strieder

Peter Strieder lernte ich zufällig in Mexiko City kennen. Der Europarat tagte in Hermosilo, im Norden, an der Westküste Mexikos, am Rande der Sierra Madre. Die Veranstaltung begann montags früh, und einen Direktflug gab es nicht. Deshalb reiste ich schon samstags an, froh darüber, wenigstens etwas Zeit zu haben, mir die Stadt Mexiko näher anschauen zu können.

Wie so oft, wenn ich mich länger in einer Stadt aufhalten muss, verhielt ich mich auch dieses Mal. Ich hatte vor, mit dem Taxifahrer einen festen Preis auszuhandeln und ihn zu bitten, mir die Sehenswürdigkeiten seiner Heimat zu zeigen. Meine erste Stadtrundfahrt durch Belgrad lief nach diesem Muster ab, wofür ich 100 Dollar aus der eigenen Tasche zahlte.

Einige meiner Kolleginnen und Kollegen informieren die deutsche Botschaft oder - wie bei uns - die Adenauerstiftung, wenn sie sich im Ausland aufhalten. Weil ich ungebunden sein wollte, sprach ich weder die eine noch die andere Einrichtung an.

Samstagabends traf ich meine SPD-Kollegin Monika Heubaum im Hotel. Unsere beiden Büros hatten sich abgestimmt, und sie fragte mich, ob sie sich mir am nächsten Tag anschließen könne. Wir könnten ja gemeinsam Mexiko erkunden. Froh, nicht alleine zu sein, willigte ich gerne ein.

Am nächsten Morgen hatte sie andere Pläne und sie lud mich ein, sie und Peter Strieder zu begleiten. Sie hatte zwischenzeitlich den Vertreter der Friedrich-Ebert-Stiftung kontaktiert, der uns anbot, uns Dreien Mexiko City zu zeigen.

Anfangs war ich etwas skeptisch, denn ich wusste aus den Medien, dass der Senator für Stadtentwicklung und Landesvorsitzender der SPD von Berlin Probleme hatte. Die Berliner Staatsanwaltschaft ermittelte gegen ihn wegen Untreue im Zusammenhang mit öffentlichen Mitteln an das Kulturzentrum Tempodrom. In Mexiko hielt Strieder seine letzte Rede als Senator. Er flog zurück und reichte seinen Rücktritt ein.

Auf mich machte er während der Fahrt durch Mexiko einen sympathischen Eindruck; seine Sorgen waren ihm aber anzumerken. Als wir uns abends nach dem Essen mit dem Botschafter und seiner Gattin verabschiedeten, wünschte ich ihm alles Gute und es war ehrlich gemeint.

Trotzki

Im Süden von Mexiko City, an der verkehrsreichen Ringstraße, liegt ein Haus von Mauern umgeben. Wer an den Bildern von Trotzki und an der Kasse vorbeigeht, der kommt in den Garten mit dem eigentlichen Wohnhaus in der Mitte. Rechts davon steht zwischen einzelnen Bäumen eine aufgerichtete, etwa zwei Meter hohe und 50 Zentimeter breite, graue Steinplatte.

Auf ihrer Frontseite ist das aus dem Stein heraus gefräste Hammer und Sichel-Zeichen zu sehen, darunter der Schriftzug: LEON TROTZKY. Ein Stahlrohr, an dem eine schon etwas ausgewaschene rote Fahne hängt, überragt die Grabstätte von Trotzki und seiner Frau Natalia. Sie starb in Paris, 32 Jahre nach dem Mord an ihrem Mann.

An diesem 21. Augusttag hatte Trotzki, der große Gegenspieler von Stalin, endgültig verloren. Er wusste, in welcher Gefahr er sich befand und wie entschlossen Stalin ihm nach dem Leben trachtete.

Der erste Versuch am 24. Mai 1940 scheiterte. Morgens um 4:00 Uhr drangen 20 Agenten des NKWD, als Polizisten getarnt und von einem Leibwächter Trotzkis, einem Agenten Stalins, in sein Haus hineingelassen, ein. Weil sie keine Lampen gebrauchten, verfehlten sie ihr Ziel.

Nach diesem ersten Mordversuch baute Trotzki sein Haus zur Festung um, das von sieben bis acht Wachmännern ständig geschützt wurde. Er war fast immer von jungen Menschen, von Sekretären, Adjutanten und Leibwächtern umgeben. Zeitweise gehörte auch Diego Rivera dazu. Dennoch gelang es einem spanischen Berufskiller, der sich als belgischer Journalist ausgab, Trotzki mit einem Eispickel den Schädel einzuschlagen und ihn zu töten. In seinem Arbeitszimmer, wo es geschah, steht ein gewöhnlicher Tisch, auf dem noch Bücher und Akten liegen vier einfache Stühle stehen darum. Hinter seinem Rücken hängt die Karte von Mexiko.

Von Wohlstand ist auch auf der Toilette nichts zu sehen. In der Ecke, links neben dem Waschbecken, etwa einen Meter über dem Boden, hängt ein Boiler, der wie ein etwas größeres Ofenrohr ausschaut. Er ist silbern angestrichen und wird von unten mit Holz beheizt. Über dem Waschbecken befindet sich eine einfache Ablage, auf der noch sein Rasierpinsel steht. Darüber ist ein kleiner Spiegel angebracht.

Wer die Pracht des Kreml sah, in der damals Stalin lebte und sie mit diesem trostlosen Raum, mit dem blauen

Anstrich vom Boden bis Bauchhöhe, vergleicht, der kann den tiefen Fall und sozialen Abstieg Trotzkis halbwegs nachfühlen.

Mit 18 Jahren schloss sich Trotzki der russischen Revolution an. Er verließ seine Frau und seine beiden Töchter, um sich auf die Revolution zu konzentrieren, wie einige Historiker behaupten. Lange hielt er es aber nicht aus, allein zu sein. Nach nur wenigen Monaten traf er in Paris die Kunststudentin Natalia Sedowa, die ihn bis zu seinem Lebensende begleitete und ihm vier Kinder schenkte.

Zurück in seiner Heimat erging es ihm wie vielen seiner Genossen. Er wurde mehrmals verhaftet und nach Sibirien verbannt, so auch nach den Unruhen 1905. Im Gefängnis glaubte er, von Ungeziefer bei lebendigem Leib aufgefressen zu werden. Er entkam über die Transsibirische Eisenbahn. Als die Unruhen 1917 in Russland begannen, wollte er dabei sein. Über Österreich, Frankreich und die USA und dann mit einem norwegischen Dampfer, erreichte er noch rechtzeitig Petrograd. Zeit genug, um dort maßgeblich die Oktoberrevolution zu planen und durchzuführen. Er stieg hoch hinauf und fiel tief hinab.

Frida Kahlo

An der Caza Azul in Coyoacan steht das blaue Haus von Frida Kahlo. Hier lebte sie von Anfang der 40er Jahre bis zu ihrem Tod.

Wir standen im Garten dieses Hauses. Es war schon ein seltsames Gefühl, dort zu sein, wo ein Paar lebte, das nach wie vor die Fantasie vieler Menschen beflügelt.

Das Leben von Künstlern, gleichgültig ob Schriftsteller

oder Maler, ist von ihren Werken nicht zu trennen. Frida Kahlo, das ist auch Diego Rivera, ein gleiches, ein ungleiches Paar. Ich hatte einiges über das Leben und das Werk dieser beiden Künstler gelesen, auch im Zusammenhang mit der mexikanischen Geschichte. Wer kennt nicht – zumindest aus amerikanischen Filmen – die Namen von Pancho Villa, dem einstigen Viehdieb, und Emiliano Zapata. Zapata wollte den Bauern seines Heimatstaates das Land zurückgeben, das sich die Großgrundbesitzer nach seiner Meinung widerrechtlich angeeignet hatten.

Mit dem Schlachtruf „Land und Freiheit" kämpfte er gegen die Regierungstruppen. 1919, ein Jahr vor dem Ende der Revolution, lockten sie ihn in einen Hinterhalt und erschossen ihn. Eine Allianz zwischen Zapata und Pancho Villa kam nie zustande. Ihr Freiheitskampf beeinflusste das Leben von Rivera und von Frida Kahlo, die beide auch politische Künstler waren.

Beide fühlten sich mit der kommunistischen Partei ihr Leben lang verbunden. Mit letzter Kraft, mit einem amputierten Bein an den Rollstuhl gebunden, demonstrierte sie mit erhobener Faust gegen die CIA.

Niemand muss ihre politischen Ansichten teilen, um die Tragik und Dramatik zu erkennen, die hinter dieser Beziehung standen. „Jetzt, wo du mich verlässt, liebe ich dich mehr denn je", schreibt Frida Kahlo. Was für Sätze? Eine Frau wird von einem Mann verlassen und sagt dem, der geht, dass sie ihn liebt und nach wie vor an ihm hängt.

Menschliche Erfahrungen so Vieler - in diesem Fall aber in einer anderen Dimension. Ein lebenshungriges Mädchen, 18 Jahre alt, wird schwer verletzt (1925), als ein Bus mit einer Straßenbahn zusammenstößt. Ihr Fuß ist zerschmettert, ihr Körper von einer Haltestange durchbohrt und ihre Wirbelsäule mehrfach gebrochen.

Sie überlebt, aber mit unsäglichen Schmerzen, von denen sie auch durch 32 Operationen nicht befreit wird. An manchen Tagen trinkt sie eine Flasche Brandy, um die Pein in ihrem Körper zu betäuben.

Diese junge, hübsche Frau liegt monatelang im Bett und sucht verzweifelt nach einer Beschäftigung, die sie fordert, die ihrem Leben einen Sinn gibt. Sie beginnt zu malen, auf dem Rücken, mit einer eigens für sie angefertigten Staffelei über ihrem Bett. Ein Spezialkorsett hilft ihr, aufzustehen.

Zur gleichen Zeit, in der sie gegen die Trostlosigkeit ihres Alltags malt, zählt Diego Rivera zu einem der berühmtesten zeitgenössischen Maler. Er ist weit über Mexiko hinaus bekannt. Schon mit drei Jahren ließ sich – ähnlich wie bei Picasso – sein Genie erkennen. Der Gouverneur von Vera Cruz, dem er - damals 20 Jahre alt - seine Bilder zeigte, verschaffte ihm ein Stipendium in Europa. In Mexiko tobt der Bürgerkrieg und das Land versinkt im Chaos. Es ist die Zeit in der Rivera vor allem in Paris unter den Einfluss der Kubisten Georges Braque und Pablo Picasso gerät.. In Italien inspirieren ihn die Werke der Wandmaler aus der Renaissance. Diego Rivera hört, wie sein Volk leidet und es bedrückt ihn.

Er wendet sich von Europa ab und kehrt heim. In Mexiko will er eine Kunst schaffen, die von der breiten Masse der Gesellschaft verstanden wird. Seine Landsleute sollen sich mit ihr identifizieren können. Als Rivera 1922 sein erstes großes Wandbild „Die Schöpfung" malt, schaut ihm ein junges Mädchen zu. Mit ihren 15 Jahren blickt sie auch buchstäblich zu dem Meister nach oben. Rivera malt, gekleidet in ausgebeulte Hosen, in Bergarbeiterstiefeln und auf dem Kopf einen Cowboyhut. Attraktive Modelle bieten ihm in großer Zahl bereitwillig ihre Dienste an, die nicht immer etwas mit Kunst zu tun haben.

Zwei Ehen lagen schon hinter ihm, als er Frida Kahlo 1929 heiratete. Sie 22, er 42 Jahre alt -, verkörperte alles andere als „die Taube", mit der sie einige ihrer Bewunderer verglichen. „Eine Teufelin" sei sie, hatte ihr Vater Diego Rivera gewarnt. Über sich selbst schrieb sie: „Niemand will mehr mit mir befreundet sein, weil ich so einen schlechten Ruf habe. Aber ich mag mich so, wie ich bin."

Das Motto, sich selbst treu zu bleiben, sich nicht um Konventionen zu scheren, unangepasst, aufmüpfig, hielt sie bis zum 13. Juli 1954 durch. Sechs Tage nach ihrem 47. Geburtstag starb Frida Kahlo.

Das Feuilleton der Zeitung „Die Welt" vom 06. Juli 2007 weist auf ihren 100. Geburtstag hin. Frida Kahlo „das Postergirl des Feminismus". „Ihr Gesicht ist zu einer Ikone der modernen Kunst geworden", wie „Die Welt" schreibt, „ihr Blick eine Mischung aus aufregender Exotik und tief empfundener Melancholie."

Anfangs galt sie nur als die „Frau von Rivera". Zu Beginn der 30er Jahre kam dann der Durchbruch mit den großen Erfolgen in New York und in Paris, auf einer Ausstellung der Surrealisten. Sie wollen sie vereinnahmen, aber sie selbst findet die Vertreter dieser Kunstrichtung „zum Kotzen".

„Marcel Duchant ist der Einzige in diesem Haufen durchgedrehter Surrealistenärsche, der mit beiden Beinen auf dem Boden steht", lautet ihr vernichtendes Urteil.

Frido Kahlo leidet nicht nur körperlich, sondern auch seelisch am Lebensstil ihres 185 Zentimeter großen und 135 Kilogramm schweren „Elefanten", wie Rivera spöttisch genannt wird. Die Presse berichtet über seine Seitensprünge und Frida Kahlo versucht sich zu wehren, indem sie sich die gleichen Rechte herausnimmt.

Sie trinkt, ist drogenabhängig und stürzt sich in zahlreiche Affären mit Männern, ebenso wie mit Frauen.

Wie lässt sich ein Verhältnis beschreiben, bei dem Menschen nur unter Spannungen miteinander, aber auch nur unter Spannungen ohne einander leben können? Rivera droht jedem Liebhaber von Frida, ihn zu erschießen, aber er überwacht zeitweise einen von ihnen und zwar Leo Trotzki.

1939 halten sie es gemeinsam nicht mehr miteinander aus. Sie trennen sich, um ein Jahr später in San Francisco erneut zu heiraten. Frida Kahlo studierte weder Kunst noch hatte sie ein besonderes Vorbild. Ihr eigener Stil ist so anders als der von Rivera, kleinformatig, bunt, naiv, surrealistisch.

„Ich habe niemals Träume gemalt. Ich habe meine Realitäten gemalt", sagt sie über sich, und sie stellt ihren geschundenen Körper und ihre Schmerzen auch in ihren Bildern dar.

Ihr Selbstbildnis „die gebrochene Säule" aus dem Jahr 1944 zeigt eine Frau, die ihr langes schwarzes Haar nach hinten über ihre Schultern gekämmt hat. Ihr Gesicht ist makellos. Mit ihren braunen und auffallend traurigen Augen blickt sie ins Leere. Trotzig und angespannt drückt sie ihren Mund zusammen. Ihre Arme hängen herunter und halten ein Tuch, das ihren Unterleib verdeckt. Schrecklich ihr nackter Oberkörper, der zwischen den Brüsten von oben nach unten aufgebrochen ist. Eine an mehreren Stellen zerbrochene Säule, die nach unten dicker wird, gleicht einem nach vorne geschobenen Rückgrat, das vier Korsettbänder wie Gürtel zusammenhalten. Der ganze Körper und auch Teile des Tuches sind mit großen und kleinen Nägeln bestückt: Ein Bild als Biografie des Leidens.

Mayas – Azteken –
auch eine Frage der Außenpolitik.

In der Schule hatte ich von ihnen gehört. Es war sehr oberflächlich, verschwommen und umwoben von Mythen und Sagen. Auch Eroberungen gehören zu der Geschichte des Untergangs der Maya und Azteken.
Genannt werden könnten auch die Mixteken, die Olmeken oder die Zapoteken.
Es sind verschiedene Kulturen und Siedlungsräume im zentralen Hochland Mittelamerikas. Sie beeinflussten sich wechselseitig und sie lassen sich, mehr oder weniger scharf, in geschichtliche Phasen einteilen.
Nur wenige Stunden verbringen wir im anthropologischen Museum in Mexiko City. Sie reichten aus, um über das zu staunen, was Menschen in Hochkulturen zu einer Zeit erbrachten, als unsere Kultur noch sehr unterentwickelt war. Sie sollten uns Westeuropäer lehren etwas bescheidener aufzutreten und uns weniger als „den Nabel der Welt" zu betrachten.
Cortés hat das Aztekenreich zerstört und die Geschichte Mittelamerikas zu unserer Geschichte gemacht. Vor den Azteken beherrschten die 50 Stadtstaaten der Mayas die heutigen Gebiete Mexiko, Guatemala, Belize, Honduras und Salvador. Zwischen 300 und 900 n. Chr. hatten sie ihre Hochblüte. Es war die Zeit, als in Europa die Völkerwanderungen abklangen und die Hunnen begannen, an der unteren Wolga und am unteren Don ein Reich zu gründen.
Woher die Mayas kamen, ist ungewiss. Sie verstanden sich nicht nur in der Kriegsführung, sondern sie konnten auch die Mondwechsel, die Sonnenfinsternis und die Bahn anderer Himmelskörper berechnen. Nach ihrer Zeitrechnung begann unsere gegenwärtige Welt im Jahre 3114 v. Chr.

Die Minenstadt Chichen Itza diente den Mayas von 500 bis etwa 1000 n. Chr. als Hauptstadt. Das Wahrzeichen der Stadt ist die 30 Meter hohe Pyramide. Sie wurde Anfang Juli 2007 über eine repräsentative Internetabstimmung zu einem der „7 neuen Weltwunder" gewählt.

Die 365 Stufen, die nach oben führen, zeigen ihre kalendarischen Fähigkeiten. Allmählich lüften sich die Geheimnisse dieses Rätselvolkes. Erst seit einigen Jahren wissen wir mehr über die zwei Machtblöcke, Tiktal und Calakmul. Ähnlich wie zwischen Athen und Sparta kämpften sie um die Vorherrschaft im Land. Auch sie rieben sich dabei gegenseitig auf.

Die Azteken lösten die Mayas als führende Macht in Zentralamerika ab, die im Jahre 1345 begannen ihre Hauptstadt Tenochtitlan, das heutige Mexiko City, aufzubauen. Der schon erwähnte spanische Eroberer Hernàn Cortés kam 1519 in diese Stadt und er staunte. Die Spanier stießen auf Paläste, auf einen weiten Tempelkomplex, auf 60 000 Häuser, die entlang eines weit verzweigten Straßen- und Kanalnetzes gebaut waren. Auf sumpfigem Untergrund errichtet, zählte die Stadt mehr Einwohner als die spanische Hauptstadt Sevilla. Eine maßstabgetreue Nachbildung dieser Stadt ist im Nationalmuseum zu sehen. Der spanische Chronist Diaz Bernal, der die Expedition von Cortés begleitete, schrieb bewundernd von riesigen Türmen und Tempelgebäuden im Wasser. Sie waren alle aus massivem Mauerwerk gebaut.

„Einige unserer Soldaten fragten sich sogar, ob das, was sie sahen, nicht ein Traumbild sei." Cortés landete 1518 an der Küste Mexikos und erreichte ein Jahr später die Halbinsel Yucatán. Auf ihrem Weg ins Landesinnere stießen die Spanier auf einen Landsmann, der vor acht Jahren als Schiffbrüchiger an der Küste Yucatáns strandete. Er beherrschte die Mayasprache. Die Einheimischen sahen in Cortés nicht den Eroberer, sondern den Freund, den sie mit Gold und mit Frauen reich beschenkten.

Die Azteken beteten einen Sonnen- und Kriegsgott in einer Person an, dem sie ständig Menschenherzen opferten. Einmal sollen es 20000 Gefangene gewesen sein. Sie wurden die Tempelstufen zum oben gelegenen Steinaltar getrieben. Dort schnitten ihnen die Priester die Brust auf, um das Herz zu opfern. Ob es stimmt, wie in der Literatur nachzulesen ist, dass es als Ehre galt, geopfert zu werden, fällt einem schwer zu glauben. Mich erinnern diese Geschichten an die Kamikaze-Flieger. Sie sollen sich angeblich freiwillig gemeldet haben, um dem Tenno, dem japanischen Kaiser, das Wertvollste zu geben, was sie besaßen, ihr Leben. Oft mussten Drogen mithelfen, heroisch zu sterben.

Wer fremde Kulturen studiert, ist oft erstaunt, wie grausam Herrschende mit ihren Untertanen umgingen.

Die Azteken bestraften jeden, der log oder stahl, ebenso mit dem Tode wie die Homosexuellen, die am Galgen endeten. Ehebrechern zerquetschten sie die Köpfe zwischen zwei Steinen und Verleumdern schnitten sie die Lippen ab. Montezuma herrschte absolut als oberster Priester, Kriegsherr und Richter. Als Halbgott verehrt, durfte ihm kein Untergebener ins Gesicht schauen. Taten sie es, hatten sie ihr Leben verwirkt.

Die Azteken zählten zu den fähigsten Kriegern, die zwischen dem 13. und 16. Jahrhundert n. Chr. das Hochland Zentralamerikas beherrschten. Wie konnte es geschehen, dass ein paar Tausend Spanier in der Lage waren, ein solches Reich zu zerstören? War es die böse Vorahnung, die Montezuma scheitern ließ? Erst tauchte ein riesiger Komet am Himmel auf und dann eine zerstörerische Welle auf dem Texcocosee, für die es keine plausiblen Erklärungen gab. Kann es sein, dass das furchtartige Aussehen der Europäer zum Untergang beitrug oder gar eine falsche Außenpolitik? Viele der ehemaligen Gegner Montezumas verbündeten sich mit den Spaniern.

Es sind viele Fragen, auf die Historiker überzeugende Antworten geben müssen. Der erste Versuch von Cortés, Tenochtitlan zu erobern, war fehlgeschlagen, obwohl Montezuma in dieser Schlacht der traurigen Nacht, in der „La Noche Triste" fiel. Noch schlimmer erging es aber den 1000 Spaniern, von denen über 400 umkamen. Auch ihre indianischen Verbündeten erlitten große Verluste, ca. 4000 Menschen.

Cortés gab aber nicht auf, sondern stellte eine neue Streitmacht aus den Feinden der Azteken zusammen. Zu den 100000 indianischen Kriegern kamen lediglich 500 spanische Reiter mit zusätzlich 18 Kamelen.

Militärhistoriker sehen viele Gründe, warum die Azteken untergingen. Sie verfolgten andere Kriegsziele als die Europäer und sie engten sich selbst durch zu viele religiöse und sonstige Vorgaben ein. Den Feldherren kam es zum Beispiel darauf an, Gefangene zu machen, die sie dann, reich belohnt, dem Herrscher übergaben. Dem gegenüber zielten die Europäer darauf ab, den Feind zu vernichten.

Es ist spannend zu lesen, was John Keegan in seinem Buch „A History of Warfare" schreibt. Danach kämpften die Azteken nach einem von beiden Seiten akzeptierten Ritual und Muster. Die Kriege zwischen zwei feindlichen Gruppierungen begannen mit einer kleinen, aber gleich großen Zahl von Kriegern beider Parteien. In einem Kampf Mann gegen Mann demonstrierten sie ihr kriegerisches Können und sie entschieden meist so über Sieg oder Niederlage. Nur selten eskalierte der Kampf. Als weiterer übermächtiger Gegner der Azteken stellten sich die Pocken heraus, die von den Spaniern mitgebracht wurde. Sie dezimierten und schwächten die Ureinwohner und wurden so zu einem starken Verbündeten beim Untergang einer hoch stehenden Kultur.

Südafrika. Jahreswechsel 1982/1983 in Südafrika.

Ntaba Maria, eine Missionsstation, ein Krankenhaus in einem „Homeland", Schwarzen zugewiesene Gebiete in Südafrika, in der Provinz „Orange Free State". Dort arbeitete Alfons Groß als Missionar.

Sein Bruder Hans, damals ein Landtagskollege und Freund von mir, setzte auf meine englischen Sprachkenntnisse. Er bat mich, ihn und seine Tochter Rita über Weihnachten und Neujahr - fast vier Wochen lang - nach Südafrika zu begleiten.

Wir reisten, in einem für uns so fremden Land von Missionsstation zu Missionsstation. Über 5000 Kilometer legten wir zurück. Wir bauten vorgefertigte Meinungen ab, indem wir neue Eindrücke und Einsichten gewannen.

Auf dieser Fahrt trafen wir sehr viele beeindruckende Menschen, so z. B. Bischof Groß auf einer Farm in Martinsima. Er lebte schon 45 Jahre in Südafrika und kannte dieses Land wie kaum ein Zweiter. Solchen Menschen zuzuhören, die keine Phrasen dreschen, sondern aus Erfahrungen sprechen, bereichert einen ungemein. Der Bischof fesselte uns nicht allein mit dem was er sagte, sondern auch wie er es tat, spannend, bildhaft und ganz nah am Schicksal anderer Menschen.

Was diesen älteren, gütigen Herrn besonders auszeichnete, waren seine nicht angelesenen, sondern selbst erfahrenen Kenntnisse über die Buschmänner. Er sprach als einer der ganz wenigen Weißen den Buschmanndialekt mit seinen Schnalzlauten. Es glich schon etwas einer Lagerfeuerromantik, als wir zusammensaßen und er spannend und facettenreich seine Erlebnisse mit den Buschmännern erzählte. Viele Jahre hatte es gedauert, bis sich diese scheuen Menschen trauten, mit einem Weißen in Kontakt zu treten.

In einem strengen Winter wurden auch auf der Missionsstation in der Kalahariwüste die Lebensmittel knapp. Eines Tages sah er um das Haus Spuren. Sie ließen auf Buschmänner schließen. Die Missionare legten abends Lebensmittel an den Rand der Gehöfte, die morgens nicht mehr da waren. Langsam gewann er das Vertrauen der Ureinwohner dieses Landes, aber es dauerte sehr viele Jahre, bis aus der Zeichensprache Konversation wurde.

Nur etwas über einen Meter groß sind diese Menschen. Einige ihrer Lebensformen empfinden wir als grausam, aber sie sind durch die Gesetze der Natur bestimmt. Für diese Wanderer durch die Wüste existiert ein Gebot, das alle anderen weit übertrifft. Als erstes müssen die Familie und der Clan und nicht die einzelne Person überleben.

Wenn ältere und kranke Stammesangehörige sich nicht mehr selbst ernähren können, dann bleiben sie zurück, um zu sterben. Sie tun es, gleichgültig, wie wichtig sie für den Stamm einmal waren. Sie unterwerfen sich Zwängen und Gesetzen, die keine andere Lösung zulassen.

Bischof Groß schilderte uns, wie die Buschmänner jagen. Er beschrieb ihre Instinkte, die wir als „zivilisierte Gesellschaft" nicht begreifen können und er wies auch auf die besonderen Fähigkeiten hin, Nahrung zu speichern. Diese letzten Zeugen eines kaum mehr in dieser

Form existenzfähigen Volkes schlüpfen in eine Strau-
ßenhaut, um so näher an das zu erlegende Wild heranzukommen. Sie versuchen, es mit Giftpfeilen zu erlegen, die auf das jeweilige Tier abgestimmt sind. Nicht
immer gelingt es sofort. Manchmal rennen sie bis zu
zwei Stunden dem angeschossenen Tier hinterher, bis
sie es erbeuten können. Sie erbringen Spitzenleistun-
gen, die uns abhanden gekommen sind.

Wenn die Buschmänner etwas zu essen finden, seien
es z. B. Wild oder ein Kürbis, dann stopfen sie alles in
sich hinein. Ihre Bäuche gleichen denen hochschwan-
gerer Frauen. Die so gespeicherten Vorräte müssen
manchmal für Tage reichen, in denen ihre Nahrungssu-
che erfolglos bleibt. Was ihre Instinkte anbelangt, sehen sie vergrabene Kürbisse in ausgetrockneten Flüssen, die kein Weißer finden würde. Auch die Schlange
unter einem Stein spüren sie, ohne sie zu sehen.

Mich erinnert das alles an meinen blinden Vater. Er
konnte Menschen mit Namen anreden, wenn sie einen
Raum betraten. Sie brauchten keinen einzigen Satz zu
sagen. Auf unserer Reise begegnete ich einer Schweizer Ärztin, Dr. Maria Kurt. Sie hat mich ebenfalls tief
berührt. Diese kleine und doch so große Frau zählte
schon 85 Jahre, als ich sie auf einer Missionsstation
traf. Wir saßen einen ganzen Vormittag bei strahlendem
Sonnenschein und angenehmen Außentemperaturen
zusammen.

Von Alfons Groß wussten wir, dass sie aus einer reichen Schweizer Familie stammt. Sie war eine der ersten weiblichen Ärztinnen in dem von Männern domi-
nierten Beruf. Eher zufällig kam sie nach Südafrika, nur
für kurze Zeit, wie sie dachte. Als sie dann das unbe-
schreibliche Elend in diesem Land sah, verlängerte sie
ihren Aufenthalt, anfangs nur um wenige Monate.

An diesem 3. Januar 1983 hielt sie sich schon 36 Jahre

in diesem Land auf. Wir saßen zusammen und sie erzählte mir, wie sie allein anfangs 100000 Menschen betreute. Von Alfons hörte ich, wie sie mithalf, ein Hospital zu bauen. Sie kämpfte gegen die Pest und operierte an Straßenrändern. Die Medikamente, die sie den Kranken reichte, stellte sie selbst her. Ihr Arbeitstag begann morgens um 6:00 Uhr und endete nicht selten gegen Mitternacht.

Sie zeigte mir Fotos, wie dieses Land früher aussah, als es den Busch noch gab, der jetzt abgeholzt ist. Die Schafe verzehrten noch die letzten Reste von Gras mit den Wurzeln, die nicht mehr nachwachsen.

Begegnungen mit solchen Menschen, die sich für andere aufopfern, beschämen einen.

Etwas anders gelagert ist die Geschichte eines jungen schwarzen Studenten, den ich zufällig auf einer Missionsstation traf. Die Missionare warnten uns vor ihm. Er sei ein Anhänger des „African National Congress" und ein Freund von Biko gewesen. Sie stuften ihn als renitent und aufmüpfig ein. Wir sollten ihn besser links liegen lassen und ihn nicht beachten. Auf mich machte der junge Student, der unbedingt mit uns reden wollte, einen guten Eindruck. Wie sich zeigte, war er tatsächlich eng mit Steve Biko befreundet gewesen. Der Name sagte mir sehr viel. Mir fiel es leicht, mich über alle Vorbehalte unserer Gastgeber hinwegzusetzen.

Gerade 30 Jahre alt, kam Steve Biko am 12. September 1977 in der Haft - angeblich in einem Handgemenge mit der Polizei ums Leben. Wenige Monate später, am 14. Dezember des gleichen Jahres, druckte die FAZ einen mehr als ganzseitigen Namensartikel von ihm ab: „Schwarzer, hilf dir selbst – schwarzes Bewusstsein und die Suche nach wahrer Humanität."

Dieser Artikel ist einem bereits 1973 erschienenen Buch „Schwarze Theologie in Afrika" entnommen und ich hielt ihn für so aussagekräftig, ihn bis heute aufzubewahren.

Der junge Student, den wir trafen, sprach von Mord an seinem Freund Biko. Er schilderte uns die Lage der Schwarzen in ihrem eigenen Land in den düstersten Farben.

Biko galt trotz seines jugendlichen Alters als der „Vater der schwarzen Bürgerrechtsbewegung", in der die herrschende weiße Schicht eine Gefahr sah. Warum die Vertreter der katholischen Kirche auf ihn nicht so gut zu sprechen waren, hatte einen einfachen und plausiblen Grund.

Biko, der die grundlegenden Wahrheiten der christlichen Botschaft nicht infrage stellte, forderte dazu auf, das Christentum neu zu untersuchen. Er warf den Missionaren vor, dass nicht alles, was sie taten, für die Verbreitung der Botschaft notwendig war. „Ihre Arroganz und ihr Monopol auf Wahrheit, Schönheit und moralisches Urteil ließen sie die ursprünglichen Bräuche und Traditionen verachten; und sie versuchten, diesen Gemeinschaften ihre eigenen, neuen Werte einzuflößen".

Biko forderte eine schwarze Theologie, die „Gott und Christus wieder mit dem Schwarzen und seinen täglichen Problemen in Verbindung bringen soll. Sie will Christus als einen kämpfenden Gott beschreiben, nicht als passiven Gott, der eine Lüge ungestraft auf sich beruhen lässt. Sie setzt sich mit existenziellen Problemen auseinander und behauptet nicht, eine Theologie absoluter Aussagen zu sein."

Diesen Artikel lohnt sich, auch heute noch zu lesen. Er zeigt, wie wichtig es ist, fremde Kulturen zu respektieren und sich nicht in einer arroganten Art darüber hinwegzusetzen.

Auf eine ganz andere Geschichte, die sich einen Tag

vor Heilig Abend ereignete, will ich hinweisen. Spätabends, als es schon stockdunkel war, kamen wir an einer Missionsstation an, die Pater Fischer leitete. Die Gebäude waren von einer hohen weißen Steinmauer umgeben, mit einem einzigen Einlass, einer massiven Holztür mit Bogen.

Es war stockdunkel, der Lichtkegel des Autos erfasste einige Gestalten, Schwarze, die in Decken gehüllt am Eingang hockten. Pater Fischer beruhigte uns. Er ahnte, was sie wollten.

Nachdem er das Dieselaggregat angeworfen hatte, das spärlich Licht erzeugte, entschuldigte er sich, um – wie er uns andeutete – ein offensichtliches Problem zu lösen.

Nach einigen Stunden kam er zurück, und er klärte uns auf, warum er als Schlichter gefordert wurde. Was wir als ein schweres Verbrechen verurteilen würden, schien an diesem Abend nicht außergewöhnlich zu sein. Es handelte sich um nicht mehr und nicht weniger als um die Entführung eines Mädchens. Nicht die gegenseitige Liebe oder Zuneigung schienen in diesem Fall Mann und Frau zusammenzuführen, sondern schlichter Zwang.

Pater Fischer empörte sich nicht darüber und er versuchte auch nicht, unserem Recht zum Durchbruch zu verhelfen. Seine Aufgabe bestand lediglich darin, einen für beide Seiten fairen Preis in Form von Kühen auszuhandeln. 17 Kühe konnte eine Familie durch ein attraktives Mädchen erzielen, die allerdings zurückgezahlt werden mussten, wenn die Verbindung zerbrach.

Ob solche Händel ein die Ehe stabilisierendes Element darstellen, möchte ich an dieser Stelle nicht hinterfragen. Wenn Menschen aus unserem Kulturkreis solche Geschichten hören, klingen sie unglaubwürdig, aber sie lassen sich durch Zeugenaussagen belegen.

Gedanken über Südafrika auf der Missionsstation Ntaba Maria am 6. Januar 1983.

„The wind of change", Klaus Meine, „die Scorpions", ein Titel, der auch Michail Gorbatschow begeisterte, kennt fast jeder Musikfreund. Der Satz allerdings ist über 30 Jahre älter. Er stammt aus einer Rede des englischen Premierministers Harold Macmillan vor dem Parlament in Südafrika, am 03. Februar 1960, in Kapstadt. Vollständig lautet er: „The wind of change is blowing through this continent" (Der Wind des Wandels weht durch diesen Kontinent).
Schon fast prophetisch leitete der englische Staatsmann den Wandel in diesem Kontinent aus der zunehmenden Stärke des afrikanischen Nationalbewusstseins ab. Anfang des Jahres 1983 verspürte ich in Südafrika aber noch keinen Orkan, der die überholten Strukturen hinwegfegen könnte, wohl aber erste Luftstöße. Meine Gedanken und Gefühle von damals gebe ich etwas gekürzt wieder.

„Südafrika, Ntaba Maria 06. 01. 1983"

Was für ein Land!
Kaum zu beschreiben, weil das Charakteristische fehlt.
Urwälder, Weinbaufelder, Obstplantagen im Süden entlang der Küste.
Einige Kilometer landeinwärts die Karoo, eine Steinwüste, ein Backofen, karg, von Hügelketten durchzogen, die ebenso trostlos ausschauen wie die Ebenen. Nur verkrüppelte Sträucher und einzelne Schafe können hier existieren.
Lediglich im Winter, nach dem Regen, erblüht die Karoo, um dann wenig später der alten Menschenfeind-

lichkeit zu verfallen.

Durch die Karoo im Sommer zu fahren, strapaziert.

Die entgegenkommenden Fahrzeuge auf kilometerlangen Geraden sind oft nur durch die Spiegelungen der Windschutzscheiben zu erkennen, die aus einem gleißenden, verschwommenen Flimmern aufblitzen.

Die Karoo ist schlimm und nur wenig besser ist die Transkai.

Die Schwarzen, die hier leben - vegetieren wäre nicht ganz der falsche Begriff - scheinen sich mit ihrer Lebenssituation arrangiert zu haben.

Sie pflanzen den Mais schon das zweite oder dritte Jahr, ohne wegen der Dürre aber ernten zu können.

Die Kraals sind sauber, aber ohne jede hygienische Einrichtung, von Komfort gar nicht zu reden.

Ihre Lebensform erscheint uns trostlos.

Sie ließe sich durch geringe Eigeninitiative verbessern, die aber auf ganzer Ebene fehlt. Ohne Bewusstseinsänderung ruiniert sich dieser Landstrich selbst zu Tode.

Gab es früher - so wie Alte sagen - noch den Busch und den Kai, der ständig Wasser führte, lässt sich heute kein Holz mehr finden.

Wegen dieser fehlenden Vegetation trocknen die Flüsse aus und der Boden verkarstet. Die letzten Grashalme fressen dann noch samt Wurzeln die Schafe, die in viel zu großer Zahl das Land überweiden.

Kommt einmal der Regen, dann reißt er tiefe Gräben in die Landschaft.

Das Wasser, das nicht in Dämmen aufgefangen wird, strömt sintflutartig ins Meer und führt noch die letzten Reste des Ackerbodens mit.

Unbegreiflich in einer solchen Umwelt die Freundlichkeit der Menschen, vor allem das Strahlen der Kinder.

Welche Zukunft erwartet sie?

Die Weißen besitzen das technische Know-how und

ihre Arbeitsethik ist protestantisch geprägt. Sie haben die Situation der Schwarzen verbessert, die dafür aber einen hohen Preis, einen vielleicht zu hohen Preis zahlen müssen.

Ich rede nur von der technologischen, nicht von der menschlichen Seite.

Der Pflug brachte Hilfe, aber auch Zerstörung.

An den Berghängen wurde nicht quer, sondern bergabwärts gepflügt, weil es leichter war, mit der Folge, dass das Regenwasser den Berg auswusch.

Meine Angst ist die, dass der lange Atem der Geschichte nicht ausreicht, um politisch eine friedliche Lösung zu finden.

Über 20 Mio. Schwarze lassen sich nicht von rund 5 Mio. Weißen auf Dauer als „Untermenschen" abstempeln.

Das erwachende schwarze Nationalbewusstsein wird den heutigen Herren früher oder später eine Rechnung aufmachen, deren Schuld über Jahrhunderte zu einem nicht abzutragenden Posten aufgelaufen ist.

Bei dieser Abrechnung werden auch die letzten Reste einer Heilslehre in Fetzen fliegen, mit denen die Dutch reformierte Kirche versucht hat, einer unmenschlichen Politik eine religiöse Rechtfertigung zu geben.

Niemand soll so arrogant sein, zu behaupten, bei uns gäbe es keine Klassen.

Unser Verhalten gegenüber den Gastarbeitern oder sonstigen farbigen Ausländern oder der elitäre Vereinsdünkel einzelner Clubs sind beredtes Zeugnis genug. Nur: In Südafrika wird durch die Apartheid staatlicherseits per Gesetz festgeschrieben, dass es Menschen unterschiedlicher Klassen und unterschiedlichen Wertes gibt. Apartheid heißt nicht nur: „For whites only".

Viel schlimmer ist es, wie unmenschlich und grausam Familien zerrissen werden. Arbeiter aus der Transkai,

197

die für Hungerlöhne in Transvaal oder in Natal schuften, dürfen ihre Familien nicht nachkommen lassen.

Apartheid heißt auch, dass Farbige nach 9:00 Uhr abends sich nicht mehr in weißen Siedlungen aufhalten dürfen. Sie erhalten im gleichen Lokal auf unterschiedlichem Teller ihr Essen.

Diese abscheulichen Demütigungen kann nur ein Volk ertragen, das dumm und unwissend gehalten wurde, nicht aber Menschen, die allmählich merken, was mit ihnen geschieht …

Die Weißen können sich aber nur halten, wenn endlich Gerechtigkeit und Miteinander die Oberhand über Arroganz und Unmenschlichkeit gewinnen.

Botha erscheint mir auf dem richtigen Weg.

Wird die Zeit aber ausreichen, um geschlagene Wunden heilen zu können?

Reicht die Zeit aus, um eine dauerhaft friedliche Koexistenz mit allen Farben abzusichern?"

Kenia. Ein Land mit vielen Gesichtern.

Was ist das für eine Geschichte, die Ernest Hemingway erzählt? Unterhalb des schneebedeckten Westgipfels des Kilimandscharo liegt, im Eis erstarrt, das Gerippe eines toten Leoparden. Was trieb ihn in diese für ihn so fremde und lebensfeindliche Welt, zum Gipfel, der „das Haus Gottes" genannt wird? Ist es – im übertragenen Sinne – die Unerreichbarkeit Gottes, die Hemingway anspricht, ohne eine Antwort zu geben?

Der Schriftsteller Harry verletzt sich während einer Safari am Bein. Eigentlich ein harmloser Schrammen. Nicht für ihn, denn er erkrankt lebensgefährlich an Wundbrand. Er liegt im Camp und wartet auf das Flugzeug, das ihn retten soll. In Afrika, in der Savanne, weit weg von fast jeder Zivilisation, lässt er sein Leben passieren und stellt fest, wie vergeudet es war.

Schreiben wollte er darüber, wenn er glaubte, diese Kunst zu beherrschen. Jetzt ist es zu spät. Geschichten über Leben und Tod, über Liebe und Enttäuschung. Welche Bühne wäre geeigneter, sie darzustellen, als die Weite der Savanne.

„Schnee am Kilimandscharo" bedeutet für Hemingway mehr als nur physikalische Eigenschaften. Die kleinen Eiskristalle, die sich durch Temperaturen, Druck und Wind zu Schnee verfestigt haben, sind auch das Symbol des Todes wie der Unsterblichkeit.

Afrika fasziniert mich nach wie vor und es könnten viele Gründe genannt werden, warum dieser Kontinent so viele Menschen in seinen Bann zieht.

Die 14 Tage, die nach dem 12. September 1985 folgten, als wir in Nairobi landeten, enttäuschten mich nicht. Wir erlebten unglaublich viel:

Eine Tierwelt, so friedlich und feindlich in einem. In den Wettrennen auf Leben und Tod siegt der Schnellste und Geschickteste. Der andere verliert alles. Manchmal wechseln die Rollen. So wie bei dem Leoparden, der einer Gazelle nachstellt. Aus dem Jäger wird der Gejagte, wenn ihn Menschen erlegen.

Nicht einmal zwei Monate war unsere Tochter Anne alt, als ich mit einem schlechten Gewissen Dr. Budell zusagte, ihn auf dieser Studienreise zu begleiten. Später in der Massai-Mara, überwältigt von der Pracht der Tierwelt, notierte ich auf ein Stück Papier den Satz:

„Hoffentlich kann unsere Tochter Anne dies alles noch erleben!"

Kenia, das war für mich anfangs die Geschichte der Mau-Mau. Zu Beginn der 50er Jahre versuchte dieser Geheimbund der Kikuyus die weißen Farmer zu vertreiben und den gewonnenen Boden unter sich neu aufzuteilen. Die schon 1948 einsetzenden Terrorakte führten wenige Jahre später - zwischen 1952 bis 1956 - zu einem offenen Aufstand gegen die britischen Truppen. Beide Seiten gingen mit einer unbeschreiblichen Brutalität gegeneinander vor. Kenia galt bis dahin als Kolonialparadies, bis es dann in wenigen Jahren im Chaos versank. Wer sich die nach den Wahlen am 27. Dezember 2007 ausgelösten Unruhen ansah, der fühlte sich an diese Zeit zurück erinnert.

Der Mau-Mau Aufstand fing damit an, dass ihre Mitglieder die Häuser der weißen Landbesitzer ansteckten. Es dauerte aber nicht mehr lange, bis die ersten Weißen ermordet und in eine Art Belagerungszustand gezwungen wurden. Die Kraft der Mau-Mau, die sich anfangs nur auf die eine Million Kikuyu im 6 Mio. Einwohner starken Kenia beschränkte, beruhte auf einem Schwur: „Wenn ich mich weigere, den Kopf eines Europäers zu bringen, wird mich dieser Eid töten."

In einer Art Hypnose wurde die Macht des Blutes beschworen. Die Bewegung wurde von einem Schulmeister angeführt. Auf einer Missionsschule hatte er Lesen und Schreiben gelernt. Später lebte er 13 Jahre in England und heiratete eine weiße Frau. Unter dem Pseudonym „Yomo Kenyatta" ist er in die Geschichte eingegangen.

Als späterer Präsident relativierte er einige seiner revolutionären Ideen, aber er hörte nie auf, den Mythos des „Goldenen Zeitalters" für Afrika zu beschwören. Den Engländern gelang es, den ersten Aufstand der Schwarzen in Afrika niederzuschlagen. Ihre Zeit war aber abgelaufen. Die Unabhängigkeit konnten sie nicht mehr verhindern.

Als Dr. Budell und ich Mitte der 80er Jahre nach Kenia flogen, stand für uns nicht die wechselvolle Geschichte im Vordergrund. Wir wollten das Land selbst, mit seinen Menschen und mit seiner einmaligen Pflanzen- und Tierwelt kennenlernen.

Hätte ich geahnt, einmal über unsere Keniareise ein Kapitel eines Buches zu schreiben, dann hätte ich mich in etwa so wie einer unserer Teilnehmer verhalten. Er führte ein Diktiergerät mit einem unerschöpflichen Reservoir an Bändern mit. Alles was er sah wurde kommentiert und auf Band festgehalten.

Manchmal nervte es. Sah der Rest der Gruppe gebannt zu, wie ein Gepard regungslos, fest auf den Boden gedrückt, im Gras lag, gut getarnt, dann beschrieb er die Szene. Schoss das Raubtier plötzlich pfeilschnell los, bis zu 100 Kilometer in der Stunde schnell, um eine Gazelle zu erlegen, die für ihn zu langsam war, dann tat er das Gleiche. Jeder konnte es in epischer Breite und detailgetreu mithören.

Einige der schriftlich verfassten Reportagen bräuchte ich heute, auf die meisten könnte ich allerdings verzichten.

Wildhüter, geschult, erfahren, ihre Augen trainiert, sehen mehr als Stadtmenschen, die vieles in der Natur schlicht und einfach nicht mehr erkennen. So abgestumpft waren aber meine Sinne noch nicht, um einen vor mir stehenden Elefanten zu übersehen. Unser Kommentator mit dem Diktiergerät besaß dieselben Fähigkeiten, was ihn aber nicht daran hinderte, das Gesehene mündlich für die Nachwelt festzuhalten.

Auffallend in der Savanne ist nicht nur die Tierwelt. Es sind auch die typischen Bäume, mit ihren langen kahlen Stämmen und ihrer gedrückte Krone. Sie ähneln „Fliegenden Untertassen"

Kenia damals, das war für uns zuerst die Massai-Mara, die Abende in den Lodges und die Wasserstellen, die von den Tieren aufgesucht wurden. Zu meinen einmaligen Erlebnissen zähle ich eine Tagesfahrt zu den

Massai. Mit einem Landrover fuhren wir stundenlang durch wegloses Gelände. Ein holländischer Entwicklungshelfer, der lange unter diesem Kriegerstamm lebte, begleitete uns. Was er uns erzählte und zeigte, ging weit über das hinaus, was Touristen erleben.

Der Mount Kenya ist mit 5200 Meter der höchste Berg Kenias. Die Ränder dieses erloschenen Vulkans haben Wetter und Wind in Millionen von Jahren abgetragen. In der Gegend um diesen Berg wird Tabak angebaut. Die Berghänge, die früher mit Wald bewachsen waren, wurden gerodet, um mit dem Holz die Ernte zu trocknen.

Wie in den Alpen rächt sich auch hier der Frevel an der Natur. Das Basislager, von dem aus der Gipfel bestiegen wird, sieht aus wie unsere Berghütten, verqualmt, an den Wänden hängen Andenken, Plaketten von Alpenvereinen - auch aus Deutschland - die der Nachwelt zeigen sollen, da gewesen zu sein.

Allein machte ich mich auf den Weg, um die nähere Umgebung der Hütte zu erkunden. Ich traf einen älteren, hageren Mann, einen Schwarzen, der mich ansprach und der mir erzählte, er sei früher Lehrer gewesen. Er sprach von seiner 9-köpfigen Familie und davon wie schwierig es sei, einen anderen Beruf als den eines Landwirtes zu finden.

Wer solche Zahlen hört, dem ist sofort klar, warum Kenia zu den am schnellsten wachsenden Ländern der Welt gehört. Von Anfang der 70er Jahre bis heute hat sich die Bevölkerung von 12 Millionen Einwohner nahezu verdoppelt. Diese Bevölkerungsexplosion wirkt sich auf viele Lebensbereiche aus, wie zum Beispiel auf die Landbeanspruchung und auch auf die Slumbildung in Nairobi.

Zum Nakuru-See.

Viele Gräben durchziehen Afrika – auch im übertragenen Sinn. Ein langer Riss in der Erdkruste, über 6000
Kilometer lang, einem Ypsilon ähnlich, erstreckt sich
vom Libanon bis nach Mosambik.

Auf einem Foto, von einem Satelliten aus aufgenommen, lässt sich das afrikanische Rift-Valley erkennen.
Es teilt Kenia vertikal, von oben nach unten, von Nord
nach Süd, fast in gleiche Hälften.

Vom Mount Kenya fahren wir durch die Stadt Nanyki
entlang der Tompson-Wasserfälle, hinunter an den
rechten Rand des Rift-Valley, zum Nakurusee.

Millionen Flamingos leben dort, wie Leslie Brown in
ihrem Buch „The Mystery of the Flamingoes" schreibt,
in einer Welt, die nur sie genießen können. Es ist ein
Naturschauspiel von überwältigender Schönheit, zu
sehen, wie bis zu 10000 rot leuchtende Vögel losren-
nen und unbeholfen mit ihren Schwimmfüßen auf die
Wasserfläche klatschen, um dann doch noch unter
ohrenbetäubendem Lärm wie ein Flugzeug abzuheben.
Sie steigen gegen Himmel, die Köpfe und Hälse nach
vorne und die Beine nach hinten gestreckt.

Der Nakuru Nationalpark, mit dem See als Herzstück,
gilt als die größte Vogelschau der Welt. Fünf Millionen
Flamingos soll es auf der Welt geben. Davon leben
allein drei Millionen an dem Sodasee des Rift-Valley.
Für die meisten Lebewesen ist dieses Wasser tödlich.
Die Flamingos können nur wegen ihren Schnäbeln dort
existieren und sich von den blaugrünen Algen und
Krebstieren ernähren. Mit einer Art Sieb, einem Netz-
werk aus feinen Borsten trennen sie die Nahrung von
den Giften. Wenn sie das Wasser ansaugen, dann gleichen ihre Schnäbel Baggerschaufeln, die auf dem Boden stehen.

Massai-Mara

In Kenia heißt dieser Teil der Savanne Massai-Mara, in Tansania nach Süden hin Serengeti. Den Film „Die Serengeti darf nicht sterben", haben Bernhard und Michael Grzimek gedreht. Sie machten, wie kaum jemand sonst, einem breiten Publikum bewusst, wie wertvoll die letzten Wildreservoire sind. Wer diese Schätze zerstört, wird sie nie wieder schaffen können.

Vom Balkon einer Lodge aus abends zu beobachten, wie wilde Tiere an die Wasserstelle kommen, ist ebenso atemberaubend wie eine Fahrt am frühen Morgen durch die Savanne. Es ist fast noch dunkel, als wir mit den VW-Bussen aufbrechen, bei denen das Dach des Fahrzeuges sich hochklappen lässt. Nur so ist es möglich, aufrecht in diesem Fahrzeug zu stehen. Das aufgeklappte Dach schützt gegen die Sonne und ermöglicht einen freien Blick auf die Tierwelt.

Die Savanne scheint in diesen frühen Morgenstunden leer und tot. Nichts außer den Geräuschen des Fahrzeuges ist zu hören. Ich friere trotz der Anspannung, was uns alles noch erwartet.

Langsam wird es heller. Plötzlich beginnt die Savanne zu erwachen. Mit einem unvorstellbaren Krach aus tausend unterschiedlichen Kehlen bricht wie auf Befehl der Tumult los.

Wie von Zauberhand taucht aus dem Nichts vor uns eine Tierwelt auf, in der keine Kreatur zu fehlen schien. Wir beobachten ein Rudel von Löwen, und wir stehen plötzlich mitten in einer Elefantenherde. Der Bulle baut sich drohend vor uns auf, so, als wolle er uns den Weg versperren. Seine großen Ohren stehen seitlich weg und lassen ihn größer erscheinen, als er schon ist. Mit seinem Rüssel stößt er Furcht erregende Laute aus und wirft Staub nach hinten.

Ich ziehe es vor im Auto in Deckung zu gehen, und mich hinzusetzen. Aber zum Glück geschieht nichts. Denjenigen, den das alles nicht zu berühren schien, war Dr. Budell. Er stieß mich an und zeigte begeistert auf einen winzig kleinen Vogel, einen seltenen Kolibri, den er beobachtete, als uns ein riesiger Elefantenbulle bedrohte.

Ein ähnlich mulmiges Gefühl beschlich mich schon einige Tage vorher im Barringo-See. Wir waren mit einem kleinen Boot, angetrieben von einem Außenbordmotor, unterwegs, als dieser seinen Geist aufgab. Am Uferrand lagen einige Krokodile regungslos in der sengend heißen Sonne.

Plötzlich erhob sich eine dieser riesigen Echsen und glitt, gar nicht so weit von uns weg, ins Wasser.

Wie Sie unschwer feststellen können, überlebten wir auch diese „lebensbedrohliche" Situation.

Taiwan. Eine besondere Art, Rotwein zu trinken.

Über 3000 Jahre liegt es schon zurück, da hatten die Israeliten Krach mit den Philistern und es sah nicht gut für sie aus. Goliath, ein Riese von Gestalt, schien sie in Grund und Boden zu schlagen. Gottes Wege waren auch in diesem Falle schwer zu ergründen, denn er schickte ihnen einen schmächtigen Hirtenjungen zu Hilfe.

Schon damals zeigte es sich aber wie brutale Gewalt scheitert, wenn ihr mit Klugheit und Witz entgegengetreten wird.

Eine simple Steinschleuder, richtig angewandt, rettete Israel und machte David in kürzester Zeit vom armen Hirtenjungen zum König.

Mir geht es vermutlich wie den meisten Menschen, die

sich in einem ungleichen Kampf auf die Seite des vermeintlich Schwächeren schlagen. So jedenfalls tat ich es in einem anderen Kampf David gegen Goliath.

Es ist der Konflikt zwischen Taiwan und China, wo meine Sympathien nach wie vor der unterlegenen Seite gelten. Das frühere Formosa wurde 1971 aus der Weltgemeinschaft ausgeschlossen. Die Art und Weise wie das geschah, hatte eine Menge mit geopolitischer Macht und Interessenpolitik zu tun und nur wenig mit der Verlässlichkeit von Freunden. Bismarcks Satz: „Ein Land kennt keine Freunde, sondern nur Interessen", wurde wieder einmal bestätigt, als es um die Interessen der USA und anderer Staaten ging.

Die Politik der Republik China war seit dieser Zeit bemüht, die erzwungene Isolation wenigstens etwas zu lockern. Deshalb lag dem Repräsentanten der taiwanesischen Vertretung in Bonn sehr viel daran, dass taiwanesische Politiker mit Politikern anderer wichtiger Staaten zusammenkommen konnten.

Ende der 90iger Jahre kam der Fraktionsvorsitzende und Parteivorsitzende der reichsten Partei der Welt, der Kuomintang, Rao, zu Besuch nach Bonn. In sitzungsfreier Zeit Gespräche mit deutschen Abgeordneten zu organisieren, ist äußerst schwierig.

Der taiwanesische Repräsentant bat uns - die 94er-Gruppe, einen Freundeskreis -, ihm den Gefallen zu tun, in der sitzungsfreien Zeit nach Bonn zu kommen.

Wir waren stark vertreten, und es wurde ein sehr angenehmer Nachmittag, bei dem reichlich viel Wein floss.

Rao lud uns in sein Land ein, und eine kleine Delegation von uns flog einige Wochen später auf Kosten der taiwanesischen Regierung nach Südostasien.

Wir kamen erneut mit Rao, einem der mächtigsten Politiker Taiwans, zusammen. Eine eigens für uns gecharterte Maschine flog uns von Taipeh nach Hualien, ein

Abstecher, der uns enorm viele Kopfschmerzen bereitete. Wir trafen uns in einem 5-Sterne-Golfhotel, ohne allerdings Golf zu spielen.

Wie bei Empfängen üblich, gab es Reden und Gegenreden. Es wurden Toasts auf die einzelnen Länder, die Freundschaft, auf den Weltfrieden und was sonst noch wichtig war, ausgesprochen.

Dann allerdings erlebten wir eine besondere Variante des Trinkens. Sie lässt sich so beschreiben, dass einer gegen den anderen die Freundschaft zwischen den Völkern besonders vertieft. Es trinken nicht alle, sondern nur zwei. Derjenige, der den Toast ausspricht, steht auf, nickt seinem gewünschten Partner zu oder gibt ihm sonst diskret ein Zeichen. Beide stehen aufrecht, anfangs jeder noch ein leeres Rotweinglas in der Hand. Die Gläser werden randvoll gefüllt, mit einem Wein, den es sich empfiehlt, vom Preis und von der Qualität her, bewusst zu genießen.

Mit der linken Hand wird das Weinglas am Stiel, in etwa Brusthöhe, hochgehalten. Die Finger der rechten Hand streifen vom Körper weg, fast waagerecht, vorsichtig an dem vollgefüllten Weinglas vorbei. Dann kommt es darauf an, das Glas beidhändig, möglich schnell, in einem Zug zu leeren.

Derjenige, der es zuerst geschafft hat, stößt einen urigen Schrei aus und zeigt das geöffnete Glas dem restlichen Teilnehmerkreis, der dann Beifall klatscht.

Ein junger Abgeordneter glaubte, mit jedem von uns die deutsch-taiwanesischen Beziehungen vertiefen zu müssen. Lange bevor der offizielle Teil zu Ende ging, schleiften ihn zwei Freunde – der eine links, der andere rechts, er in der Mitte – regelrecht aus dem Restaurant. Gehen konnte er nicht mehr.

Es war das gleiche Bild, wie es in Kriegsberichterstattungen sehr oft zu sehen ist: Zwei Kameraden schaffen einen Schwerverwundeten aus der Gefahrenzone. Der linke Arm hängt über der Schulter des einen und der rechte Arm über der Schulter des anderen. Der Kopf ist auf die Brust gefallen und die beiden Füße schleifen regungslos über den Boden. Wilhelm Josef Sebastian hat sich an diesem Abend wie kein Zweiter um bilaterale Freundschaften verdient gemacht.

Am nächsten Tag besuchten wir Tempelanlagen in einem Nationalpark. Er zog es vor, sie allein, vom hinteren Sitz unseres Autos aus, zu betrachten.

Zurück fliegen wir über Hongkong. Allein der Landeanflug auf den ehemaligen Flughafen in der Innenstadt wäre den Abstecher wert gewesen. Bald sind wir wieder zurück in unserem Kulturkreis. Andere Länder, andere Sitten. So fremd, wie uns der eine oder andere Brauch in einem andern Land vorkommt, geht es umgekehrt denen, die mit unseren Sitten und Bräuchen konfrontiert werden. Die Freundschaft zu Taiwan hat mir nicht nur menschlich viel gegeben.

Amerika. „Go Endeavour" – erster bemannter Flug zur Internationalen Raumstation.

„Go Endeavour." So stand es Anfang Dezember 1998 auf einem Transparent am Fuße der Abschussrampe in Kap Canaveral. Von dort aus soll in wenigen Stunden mit dem Spaceshuttle der erste bemannte Flug zur Internationalen Raumstation erfolgen. „Endeavour" so hieß das Schiff von James Cook.

Manchmal spielen Zufälle eine Rolle, Außergewöhnliches erleben zu dürfen. Für uns als CDU/CSU lag die verlorene Bundestagswahl erst wenige Monate zurück. Wir waren noch dabei Tritt zu fassen, denn es brauchte einfach seine Zeit, sich in die neue Oppositionsrolle einzuleben. Bundeskanzler Schröder erging es ähnlich. Er versuchte mehr schlecht als recht, unser Land zu regieren.

Christian Lenzer war unser Sprecher im Technologie- und Bildungsausschuss, dem ich als stellvertretendes Mitglied angehörte. Er sprach mich an, ob ich Lust hätte, in einer Sitzungswoche für unsere Fraktion nach Florida zu fliegen. Es wäre ein Dankeschön für meine heroischen Taten in der letzten Legislaturperiode, als wir noch die Regierung stellten. Damals half ich mit, Mehrheiten sicherzustellen. Um ehrlich zu sein, bestand meine Aufgabe lediglich darin, die Verteidigungsausschusssitzung zu verlassen und im Sitzungssaal daneben im richtigen Augenblick die Hand zu heben. Um was es im Einzelnen ging, wusste ich so gut wie nie.

Die Einladung ging von der ESA aus, die auch die Kosten übernahm. Den Start einer Raumfähre hautnah miterleben zu dürfen, gehört sicherlich zu den Privilegien, die nur ganz wenigen Menschen zuteilwerden. Von der Weltraumfahrt begeistert, sagte ich gerne zu. Die Landung der Amerikaner auf dem Mond erlebte ich live im Fernsehen auf der Offiziersschule in München mit.

Weltraumfahrt, das bedeutet nicht nur, in unbekannte Welten vorzustoßen, sich an der Technologie zu begeistern und neue Abenteuer zu bestehen. Leider sind mit ihr auch technisches Versagen und menschliche Tragödien verbunden. Der 28. Januar 1986 gehört dazu. An diesem Wintertag stieg in Florida das Thermometer nicht höher als auf zwei Grad Celsius, extrem niedrig, zu niedrig, um einen Start zu wagen, wie einige Ingenieure glaubten. Viermal schon war er verschoben worden, und einige Experten rieten erneut es zu tun.

Dieser Flug war deshalb etwas Besonderes, weil eine attraktive Lehrerin, Christa McAuliffe, sich als erste Zivilistin mit an Bord befand. Aus über 10000 Bewerberinnen wurde sie ausgewählt, um Kinder in aller Welt zwei Stunden lang aus dem All zu unterrichten. Vermutlich wollte die NASA auch demonstrieren, wie sicher diese Flüge sind.

Gummiringe am rechten Booster, wie die zwei Zusatzraketen genannt werden, waren undicht, wie sich später herausstellte. Aus dem Leck entwich brennendes Gas, das ein Loch in den Außentank brannte. Die Rechner stellten kurz nach dem Start den Leistungsabfall im rechten Booster fest, nicht aber die Besatzung. 72 Sekunden nach dem Abheben zerbirst in einem Feuerball über dem Atlantik die Challanger bei ihrem zehnten und letzten Flug. Dies war der bis dahin schwärzeste Tag in der amerikanischen Weltraumgeschichte. Es sollte nicht die letzte Tragödie bleiben.

Was ich bis zu meinem Besuch in Kap Canaveral nicht wusste, war, dass diese sieben Astronauten nicht sofort durch die Explosion getötet wurden. Wie mir ein Augenzeuge dieses Desasters erklärte, seien sie erst einige Minuten später umgekommen. Bis zum Aufschlag auf die Oberfläche des Atlantik hatten sie den sicheren Tod vor Augen. Sie hätten sogar noch versucht, das Rettungssystem zu aktivieren. Worte fehlen, um solch menschliches Leid auszudrücken. All dies und vieles mehr geht einem durch den Kopf, wenn man miterlebt, wie eine Raumfähre abhebt.

Am Vortage des Starts (02.12.) brachen wir um 8:00 Uhr zum Kennedy Space Center auf. Wir besuchten so ziemlich alles, was es auf diesem Gelände zu sehen gab. Beeindruckend sind das Kontrollzentrum, das die Mondmission leitete und eine 111 Meter lange Saturn V Rakete, die in einer Halle lag. Eine solche Rakete brachte die drei Astronauten Armstrong, Collins und Aldrin am 16. Juli 1969 zum Mond.

Wir stehen ein paar Stunden vor dem Start nur wenige

Meter vom Shuttle entfernt. Der Präsident der ESA erklärt uns, dies noch nie erlebt zu haben. Zurück zum Hotel fahren wir am späten Nachmittag nach Titusville, in die „Astronaut Hall of Fame", zum Empfang der Firma Boeing. Auf den Namensschildern, die wir trugen, stand groß der Vorname und klein der Familienname.

Mit „Hallo Helmut" sprach mich ein älterer, mir völlig fremden Mann, an. Als ich später hörte, es sei der Präsident von Boeing persönlich gewesen, war ich schon etwas überrascht.

Als nächstes lud uns die ESA in den Jachtclub in Indian Harbour Beach ein. Ich saß neben einem russischen Astronauten, der perfekt Englisch sprach.

Zur Ruhe kamen wir kaum, denn kurz nach Mitternacht brachten uns die Busse erneut zum Weltraumbahnhof.

In einer riesigen Halle, einem überdimensionierten Hörsaal einer Universität ähnlich, mit steil nach oben führenden Sitzreihen, erfuhren wir von dem Astronauten Carl E. Walz die letzten Einzelheiten Stunden vor dem Start. Carl E. Walz, 10 Jahre jünger als ich, gelernter Physiker, war bis zu diesem Dezembertag 1998 schon zweimal im All gewesen. Zwei weitere Flüge standen ihm noch bevor. Was ich an seinen Ausführungen vermisste, war die menschliche Seite, die Frage nach einer möglichen Angst in den letzten Minuten vor dem Start. Ich sprach den uns begleitenden Direktor der ESA, Herrn Feustel-Büchel an, aber er konnte mir aus verständlichem Grund keine plausible Antwort geben. Er nahm mich am Arm und stellte mich Walz vor. Als erstes erklärte er mir voller Stolz, er würde - so wie 15 Prozent aller Amerikaner - von deutschen Vorfahren abstammen. Ich stellte ihm meine Frage. Er gab mir eine, wie ich meine, ehrliche Antwort: „Angst würde ich es nicht nennen, dafür bist du zu sehr angespannt und abgelenkt. Aber, wenn der Countdown läuft, die letzten

Sekunden bis zum Start, dann fängst du an zu beten."
Am Rande der Bundesversammlung 2004 zur Wahl des Bundespräsidenten Horst Köhler stellte ich unserem Astronauten Thomas Reiter die gleiche Frage. Er war kurz nach Weihnachten 2006 von seiner zweiten Weltraummission zurückgekommen. Als Delegierter wurde er von meinem langjährigen Kollegen Thomas Kossendey, dem heutigen Staatssekretär im Verteidigungsministerium, betreut. So weit zu gehen, dass er bete oder nicht, wollte Thomas Reiter seine Gefühle nicht offen legen. Ich habe ihn auch nicht intensiver danach gefragt.

Es war morgens um die 3:00 Uhr an diesem 3. Dezember, als wir zur Besuchertribüne am Banana-Creek, zur Rampe 39 B fuhren, die früher den Mondflügen diente. Von dort flog die Besatzung der Challenger in den Tod. Die Saturn V Rakete zur ersten Mondlandung ist von 39 A gestartet. Die Endeavour sollte um 3:59 Uhr – so stand es in unserem Programmablauf - abheben, mit einem Startfenster von gerade 10 Minuten.

Auf der Besuchertribüne sitze ich wenige Meter von der amerikanischen Außenministerin Madeleine Albright entfernt. Vor uns am Rande steht ein länglicher Kasten, die Uhr, die uns den Countdown anzeigt. Dieses Herunterzählen beginnt schon Tage zuvor und die Uhr wird gestoppt, wenn es zu irgendwelchen Verzögerungen kommt. Erst die letzten 10 Sekunden werden laut heruntergezählt. Wir schauen gespannt auf die Anzeige. Plötzlich kommt auf der Tribüne das Gerücht auf, dass der Flug wegen Wolken, die hoch über Kap Canaveral hingen, verschoben werden muss.

Die Uhr läuft weiter. Die amerikanische Nationalhymne wird gespielt und die Lichter auf der Tribüne erlöschen.

Es ist nur noch ein Krächzen zu hören, die Stimmen von der Besatzung, die Kontrollbefehle aufruft und beantwortet. Die Spannung ist schier unerträglich. Mit meinem Fernglas ist die Endeavour, die hell angestrahlt ist, trotz der Entfernung von einigen Kilometern, sehr gut zu sehen. Dann, etwa 20 Minuten vor dem geplanten Abheben, wird der Startvorgang abgebrochen und der Start verschoben. Dies kann manchmal für mehrere Tage bedeuten. Ich war tief enttäuscht, weil ich glaubte, wegen des fest geplanten Rückfluges den eigentlichen Start nicht mehr miterleben zu können.

Einen Tag später klappte es aber, und wir waren dabei. Als beim Countdown das Go erfolgte, gab es einen riesigen Feuerblitz und in Bruchteilen von Sekunden war eine warme Luftdruckwelle zu spüren. Der untere Teil des Shuttles hüllte sich in weiße Wolken und es schien, als bewege sich die Weltraumfähre nicht. Dann allerdings hob die Endeavour ab: ganz langsam, angetrieben zusätzlich noch durch die zwei Raketen, die sogenannten Booster, die an dem braunen Außentank, einem Silo ähnlich, angebracht sind. Die Endeavour, die sich so langsam von der Rampe löste, nahm Fahrt auf, einen 200 Meter langen Feuerschweif hinter sich herziehend. Plötzlich, nach etwas über einer Minute, war nur noch ein weißer Punkt zu sehen und ein Aufschrei der Erleichterung hallte über die Tribüne. Jetzt, zu diesem Zeitpunkt nach dem Start, konnte die siebenköpfige Besatzung gerettet werden. Früher, so hatten wir halb vertraulich gehört, hätte die Besatzung, trotz der eingebauten Sicherungssysteme, bei einem technischen Versagen de facto keine Überlebenschance. Nach zwei Minuten hat der Shuttle schon eine Höhe von 50 Kilometern erreicht. Die zwei Booster werden abgeworfen, die an einem Fallschirm, 260 Kilometer vom Kennedyweltraumbahnhof entfernt in den Atlantik sinken, von wo sie geborgen werden.

Die Raumfähre rast zu diesem Zeitpunkt mit einer Geschwindigkeit von 4800 Kilometern pro Stunde nach oben und nimmt weiter Fahrt auf. In einer Höhe von 120 Kilometern trennt sie sich vom Außentank, der wenig später in der Atmosphäre verglüht. Das dann aktivierte Manövriersystem des Shuttles bringt die Raumfähre in die ellipsenähnliche Umlaufbahn 185 bis 402 Kilometern von unserer Erde entfernt. In dieser Höhe dreht sie mit einer Reisegeschwindigkeit von schlappen 28000 Kilometern pro Stunde ihre Runden.

Kurz nach dem Start an diesem frühen 4. Dezember fahren wir zurück nach Cocoa-Beach, um mit unserer kleinen Gruppe ein bescheidenes Frühstück zu uns zu nehmen. Der Start war ein gewaltiges Erlebnis und ich bin mir dessen auch bewusst.

Im Rahmen der NATO-Tagung im November 2003 besuchten wir erneut das Kennedy-Space-Center, und ich sah viele der Sehenswürdigkeiten von vor fünf Jahren wieder. Die Gespräche mit der Astronautin Kay Hire und zwei männlichen Kollegen waren eingeplant. Bei diesem Besuch fiel mir zum ersten Mal die etwa 10 Meter breite und sieben Meter hohe schwarz-bläuliche Granitplatte auf, die in Quadrate aufgeteilt ist. Sie enthalten die Namen der Menschen, die – wie es in unserem Sprachgebrauch heißt – in Ausübung ihres Berufes ums Leben kamen. Fast in der Mitte waren in einem Quadrat vier und daneben, in einem anderen Quadrat, drei Namen in weiß eingraviert. Links oben stand der des Kommandanten Rick D. Husband und auf der Platte daneben die drei Namen: Calpana Chawla, darunter Laurel B. Clark und ganz unten Ilan Ramon.

Am 16. Januar war die Columbia gestartet, und nach 16 Tagen im All sollte sie am 1. Febr. 2003 landen. Columbia ist benannt nach dem ersten amerikanischen Schiff, das die Welt umrundete, mit Otterfellen für China. Diese Weltraummission war die 88. nach der ge-

schilderten Tragödie vom 28. Jan. 1986. Der Kommandant gedenkt seiner umgekommenen Freunde: „Sie opferten alles, sie gaben ihr Leben für ihr Land und die gesamte Menschheit." Symbolik spielte bei der Challenger-Mission eine Rolle und auch beim letzten Flug der Columbia. Dort war es die Lehrerin Christa McAuliffe und hier der erste israelische Astronaut Ilan Ramon. Er war ein hoch dekorierter F 16 Pilot, dessen Mutter und Großmutter das Martyrium Auschwitz überlebten, nicht aber sein Großvater und viele seiner Verwandten. So schrecklich mit dem Holocoust verbunden, nimmt er aus dem Museum in Yad Va Shem die Kopie einer Zeichnung mit. Es ist „die Mondlandschaft" von Petr Ginz. Sie soll ihn, aber auch die Welt, an das unfassbare Leiden seines Volkes erinnern. Petr Ginz war 14 Jahre alt, als er 1942 im Ghetto Theresienstadt die Erde, die er als so feindlich empfand, aus einer sicheren Perspektive beobachten wollte – vom Mond. Am 28. September 1944 werden er und sein Vetter Pavel abgeholt. Seine Schwester beschreibt diesen Abschied mit bewegenden Worten in ihrem Tagebuch: „Rings um die Kaserne drängt sich ein Haufen Frauen, Kinder und Greise, um noch einmal den Sohn, Mann, Vater oder Bruder zu sehen." Für Petr und Pavel gibt es kein Wiedersehen. Sie werden in Auschwitz ermordet. „Ich glaube, meine Reise", so Ilan Ramon, „wird 58 Jahre später den Traum von Petr Ginz erfüllen. Es ist der großartige Traum eines Jungen, dessen Geist auch durch die höchsten Gettomauern nicht zu bezwingen ist." Als Ilan Ramon über Jerusalem fliegt, beschreibt er sein Land als „so klein und so schön". Ganz Israel verfolgt diesen Flug mit und sogar der Vertreter der Palästinenser wünscht ihm eine sichere Heimkehr.
Calpana Chawla wollte schon als junges Mädchen Weltraumingenieurin werden. Ihr Traum ging in Erfül-

lung, als sie 1997 zum ersten Mal unseren Globus vom Weltall aus sah. Der kleine, achtjährige Sohn von Laurel Clark, vermisste seine Mutter. Er will nicht, dass sie mitfliegt. Ein Zettel mit den Bildern und Fingerabdrücken von ihm und allen andern Zweitklässlern begleitet sie auf ihrem ersten und letzten Flug.

Hannelore Becker schenkte mir zu meinem Geburtstag (2007) einen Bildband: „Sogar die Sterne leuchten heller". „Der letzte Brief der Astronautin Laurel Clark." Elisabeth Meuser beschrieb sie im Vorwort als „eine bezaubernde junge Frau, mit einer makellosen wissenschaftlichen Karriere, ein Mensch von ansteckender Lebensfreude, verwegen und voller Optimismus. Das Glück war scheinbar mit ihr; alles, was sie anpackte, gelang ihr – privat wie im Beruf." Als gläubige Christin sah sie die Gefahr, auf die sie sich einließ, und sie wähnte sich in Gottes Hand. Einen Tag bevor die Columbia verglühte und das Leben der Dr. Laurel Clark - nur 41 Jahre alt - auslöschte, schickte sie eine ergreifende E-Mail an ihre Familie und Freunde. Sie schreibt von unserem wundervollen Planet Erde, von dem Ehrfurcht gebietenden Blick, von ihrer grandiosen Mission. Sie schwärmt, von dem was sie sieht: Die Blitze über dem Pazifik, das Polarlicht, das Leuchten der Städte usw. Sie sieht aber auch „die von Menschen in die Landschaft gelegten Narben", was ihrer Begeisterung aber keinen Abbruch tat. „Sogar die Sterne leuchten heller." Laurel Clark fühlte sich – wie sie schreibt – gesegnet, ihr Land vertreten und der Forschung und Wissenschaft in aller Welt dienen zu dürfen. Bevor sie mit „Love to all, Laurel" schließt, ist ihr letzter Satz: „Ich hoffe, dass Ihr die positive Energie spüren könnt, die zu dem von uns geteilten Planeten gelangt, während wir über ihn hinweg gleiten."

Am 1. Februar 2003, um 8:15 Uhr Ostküstenzeit, beginnt die Columbia, noch 283 Kilometer hoch über dem Indischen Ozean und noch 27800 Kilometer pro Stunde schnell, den Landeanflug. Die Raketen werden gezündet, um das Tempo zu verlangsamen. Um 9:00 Uhr ist die Columbia noch 23 Kilometer hoch und 20000 Kilometer pro Stunde schnell. Eine Viertelstunde später zerstört die extreme Hitze die Raumfähre, die sich aus 2,5 Mio. Einzelteilen zusammensetzt, die alle – mehr oder weniger – eine Katastrophe auslösen können. Anders ausgedrückt: Bei einer Zuverlässigkeitsrate von 99,9 Prozent verbleiben immer noch 2500 Einzelteile, die versagen können.

An diesem 1. Februar 2003 wäre der damals kleine Petr Ginz 75 Jahre alt geworden.

Die Weltraumfahrt begegnet uns tagtäglich, meist unbewusst, in vielerlei Formen, bei der Nachrichtenübertragung, bei der Navigation, bei Live-Schaltungen im Fernsehen – gleich von welchem Punkt der Erde - bei der Wettervorhersage, bei der Landkartenerstellung und bei vielen Punkten mehr. Technologische Entwicklungen zeigen viele Facetten, auch den menschlichen Drang, in unerforschte und risikoreiche Sphären vorzustoßen.

Tholey liegt genau neben Marpingen.

Deutsche in entlegenen Teilen der Welt - so wie in Brasilien geschehen - zu treffen, könnte als einmalige Zufälle abgetan werden. Auch wenn diese Geschichte weit hergeholt erscheint, unrealistisch, eine Fiktion, einer ausschweifenden Fantasie entsprungen, so ist sie aber dennoch nicht minder wahr. Sie verknüpft das Zufällige mit dem Tragischen. Eine kleine Delegation des Verteidigungsausschusses - gerade einmal fünf Personen - flog unter Vorsitz von Dr. Klaus Rose nach Washington. Hauptsächlich ging es um ein Gespräch mit dem amerikanischen Verteidigungsminister William Cohen im Pentagon. Ein normaler Flug und die üblichen Abläufe. Im Büro des amerikanischen Verteidigungsministers wurden wir gebeten, noch etwas Platz zu nehmen. Ein Viersternegeneral trat ein. Er stellte sich als Oberkommandierender der amerikanischen Luftstreitkräfte vor. Ohne Umschweife fragte er: „Ist jemand aus dieser Delegation aus dem Saarland?" Ich fühlte mich nicht nur angesprochen, sondern auch geehrt. Mir war klar, dass er vermutlich von unserem Land erst kurz vor unserer Ankunft etwas gehört hatte. Bei solchen Gesprächen ist es üblich, die Biografien der Teilnehmer auszutauschen. Das Saarland als Aufhänger zu nehmen, um mit uns ins Gespräch zu kommen, wäre durchaus denkbar gewesen, aber es überraschte mich schon etwas.

Unseren amerikanischen Freunden trete ich sicherlich nicht zu nahe, wenn ich sage, dass viele von ihnen nur wenig vom Ausland wissen. Einige Kongressabgeordnete sind sogar stolz darauf, keinen Pass zu besitzen. Damit wollen sie demonstrieren, dass Amerika für sie als Welt ausreicht. Bekannt ist das Poster von Saul Steinberg in der Zeitschrift „The New Yorker". Es zeigt am unteren Rand – ganz groß – die Häuserschluchten des „Big Apple", wie New York auch genannt wird. Etwas oberhalb, nicht mehr so breit, erscheint der Hudsonstrom und dann darüber, immer kleiner werdend, das restliche Amerika und der Pazifische Ozean. Ganz oben, kaum noch lesbar, stehen ellipsenförmig umrahmt, jeweils die Ländernamen Russland, China und Japan. Von Europa oder gar von Deutschland keine Spur.

Über diese Sicht der Dinge will ich gar nicht arrogant urteilen, denn auch bei uns gibt es viele Mitbürgerinnen und Mitbürger, die in ihrer Heimat den Mittelpunkt der Welt sehen und die sich wenig um das kümmern, was um sie herum geschieht.

Ein Viersternegeneral, der im Pentagon vom Saarland spricht, ist schon etwas ungewöhnlich, denn mit Peter Zumkley gehörte immerhin ein ehemaliger Hamburger Innensenator unserer Delegation an. Was soll's, die Achse Pentagon – Saarland schien unserem amerikanischen Freund wichtiger zu sein. Nachdem ich mich als Saarländer zu erkennen gab, fragte er mich, woher ich denn genau komme und ich antwortete ihm, schon leicht irritiert: „aus der Nähe von Saarbrücken". Mir war klar, dass er auch von dieser Stadt wahrscheinlich noch nie etwas gehört hatte. Ihm schien allerdings meine Antwort nicht ausreichend zu sein, denn er hakte nach: „Kommen Sie direkt aus Saarbrücken?" Um weitere Fragen auszuschließen, konkretisierte ich meine Antwort, traute mich aber nicht Bergweiler zu nennen, denn dann hätten mich meine Kollegen vermutlich ausgelacht. „Tholey", antwortete ich ihm, was er als ausreichend spezifiziert betrachtete und er begründete auch gleich warum. „Tholey liegt genau neben Marpingen" gab er mir zu verstehen. Mir verschlug es schier die Sprache. Wie ist es möglich, dass ein amerikanischer Viersternegeneral im Pentagon nicht nur das Saarland, sondern auch die kleinen, allerdings sehr bedeutenden Gemeinden Marpingen und Tholey kennt? Das Rätsel löste sich ganz einfach auf. Als Oberbefehlshaber der europäischen Luftstreitkräfte war er in Ramstein stationiert, und als begeisterter Segelflieger kannte er das Segelflugleistungszentrum in Marpingen.

Mit dem dreifachen Segelflugweltmeister Helmut Reichmann sei er ebenso befreundet wie mit dessen Frau, sagte er mir. Damit hatten wir einen gemeinsamen Bekannten.

Helmut Reichmann lernte ich auf einer Veranstaltung in Marpingen kennen. Wir saßen nebeneinander und unterhielten uns nicht nur über das Segelfliegen. Mit Michael Dewes und unserem Nachbarn Edmund Zimmer bin ich schon oft mit geflogen, nicht aber mit einem dreifachen Weltmeister. Dies erwähnte ich, auch wie ich mich freuen würde bei passender Gelegenheit einmal mit ihm fliegen zu können. „Was heißt passende Gelegenheit, wir fahren jetzt zum Flugplatz," entschied er. Wir flogen mit einem Motorsegler rund um unser schönes Land und Helmut Reichmann ließ sich Zeit. Die von mir gewünschte Kostenbeteiligung an diesem Flug lehnte er ab.

Helmut Reichmann war Professor für Kunst und Design an der Fachhochschule des Saarlandes in Saarbrücken und seit 1973 zudem noch Nationaltrainer der Segelflieger. Im Frühjahr, als es bei uns noch zu kalt war, um eine Thermik entstehen zu lassen, trainierte die deutsche Nationalmannschaft in den südfranzösischen Alpen. Ein Flugschüler, mit Helmut Reichmann an Bord, stieß mit einer anderen Maschine zusammen. Am 10. März 1970 kam Helmut Reichmann – gerade 51 Jahre alt – bei diesem Unfall ums Leben. Einige Jahre später gehörte ich einem Kreis von Ehrengästen an. Auf dem Segelflugzentrum in Marpingen sollte eine Maschine auf den Namen von Helmut Reichmann getauft werden. Die Witwe von ihm war anwesend. Ihr erzählte ich, wen ich im Pentagon getroffen hatte und sie wusste sofort, von wem ich sprach.

Zypern. Höflichkeit zahlt sich aus.

Im Oktober 2000 tagte die OSZE auf der Insel Zypern in Limassol, auch, um zwischen Türken und Griechen vertrauensbildend zu wirken. Zypern zählt mit seinen etwas über 800000 Menschen deutlich weniger Einwohner als das Saarland. Vor über 30 Jahren - genau Mitte 1974 - machte dieser Konflikt Schlagzeilen in der Weltpolitik, weil wegen dieser Insel ein Krieg zwischen zwei NATO-Staaten drohte. Die in Griechenland seit April 1967 herrschende Militärjunta wollte die Enosis", die Angleichung der Insel an Griechenland. Sie setzten im Juli 1974 den Staatspräsidenten Erzbischof Makarios, der ihnen diese Idee zu verraten schien mit Billigung der USA ab. Mit englischer Hilfe floh er auf die Insel Mauritius.

Fünf Tage später landeten türkische Truppen auf der Insel, die in wenigen Wochen ein Drittel der Fläche besetzt hielten. Sie marschierten langsam vor, um so den griechischen Zyprioten ausreichend Zeit zu verschaffen, zu fliehen. Den Bürgern im Süden der Insel widerfuhr durch die griechische Mehrheit das gleiche Schicksal der Vertreibung. „Ethnische Säuberung" - ein später oft benutzter Begriff im jugoslawischen Bürgerkrieg - wurde damals in Zypern mit einer erschreckenden Präzision angewandt. Die Militärjunta in Griechenland wurde gestürzt und der aus dem Exil zurückgekehrte Karamanlis als Premierminister eingesetzt. Bis heute ist dieser Konflikt ungelöst.

Von Limassol aus machten wir einen Tagesausflug nach Nikosia, die Hauptstadt sowohl für die türkische als auch die griechische Seite ist. Die Ledra-Straße, die von Norden nach Süden verläuft, ist eine Geschäftsstraße, wie sie in vielen Metropolen der Welt zu sehen ist. Exklusive und teure Waren für zahlungskräftige Käufer prägen das Bild. Dann plötzlich, fast abrupt, stoßen wir auf eine Mauer. Sie versperrt die Straße. Zwei Aufgänge, links und rechts an die Häuserwände gelehnt, führten zu einer schmalen Aussichtsplattform, die den Blick auf eine gespenstische Szene freimachte. Die Wohnhäuser zerfallen, dazwischen kreuz und quer umgeknickte Bäume. Wir standen an der Grenze zwischen Nord- und Süd-Zypern. An dem Haus auf der rechten Seite ist etwa drei Meter hoch eine weiße Marmorplatte angebracht. Unter dem Emblem einer Blume und einer weißen Taube steht in griechischer Schrift der Name Nikosia. Dann folgt in drei Sprachen - in Englisch, Französisch und in Deutsch der Hinweis auf die „letzte geteilte Hauptstadt". Anfang März 2007 hatte der zyprische Präsident Papadopoulos als Geste des guten Willens die Mauer niederreißen lassen. Die Grenze wurde Anfang April 2008 geöffnet.

In Nikosia empfing uns der Bürgermeister des griechischen Teils der Hauptstadt, und wir besuchten unter seiner Führung das Museum der Stadt. Es war für diese Jahreszeit noch ungemein heiß. Ein Fahrstuhl sollte uns von der unteren zur oberen Etage bringen. Er war fast bis auf den letzten Platz gefüllt, als noch eine junge Dame versuchte, mitzukommen. Ich stand im Türrahmen, als sie auf uns zustürmte. Gelernt, höflich und zuvorkommend gegenüber Damen zu sein, trat ich aus dem Fahrstuhl heraus und ließ sie in den Fahrstuhl hinein. Die Tür schloss sich. Der Fahrstuhl ruckte an und blieb stecken. Die Insassen hätten nicht wild zu klopfen brauchen, denn Zeugen dieses technischen Versagens gab es genug. Die Feuerwehr wurde gerufen und sie befreite nach fast einer Stunde routiniert und gekonnt die arg schwitzenden Opfer aus ihren engen Verhältnissen. Ob es mir die Dame übel nahm, weil ich ihr den Vortritt überlassen hatte, kann ich nicht sagen. Sie hatte hoffentlich gelernt, dass zu stürmisches Vorgehen nicht immer der schnellste Weg zum Ziel ist. Mir zeigte es wieder einmal, wie wichtig es ist, höflich und zuvorkommend gegenüber Damen zu sein!

Rom. Audienz bei Papst Johannes Paul II.

„Du bist Petrus, der Fels, auf den ich meine Kirche bauen will". So nennt Jesus den Fischer Simon, den er zum ersten Mal am See Genezareth mit seinem Bruder Andreas traf. Statt Fische sollen sie künftig Menschenseelen fangen. Als Jünger folgen sie Jesus, und Petrus verrät ihn dreimal, so wie es Jesus vorausgesagt hat. Petrus wird mit Paulus in Rom in den Kerker geworfen. Er kann fliehen und er lässt so seine Christengemeinde zurück. Auf der Via Appia erscheint ihm Jesus und er fragt ihn: „Quo vadis domini?" – „Wohin gehst du Herr?" und er bekommt zur Antwort: „Zurück nach Rom, um erneut gekreuzigt zu werden." Petrus kehrt um und stirbt unter Kaiser Nero den Märtyrertod. Er lässt sich mit dem Kopf nach unten ans Kreuz schlagen, weil er sich für unwürdig hält, so wie Jesus zu sterben. Er gibt Zeugnis vom Glauben, wie so viele Christen, die im Kolosseum wilden Tieren zum Fraß vorgeworfen werden. Als lebendige Fackeln leiden sie schrecklich, aber sie entsagen ihrem Glauben nicht.

Rom, das sind das Forum Romanum, der Circus Maximus, die Wagenrennen, grausame Spiele im Kolosseum, wo mit Brot und Spielen die Massen bei Launen gehalten werden. Jedes Mal erlebe ich Rom und seine Geschichte neu.

Mit dieser Stadt ist ein Erlebnis verbunden, das all das überragt, was ich Schönes in meinem Leben erfahren durfte. Die OSZE tagt 2003 in Rom und für den 10. Oktober ist eine Audienz mit dem Heiligen Vater vorgesehen. Ein Bus bringt uns, links hinter dem Petersdom vorbei, entlang der vatikanischen Gärten, dorthin, wo der Papst wohnt und residiert. Wir steigen die Treppen hoch, ein Schweizer Gardist lässt uns passieren. In einem Saal, vielleicht halb so groß wie eine mittlere Turnhalle findet der Empfang statt. Johannes Paul II. sitzt auf einem mit weißen Leder bespannten Sessel, der auf einem nicht allzu hohen, fahrbaren Podest steht. Durch einen schmalen Gang - links und rechts davon Sitzreihen - wird er von hinten nach vorne gefahren. Wir sitzen ihm gegenüber. Unsere Tagung befasst sich mit der Freiheit der Religionen, und der Papst greift dieses Thema bei seiner Begrüßung in englischer Sprache auf. Von Krankheit schwer gezeichnet, liest er durchaus noch gut verständlich einen Teil der Begrüßung selbst vor, den Rest übernimmt ein Kardinal. Die erste Reihe geht nach vorne, um sich vor ihm zu verneigen und ihm die Hand zu drücken. Die zweite Reihe folgt, und ich stehe schon am Gang, als ein Herr des Protokolls uns ein Zeichen gibt, nicht mehr nach vorne zu gehen. Meine Enttäuschung war riesen groß. Dann heißt es, wir machen ein gemeinsames Bild mit dem Papst. Ich stehe zum Greifen nahe hinter dem Heiligen Vater. Als er zum Ausgang gefahren werden soll, stehe ich dem Papst Auge in Auge gegenüber und weiß nicht, was ich tun soll. Er spürt meine Unsicherheit und reicht mir seine zwei Hände, die ich dann doch noch drücken kann.

Mir steht es nicht zu, das Lebenswerk dieses großen Mannes zu beurteilen. Er kam aus dem Osten. Ohne ihn hätte das kommunistische System länger überlebt. Wie mir ging es sicherlich vielen anderen Menschen auch. Ich war nicht mit allem einverstanden, was der Papst lehrte. In Einzelfragen unterschiedlicher Meinung zu sein, heißt aber nicht, an seinem Lebenswerk kratzen zu wollen. Für Millionen von Menschen - und auch für mich - bleibt er in der Erinnerung als moralische Instanz, die in unsicherer Zeit nicht wie ein Halm im Winde schwankte. Er vermittelte Orientierung. Es kommt nicht von ungefähr, dass gerade so viele junge Menschen an dem Samstagabend des 2. April 2005 mit Kerzen in den Händen auf dem Petersplatz ausharrten. Die Trauer auf ihren Gesichtern war nicht gespielt.

Als er 1979 zum ersten Mal seine Heimat als Papst besuchte, rief er auch seinen polnischen Landsleuten, die sich vom Kommunismus befreien wollten, zu: „Fürchtet euch nicht." Dieses „Fürchtet euch nicht" zielte nicht allein auf die totalitären Machthaber, sondern war viel weiter gespannt. Es bedeutet, geborgen in Gott zu sein, was immer auch um einen herum geschieht und welche Gefahren einen auch bedrohen mögen. Johannes Paul II. hat körperlich gelitten. Er hat sein Leiden der Welt in einer Art gezeigt, die nicht nur Würde offenbarte, sondern auch Handlungsauftrag. Auch leidende Menschen besitzen eine Würde, die es zu respektieren und zu achten gilt. „Ich bin froh, seid ihr es auch", hieß seine letzte Botschaft an die Welt.

Kardinal Martinez Somalo rief den toten Papst dreimal mit seinem Vornamen Karol an, um dann nach den Riten unserer Kirche festzustellen: „Der Papst ist tot." Sein Ring des Fischers, ein Symbol der Autorität, wird zerstört. Sein Lebenswerk wird die Zeit überdauern.

Vieles wäre noch zu schreiben über diesen Medien-Papst, der zum ersten Mal seit 1522 aus einem Land jenseits der Alpen kam. Es wäre zu schreiben über das Attentat vom 13. Mai 1981, über die Drahtzieher, und wie er dem Mann in der Gefängniszelle verzieh, der nach seinem Leben trachtete. Was mir bleibt, ist einem Mann begegnet zu sein - ein Erlebnis, wie es nur ganz wenigen Menschen vergönnt ist.

Kardinal Eusebius Scheid, ein Verwandter von uns, zählte zu einem der 117 Kardinälen aus 52 Staaten, die seinen Nachfolger Benedikt XVI. wählten. Abgerundet wurde unser Rombesuch durch ein längeres Gespräch mit Kardinal Walter Kasper, dem päpstlichen Rat zur Förderung der Einheit der Christen. Von ihm erfuhren wir viel Neues über die Arbeitsweise des Vatikans.

Unseren jetzigen Papst erlebte ich im Oktober 2007. Mit unserem Abt Makarios, mit Pastor Franz-Peter Rech und der Führungsspitze der Gemeinde saßen wir bei der Generalaudienz auf der obersten Ebene vor dem Petersdom. Es waren wieder bewegende Momente.

Arabien. Nicht nur eine Geschichte aus „Tausend und einer Nacht".

Es ist schon dunkel, als wir über den Irak fliegen. Über Kuwait ist die Sicht klar, und wir sehen die Feuer in der Wüste, Gas, das abgefackelt wird. Unweigerlich umschleicht einen ein beklemmendes Gefühl, denn unter uns spielt sich eine der schlimmsten Tragödien des beginnenden 21. Jahrhunderts ab. Irak, Vietnam - keine Ruhmesblätter amerikanischer Außenpolitik. Als wir in Abu Dhabi landen, betrete ich zum ersten Mal arabischen Boden. Zusammen mit meinen Kollegen Dr. Karl

Lamers und Erwin Marschewski gehöre ich der Parlamentarierdelegation der NATO an, die zum ersten Mal die arabische Halbinsel besucht. Bereits auf dem Flughafen spüre ich, in einer anderen Welt zu sein. Wie in einem Brennglas wird einem schon hier deutlich, wie viele unterschiedliche Lebensformen sich in dieser Region vermischen. Wir sehen Frauen, die mit der Burkha völlig verhangen sind und die nur durch ein engmaschiges Gitter vor ihrem Gesicht ihre Umwelt wahrnehmen können. Andere tragen den Schador um den Kopf, einen oft modischen Schal. Eher wenige zeigen ihr Gesicht völlig unverhüllt und bewegen sich in Modellkleider westlichen Stils. Auch die verschiedenen Anzüge und Kleidungsstücke der Männer beweisen, wie unterschiedlich diese Region ist.

Unser Botschafter holt uns am Flughafen ab und ohne nennenswerte Kontrollen können wir den Zoll passieren. In der Hotelbar unterhalten wir uns über das vorliegende Programm. Wir sprechen über die politische Lage in den Arabischen Emiraten und auch über einige Sitten und Bräuche, die von unserem Normen abweichen.

Um Mitternacht ist es noch warm und die Luft nicht so trocken, wie wir sie einige Tage später in der Wüste erleben. Die arabische Halbinsel, Spielplatz der Geschichte, wo das Öl die Welt veränderte. König ABD – Al – Aziz ibn Saud hatte amerikanischen Ingenieuren erlaubt, seinen Herrschaftsbereich – überwiegend eine trostlose und fast menschenleere Wüste – zu erkunden. Er hoffte, sie würden Wasser finden. Die Ingenieure der „Standard Oil of California" suchten aber nach etwas anderem, nach einem Rohstoff, der in dieser Region bereits in kleineren Mengen entdeckt wurde. Mehrere Jahre trieben sie an verschiedenen Stellen in der Wüste ihre Bohrmeißel in die Tiefe und fanden nichts. Am 3. März 1938 entschieden sie sich, tiefer zu bohren. Es grenzte schon fast an ein Wunder. Plötzlich schoss das erste Öl aus einem Boden ans Tageslicht, in dem bis heute die größten Vorkommen der Welt lagern. Der König schien nicht begriffen zu haben, was diese schwarze und stinkende Masse bedeutete. Erst nach einem Jahr erschien er mit einem Tross von 400 Automobilen an der Pumpstation Ras Tanura. Er schaute zu, wie die erste Ladung des „schwarzen Goldes" in einem Tankerschiff sein Land verließ.

Warum sich die NATO-Parlamentarier erst 2005 dieser Region zuwendeten, ist für mich schwer zu verstehen.

Derzeit beziehen wir unser Öl in erster Linie aus Russland, Norwegen und Großbritannien. Wir werden aber auf absehbare Zeit verstärkt auf die Ölvorräte der Arabischen Halbinsel zurückgreifen müssen. Dort lagern zwei Drittel aller nachgewiesenen Ölvorkommen.

Ein Märchen aus „Tausend und einer Nacht".

Ein Märchen aus „Tausend und einer Nacht" erlebten wir im Palast des Scheichs. Abends auf seiner Jacht war es nicht anders. Wir schipperten entlang der Küste des arabischen Golfs. Beim Essen fehlte nichts, was gut und teuer war. Ich saß am Tisch mit einem jungen, traditionell gekleideten Herrn. Wir unterhielten uns über den Islam, über die Rolle der Frauen in der arabischen Gesellschaft, über die Kindererziehung und über viele andere Punkte mehr. Auf das Öl kamen wir auch zu sprechen. Als ehemaliger energiepolitischer Sprecher der CDU-Landtagsfraktion war mir diese Thematik nicht ganz fremd. Einige Wochen zuvor hatten wir in Oslo gehört, wie dieses Land für die Zeit nach dem Öl vorsorgt. Der für diese Zwecke gebildete Fond ist mittlerweile (2008) auf 380 Milliarden US-Dollar angewachsen. Es ist ein gewaltiger Betrag, der aber nicht an das heranreicht was die Vereinigten Arabischen Emirate zurück gelegt haben. Ihr „Topf" wird auf 875 Milliarden Dollar geschätzt (Der Spiegel vom 19.05.2008, S. 88). Als wir die Jacht verließen, sprach mich unser Botschafter an. Er fragte mich, ob ich denn wisse, mit wem ich mich an diesem Abend unterhalten hätte, und er klärte mich auf. Dieser junge, sehr selbstbewusste und ungemein nette Herr managte diesen Fond. Unser Botschafter erwähnte auch sein Privatflugzeug, einen Jumbo, ausgestattet unter anderem mit einem Beduinenzelt. Diese Verbindung zwischen Moderne und Tradition erlebten wir nicht nur an diesem Beispiel. „Tausendundeine Nacht" hieß auch, die zwei einzigen Sieben-Sterne-Hotels der Welt zu besuchen. Unsere Gastgeber luden uns dort auch zum Essen ein. Das neueste Sieben-Sterne-Hotel ist das Emirates Palace in Abu Dhabi. Ich hätte nicht gedacht, einmal die Toilette eines Hotels zu fotografieren. Mit echtem Gold überzogene Armaturen sind in Hotels relativ unüblich! In Dubai tagten wir in dem berühmtesten Sieben-Sterne-Hotel, dem Burj al Arab. Nicht allein das Essen, sondern vor allem der Blick von der obersten Etage raubt einem schier den Atem. Von dem in Blau gehaltenem Restaurant aus lässt sich leicht erkennen mit welch unglaublichem Tempo sich diese Stadt entwickelt. Uns wurde auch das Modell des größten Wolkenkratzers der Welt vorgestellt, dessen Höhe allerdings geheim gehalten wird. In einem Artikel in der Welt am Sonntag, vom 1. Juli 2007 wird die Höhe zwischen 807,7 und 1011 Meter angegeben. 2009 soll der „Burj Dubai" fertig gestellt sein. Auf unserer Fahrt in einem klimatisierten Bus durch die Wüste sind wir auch an Golfplätzen vorbei gefahren, grünen Oasen in der Wüste. Dort zu spielen würde zwar reizen, aber es muss nicht sein.

Abends, am letzten Tag unseres offiziellen Programms bot uns die Beraterin von Scheich Muhammed - eine Engländerin – für den nächsten Tag ein Auto mit Fahrer an. Damit könnten wir uns noch einmal die Sehenswürdigkeiten der Stadt ansehen. Wir nahmen dankend an, und am nächsten Morgen wartete ein deutscher Luxuswagen mit Stern und Chauffeur vor unserem Hotel. Als Referenz an unsere Gastgeber wollten wir zuerst das Grab des Vaters der Vereinigten Arabischen Emirate, Scheich Zayed Bin Sultan Al Nahyan, besuchen. Er regierte die Vereinigten Arabischen Emirate seit ihrer Gründung am 2. Dezember 1971 bis zu seinem Tod im November 2004. Unter großer Anteilnahme hochrangiger Trauergäste aus aller Welt wurde er beigesetzt. Erwin und ich wollten diesem beeindruckenden Menschen unseren bescheidenen Respekt ausdrücken, auch als Dank für die Gastfreundschaft, die wir auf der arabischen Halbinsel genießen durften. Das Grab liegt neben der zweitgrößten Moschee nach Mekka, einem gewaltigen Gebäudekomplex, der bei unserem Besuch noch eine – allerdings fast fertig gestellte - Baustelle war. Dieses Grab steht in völligem Kontrast zu dem unvorstellbaren Reichtum, den wir sahen. Eine einfache, lang gestreckte Marmorplatte, markiert seine Grabstätte.

Zu unserem Besuch ließe sich noch sehr vieles anmerken. Es ist schier unfassbar, was sich in dieser Region in den letzten 30 Jahren getan hat. Dort, wo es vor wenigen Jahren nur Wüste gab, stehen heute beeindruckende Wohnblocks. Die Frage nach fehlenden demokratischen Strukturen oder nach der Rolle der Frau nahm bei unserem Besuch ebenso einen breiten Raum ein. In diesen Ländern gibt es keine Parteien, weil die Macht von den einzelnen Clans ausgeübt wird.

Die Rolle der Frau hängt in sehr starkem Maße von der Familie und vom Ehemann ab. Von einer völligen Verschleierung bis hin zum Tragen eines Schals um den Kopf, reicht – wie schon eingangs erwähnt – das Auftreten der Frauen in der Öffentlichkeit.

Wir Deutschen werden auf der arabischen Halbinsel hoch geschätzt, ein Kapital, das wir noch stärker als bisher nutzen sollten.

Ukraine. Einmal Lemberg hin und zurück.

Warum verhalten sich Menschen irrational - für andere kaum nachvollziehbar - im Straßenverkehr oder bei Auslandsreisen in einen ehemaligen Ostblockstaat? Die Frage kann ich nicht beantworten, aber einige Umstände schildern. Ein gültiger Reisepass bleibt zu Hause, weil der Personalausweis bequem in jeden Geldbeutel passt. Vermeintlich routiniert und abgeklärt packe ich erst am Morgen des Reisetags. Viel Zeit blieb mir nicht, bis ich zum Bahnhof musste. Gaby meinte, ich hätte früher alle wichtigen Dokumente und Kleidungsstücke schon drei Tage vorher zusammengestellt und zum Packen bereitgelegt. Auch damals vergaß ich schon hin und wieder etwas, aber alles nicht dramatisch. Meine Mainzer Freunde fragten mich an diesem 18. Mai 2007 auf dem Flughafen, ob ich meinen Pass und meine Krankenkassenbescheinigung dabei hätte. Das eine Dokument führte ich mit, das andere nicht. Sie zeichneten ein schreckliches Bild, wenn ich ohne Pass in Lemberg ankommen würde. Ich hielt dies für die übliche Frotzelei, doch auch die Dame hinter dem Abfertigungsschalter der ukrainischen Fluggesellschaft wollte meinen Pass sehen. Als ich ihr meinen Personalausweis vorlegte und sie mir mein Einsteigeticket aushändigte, wähnte ich mich auf der sicheren Seite.

Der Lemberger Flughafen ist im klassizistischen Stil der Stalinära erbaut. Er gleicht einem in die Jahre gekommenen Bahnhof, der dringend sanierungsbedürftig ist. Internationalen Standards genügt er nicht. Wir landen und es kommt zu den üblichen Einreiseformalitäten, bevor wir unser Gepäck aufnehmen können. Eine junge, uniformierte Dame fragt nach den erforderlichen Dokumenten. Sie nennt den Pass und ich zeige ihr meinen Personalausweis. Sie macht ein erstauntes Gesicht und scheint ebenso wie ich vor einem Problem zu stehen. Ihre Kompetenzen reichen nicht aus, um mich ohne Pass in ihr Land einreisen zu lassen. Wir erklären ihr, wer wir sind und was wir wollen. Sie ruft ihren Vorgesetzten und ein noch junger Herr erscheint.

Er trägt ebenfalls Uniform, mit viel Gold auf den Schulterklappen. Wir reden englisch und er verhält sich völlig anders als die Zollbeamten in den ehemaligen totalitären Staaten. Er versucht nicht, mir Angst einzuflößen, sondern erklärt mir ruhig die Einreisebestimmungen seines Landes. Danach kann ich nur dann einreisen, wenn er von seiner vorgesetzten Stelle bzw. vom deutschen Generalkonsulat grünes Licht erhält. Mittlerweile war ein Professor erschienen, der uns abholen sollte. Wir telefonierten herum, aber an diesem Freitagnachmittag, um 16:00 Uhr, konnten wir niemanden mehr erreichen. Die Zeit lief gegen mich, denn die Passagiere der letzten Maschine, die über Wien nach Frankfurt zurückging, waren schon dabei einzusteigen. Wir hätten noch über unsere politischen Beziehungen das Auswärtige Amt bemühen können, aber die Erfolgsaussichten stufte ich an diesem Freitag nicht allzu hoch ein. Wozu ich überhaupt keine Lust hatte, war eine Nacht in einer Abschiebezelle oder in einer ähnlich unkomfortablen Unterkunft zu verbringen. Dies hätte zwar den Abenteuerwert dieser Reise erhöht, nicht aber meine persönliche Stimmung, die kaum tiefer sinken konnte. Deshalb entschied ich mich, den Schaden zu minimieren und zurückzufliegen. Nur für den Rückflug zahlte ich gut 200 Euro mehr als für mein ursprüngliches Ticket.

Frustriert und verärgert über meine eigene Dummheit, saß ich in der Maschine nach Wien. In Lemberg regnete es noch immer. Das nasskalte Wetter mit gerade einmal 9 Grad Celsius war wenig einladend. Nochmals sah ich - wenn auch nur für kurze Zeit diese trostlose Gegend mit ihren alten, grau in grau gehaltenen Häusern.

Im Saarland hatten wir das schönste Wetter. Immer noch ziemlich niedergeschlagen erinnerte ich mich an unsere Sonne und ich begann, positiv zu denken. Statt frierend und durchnässt durch eine wenig attraktive Stadt zu rennen, sah ich mich schon am nächsten Tag Golf spielen, besser als je zuvor. Was soll ich eigentlich in Lemberg, redete ich mir ein, wo ich schon einige Tage in Kiew und Umgebung verbracht hatte? Die derzeitigen politischen Verhältnisse in der Ukraine schienen alles andere als übersichtlich zu sein. Positive Aspekte dieser Reise konnte ich keine mehr erkennen, weil ich sie schlicht verdrängte.

Mein positives Denken erinnert sie zurecht an die Fabel von Aesop. Es ist die Geschichte von dem alten Fuchs, der mit knurrendem Magen durch die Felder zieht. Er ist nicht mehr weit davon entfernt, vor Hunger die eigene Schwanzspitze anzuknabbern. Der Duft von süßen Weintrauben steigt ihm in die Nase, aber er kommt nicht an sie heran, so sehr er sich auch anstrengt. Sie hängen zu hoch. Auch zusammen mit einem jungen Fuchs, dem es ähnlich ergeht, schaffen sie es nicht, an sie heranzukommen. Er habe keine Lust mehr, seine

Kräfte mit dem ewigen Springen und Klettern zu vergeuden, erklärt der alte Fuchs und nennt auch den entscheidenden Grund. Die Trauben seien noch nicht reif und würden nur noch nach Essig schmecken. Der junge Fuchs protestiert, bis er endlich begreift. Er schaut traurig in die Höhe, um dann selbst festzustellen: „Die Trauben sind doch sauer." Mit hängenden Köpfen und knurrendem Magen ziehen beide von dannen. Sie wissen jetzt, wie wenig Sinn es macht, sich schwarz zu ärgern, wenn etwas angenehm, aber unerreichbar ist.

Eine halbe Stunde nach dem Start klart der Himmel auf. Ich schaue auf das Grün der Landschaft hinab und sehe, was ich schon hundertmal gesehen habe. Die Zeit zwischen Ankunft und Weiterflug nach Frankfurt ist knapp und ich schwitze schon fast, als ich am Gate ankomme. Vor mir steht ein Mann, um die 30 Jahre, mit einem Rucksack und einer Jutetasche auf dem Rücken. Er legt beides auf das Band des Detektors, und die Dame hinter dem Bildschirm weiß nicht so recht, was sie sieht. Sie bittet die neben ihr stehende Kollegin, sich den Inhalt der Jutetasche zeigen zu lassen. Diese fragt zuerst und erhält als Antwort: eine tote Schlange. Diese Schlange wollte der Passagier mit nach Hause nehmen. Mich grauste es und ich schaue weg. Deshalb kann ich auch nicht sagen, was mit dieser toten Schlange geschah. Wir landen sicher in Frankfurt. Erst in zwei Stunden verlässt der nächste und letzte Zug den Regionalbahnhof des Frankfurter Flughafen in Richtung St. Wendel. Ich rief Gaby an und bat sie, mich kurz vor 23:00 Uhr dort abzuholen. Ihre „überschwängliche Freude" über meine vorzeitige Rückkehr war regelrecht zu spüren. Während der Flüge und danach hatte ich versucht mit einigen Gläsern Bier meinen Frust herunter zu spülen, doch ohne großen Erfolg.

Später im Zug saß ich einem jungen Mädchen gegenüber. Schräg davon, auf der anderen Seite, war eine junge Dame dabei, ihren Rucksack voller Papiere zu ordnen. Welch ein Segen für die Menschheit, dass es Handys gibt. Ich hörte, wie das junge Mädchen mit lispelnder Stimme ihren Freund fragte – was schnell herauszufinden war- ob er ihre SMS gelesen habe. Dieser unromantische Typ verneinte. Vielleicht hatte er Besseres zu tun? Statt ihm die zwei Sätze zu sagen, die offensichtlich ihr Herz berührten, drängte sie den armen Kerl, endlich die wenigen geschriebenen Worte zu lesen. Seine Antwort erschien ihr aber noch wichtiger zu sein. Als sie ausstieg, wusste ich vieles von ihr, was ich nicht wissen wollte, auch den Namen ihres Freundes: „Schatz" hieß er.

Das junge Glück strömte nach Hause, als die andere junge Dame ihre Arbeit beendet hatte. Ich selbst war dabei, meine Beine so richtig nach allen Seiten auszustrecken. Das Mädchen sah gut aus, groß, schlank, mit einem schmalen Gesicht und mit nach hinten zurückgekämmtem Haar, das zu einem Zopf zusammen geflochten war. Von den Strapazen des Tages gezeichnet, begann auch sie zu telefonieren. Ich hörte mit, ohne es zu wollen. Meine Augen hatte ich geschlossen und ich versuchte zu schlafen. So wie sie sich ausdrückte, zeigte sie ihr höheres geistiges Niveau. Aber das, was sie sagte, klang sehr traurig. Als sie ihr Gespräch mit ihrem Vater - einem Professor, wie nur unschwer herauszuhören war - beendet hatte, redete sie mich an. Sie entschuldigte sich, weil ich mir ihre Sorgen anhören musste. Wir kamen ins Gespräch und wir unterhielten uns über unsere so verschiedenen Lebensläufe. Als allein erziehende Mutter, von der eigenen Familie kaum unterstützt, sei sie gezwungen gewesen, zu arbeiten und ihr Medizinstudium abzubrechen. Sie fuhr, wie sie mir sagte, nicht nach Hause, sondern zu ihrer Oma, um dort ihr Kind zu treffen. Ich versuchte, ihr Mut zu machen und bat sie, nicht zu resignieren. Eines weiß ich ganz bestimmt: Ein solches Gespräch - wie ich es mithörte - wird es zwischen Anne und mir nie geben. Als ich mich von dieser jungen, hübschen Dame mit Händedruck verabschiedete, war ich wieder ein glücklicher Mensch. Über meine eigene Dummheit ärgere ich mich aber noch nach wie vor.

Österreich.
Eine Eroberung ohne historische Folgen.

In den Morgenstunden des 12. März 1938 überqueren deutsche Truppen die Grenzen zu Österreich. Die Glocken läuten als Hitler noch am Nachmittag des gleichen Tages als Triumphator in seine Heimatstadt Braunau zurück kehrt. Einige Jahre zuvor hatte er sie gescheitert und gedemütigt verlassen. Die Bilder von damals sind nicht vergessen. Hitler stand im offenen Mercedes. Die linke Hand hatte er ans Wagenfenster gelehnt und die Rechte zum Hitlergruß erhoben. So fuhr er durch Wien. Dicht gedrängt standen Zehntausende von Zuschauern auf der Straße, um frenetisch ihrem Führer zujubelten. Hitler hatte sich einen Traum erfüllt. Träume, die unsere Welt ins Unglück stürzten. Schon Jahre zuvor hatte er beabsichtigt, in Österreich einzumarschieren. Ähnlich wie er versuchten im Juli 1934 auch österreichische Nationalsozialisten die Macht zu erobern. Nach Ansicht von Historikern konnten sie aber nicht mehr als ein Drittel der Bevölkerung hinter sich vereinen. Sie besetzten die Rundfunkstation und das Kanzleramt. Der rechtskonservative Diktator Engelbert Dollfuß, der per Notverordnung die NSDAP in Österreich verbieten wollte, wurde in seiner Amtswohnung umgebracht. Hitler schreckte zurück, mit deutschen Truppen Österreich zu besetzen. Mussolini stellte sich ihm entgegen. Er ließ italienische Truppen am Brenner aufziehen. Italien wurde so die Schutzmacht der österreichischen Selbstständigkeit, „die Wacht am Brenner". Mussolini, später der engste Verbündete Hitlers, war der Letzte, der sich dem deutschen Diktator bis 1938 entgegenstellte. Die österreichische Allianz mit Mussolini zerbrach, weil der Duce im Abessinienkrieg von Hitler unterstützt wurde. So weit, kurz skizziert, der Einmarsch deutscher Truppen in Österreich. Dieses Land litt, wie wir auch, im und nach dem Zweiten Weltkrieg. Vermutlich alle, die Hitler Anfang 1938 so frenetisch zujubelten, sahen sich getäuscht. Als neutraler Staat anerkannt und respektiert, durften keine fremden Truppen österreichischen Boden betreten.

Anfang der 70er Jahre diente ein junger Oberleutnant im Versorgungsbataillon der Bundeswehr in München. Eine Transportübung mit zirka 17 neuen Unimogs stand an. Sie sollten auch deshalb bewegt werden, um sie später geschlossen, en bloc, so wie befohlen, zu warten. Wo und wie diese Übung durchzuführen war, blieb allein dem Oberleutnant überlassen. Diejenigen, die schon einmal in die Bundeswehr hineinblicken konnten, wissen, dass in einem Konvoi nach Handzeichen gefahren wird. Den abgewinkelten Unterarm oben hin und her bewegt heißt die Fahrzeugabstände zu vergrößern, nach unten, sie zu verkleinern. Ruckartig die Hand nach unten gestoßen, bedeutet, zu stoppen. Dies übten wir einige Male, sicherlich kein anspruchsvolles Unterfangen.

Bayern ist ein solch schönes Land, und es gibt viele attraktive Routen, um es noch intensiver kennen zu lernen. Die 17 Unimogs, lediglich NATO-Olivgrün angestrichen, erregten wenig Furcht. Wir wirkten auch nicht sonderlich abschreckend, als wir uns von München aus auf den Weg gen Westen machten. Unsere Fahrt ging am Ammersee vorbei. Wir durchquerten Landsberg - wo Hitler viel zu kurz im Gefängnis saß - und erreichten bald Kempten und den Bodensee. Zurück wollten wir von Sonthofen und Hindelang über das Oberjoch zum Unterjoch und dann rechts weg nach Füssen. Wir fuhren nach Karte. Jeder gute Autofahrer - und erst recht ein Transportsoldat - kennt eine entscheidende Regel, die da lautet: So lange geradeaus fahren, bis das nächste Hinweisschild auftaucht.

Als Führer dieser gewaltigen Fahrzeugarmada saß ich im ersten Auto, und ich erinnerte mich erst später daran, dass entlang der linken Fahrspur Bauarbeiten stattfanden. Es mag sein, dass der eine oder andere meines Zuges ein Straßenschild mit der richtigen Aufschrift gesehen hatte, ich jedenfalls nicht. Häuser sahen wir keine mehr und die Straße war als solche kaum mehr zu erkennen.

Zum ersten Mal spürte ich, nicht dorthin zu gelangen, wohin wir wollten. Zweifel können einen im Leben schrecklich plagen.

Das wissen alle die, die in der Schule eine schlechte Arbeit ablieferten und die erst erleichtert waren, wenn sie die befürchtete schlechte Note endlich erhielten.

Mit diesem Gefühl schon vertraut, lösten sich bei dieser Fahrt meine Zweifel sehr schnell in Gewissheit auf. Ein grün gekleideter Herr stellte sich dem beschriebenen Teil der Bundeswehr entgegen. Die Brust hervorgedrückt, die Arme waagerecht ausgestreckt - um so Größe vorzutäuschen - versperrte er uns den Weg. Es sah so aus, als dürfte er es. 17 Unimogs stoppten, und der grüne Herr bewegte sich auf die linke Seite des ersten Unimog zu, dort, wo ich saß.

Um mich mit ihm sprachlich austauschen zu können,

klappte ich das Fenster hoch und grüßte ihn freundlich mit einem herzlichen „Grüß Gott". Meine nette und höfliche Art beeindruckte ihn nicht, denn er stellte mir ohne lange Vorrede eine – wie ich zugeben muss – wichtige Frage. „Wissen Sie, Herr Oberleutnant, wo Sie sich befinden?"

Eigentlich ging ihn dies nichts an. In diesem Fall allerdings schon. Der Mann sah nicht nur aus wie ein österreichischer Grenzpolizist, sondern er war auch einer. Seine Frage klang klar, aber meine Antwort nicht ganz so.

Noch von Restzweifeln gequält und nicht ganz sicher, antwortete ich mit einer Gegenfrage: „Könnte es sein, dass wir uns auf österreichischem Boden befinden?" Meine bösen Ahnungen trogen mich nicht. An die völkerrechtliche und historische Dimension des bis dahin noch friedlichen Einfalls von 17 Unimogs in Österreich dachte ich nicht, als ich mich freundlich von dem „Herrn in Grün" und Österreich verabschieden wollte. Der Grenzsoldat kannte die von mir am Anfang dieses Kapitels geschilderte Geschichte. Er setzte mich relativ schroff davon in Kenntnis, nach Hitler die erste Truppe deutscher Soldaten zu sein, die illegal und illegitim in Österreich einmarschiert sei. Ich versuchte ihn davon zu überzeugen, nicht in räuberischer Absicht in Österreich eingefallen zu sein. Weil er sich vermutlich auch zu schwach einstufte, eine deutsche Invasion von 17 Unimogs zu verhindern, konnten wir ungehindert und friedlich - ohne weitere Zwischenfälle – österreichischen Boden verlassen.

Es gibt keinen aus unserem Bonner bzw. Berliner Freundeskreis, der diese Geschichte nicht kennt. Zu oft wurde ich gebeten, sie zu erzählen, zugegeben immer so, dass ich dabei möglichst heldenhaft ausschaute – offensichtlich sehr erfolgreich!

Niemand kam bis heute auf die Idee - statt die Erobe-
rungstheorie anzuerkennen - schlicht festzustellen,
dass sich die Bundeswehr nach Österreich verirrt hatte.
Jetzt liegen meine mündlichen Schilderungen zum ersten Mal schriftlich vor. Sie halten jeder wissenschaftlichen Untersuchung stand, auch wenn sie bisher weder
in einem Geschichtsbuch noch in irgendeiner anderen
Meldung - auch nicht als besonderes Vorkommnis -
aufgetaucht sind.
Österreich ist ein schönes Land, das sich zu erobern
lohnt. Es muss ja nicht gerade militärisch sein - mit
dem Herzen reicht.

Athen. Geschichtsunterricht vor Ort.

Ein kühler Wind bläst über das attische Meer, als uns
ein griechischer Zerstörer von dem Militärhafen Athens
zum Hauptquartier der griechischen Marine bringt. Trotz
Sonnenschein und strahlend blauem Himmel friere ich
und versuche mich hinter einem Geschütz, wenigstens
etwas, vor dem Fahrtwind zu schützen. In einer Bucht,
verschwommen durch den Smog, sind die Schiffe im
Hafen von Piräus zu erkennen.
Melina Mercouri kommt mir in den Sinn, als lebenslus-
tige Dirne Ilya, in „Sonntags nie", die in diesem Hafen,
den sie so liebt, ihren Geschäften nachgeht. Sie, das
„Mädchen von Piräus", liebt auch das Lachen der Ma-
trosen und – wie es in dem Lied weiter geht – ihre
Küsse, die nach See, nach Salz und Teer schmecken.
Sehnsüchtig steht sie am Kai und wartet auf das Schiff,
das ihr den Einen bringt, der sie glücklich macht. Ro-
mantik, Liebe, Sehnsucht – ein Tag bevor die Koalition
der „Willigen", unter der Führung der USA beginnt, das
Terrorregime Saddam Husseins zu stürzen.

Der Marineoffizier, der uns begleitet, zeigt nach links auf die Insel Salamis. Nur 1,5 Kilometer sind es bis zum Festland. In diesem schmalen Sund - die Enge ist nur fünf Kilometer lang - wurde Ende September 480 v. Chr. Weltgeschichte geschrieben. 1000 Schiffen der Perser standen 300 Schiffe der Griechen gegenüber. Dass es diese Schlacht gab, das Datum und auch wer siegte, wusste ich.

Warum allerdings für Sieger und Besiegte diese Schlacht so wichtig war, konnte ich nicht sagen. Der Marineoffizier, der uns begleitete, wies auf den Höhenzug, wo der Perserkönig Xerxes auf seinem Thron saß. Er musste zusehen, wie seine großen und schwer manövrierfähigen Schiffe sich gegenseitig behinderten, wie ihre Ruder brachen und wie sie von den Griechen in Einzelgefechten versenkt wurden. Die Hellenen nutzten sog. Dreiruder, Triere genannt, mit bis zu 170 Ruderern. Damit waren sie kleiner und manövrierfähiger als die persischen Schiffe. Sie besaßen vorne Rammböcke, die sich als eine vernichtende Waffe herausstellten.

Bevor es zu dieser entscheidenden Seeschlacht kam, mussten die Athener überzeugt werden ihre Stadt kampflos auf zu geben. Themistokles, der Führer der Griechen, nutzte das Orakel von Delphi, das er urteilen ließ: „Nur hölzerne Mauern können den Persern standhalten." Mit diesem Spruch der Pythia setzte er auf die Flotte und er sollte Recht bekommen. Flotte und Landheer operierten schon damals nicht getrennt, sondern bildeten eine strategische Einheit.

Nach der Niederlage der Griechen bei den Thermophylen fand der Führer der Spartaner, Leonidas, den Tod. Von unserem Vater lernten wir schon als kleine Kinder die Aufforderung von Simonides, die auf einer Denktafel niedergeschrieben ist: „Wanderer kommst du nach Sparta, verkünde dorten, du habest uns hier liegen gesehen, wie das Gesetz uns befahl".

Die Spartaner wurden besiegt, nicht allein, weil sie von den Athenern im Stich gelassen wurden, die es vorzogen, das Fest des Apoll und die Olympischen Spiele zu feiern. Noch schofler als sie verhielt sich der Schafhirte Ephialtes. Er zeigte den Persern, wie sie den engen und kaum überwindbaren Pass umgehen konnten. Herodot beschreibt diesen aussichtslosen Kampf der 300 Spartaner gegen eine Million Perser, die sich für ihr Vaterland opferten.

Auch an dieser Stelle lässt sich zeigen, mit welch unterschiedlichen Zahlen Historiker arbeiten. Unter Leonidas kämpften nicht nur 300 Spartaner, sondern insgesamt 7000 Mann. Die Streitmacht der Perser zählte nach neueren Forschungen nicht mehr als 200000 Soldaten, eine immer noch gewaltige Übermacht.

Wie dem auch sei: Xerxes hatte freie Bahn, und er konnte ungestört in das verlassene Athen einziehen. Athen zu besetzen hieß allerdings nicht, den gesamten Peloponnes zu beherrschen. Auch heute gilt der Grundsatz, dass es oft leicht fällt, einen Gegner zu besiegen, aber schwer ihn zu beherrschen. Die gebirgige Landschaft Griechenlands bot den Verteidigern große Vorteile und die Gebiete zu beherrschen, setzte ein großes Landheer voraus. In dem konkreten Falle bedeutete dies für die Perser, erst einmal die griechische Flotte zu zerstören, um dann große Kontingente von Soldaten anzulanden. Hierin liegt die Bedeutung der Seeschlacht bei Salamis.

Xerxes konnte nach der Niederlage wegen des herannahenden Winters seinen Feldzug gegen Griechenland über Land nicht mehr fortsetzen. Die Reste seiner besiegten Flotte segelten zurück nach Kleinasien und er selbst erreicht als geschlagener Führer auf dem Landweg seine Heimat. Ein Jahr später wurden die Perser endgültig besiegt und Griechenland vom Druck einer persischen Invasion befreit.

Zwei Jahrhunderte lang betrat kein fremdes Heer mehr den Boden von Hellas. Griechenland – Athen, das sind nicht nur Schlachten, Heldensagen und Götter, sondern auch Ideen, die bis heute unsere Zeit prägen. Stellvertretend seien Platon und Aristoteles genannt, die mit ihrem Denken die Welt veränderten.

Die Stadtrundfahrt, die unsere Gastgeber organisierten, führte uns ins Stadion, wo im April 1896 die ersten Olympischen Spiele der Neuzeit stattfanden. Als ehemaliger Leichtathlet auf der Bahn zu stehen, wo Spyros Louis den ersten Marathonlauf gewann, ist schon ein erhebendes Gefühl. 75000 Zuschauer wohnten damals bereits den Eröffnungsfeierlichkeiten bei.

Weitere 50000 versuchten, von den angrenzenden Hügeln aus wenigstens etwas von dem Spektakel mitzubekommen. Damals waren es 311 Teilnehmer aus 13 Ländern, die zehn Tage lang um den Sieg kämpften. Wir gehörten dazu. Aus Übersee waren nur Chile, Australien und die USA vertreten. (In Peking 2008 kamen 11000 Athleten aus 205 Staaten zusammen.)

Baron Pierre de Coubertin, der Initiator, wollte die Frieden fördernde Kraft des Sports wiederbeleben, denn bereits während der Olympischen Spiele der Antike ruhten die Waffen. Von der heiligen Stätte Olympia an der Westküste Griechenlands schaute Kronos, der Vater Zeus, vom Berge hinab. Schon damals zählten die Sieger zu den Mega-Stars in der Gesellschaft.

Spyros Louis gewann den ersten Marathonlauf und damit die Silbermedaille – eine Goldene gab es damals noch nicht. Als ihn seine Landsleute auch materiell reich beschenken wollten, lehnte er ab. Er nahm nur einen Pferdekarren an, mit dem er in Athen das Wasser aus seinem Dorf verkaufte.

Ganz spontan, ohne den geringsten Hintergedanken, ziehe ich meine Anzugjacke aus und laufe eine Runde. Später steige ich allein die Akropolis hoch und denke an meinen Vater, der nie das Glück hatte, griechische Kultur und Geschichte so hautnah zu erleben.

Der Bürgerkrieg in Jugoslawien.
Von IFOR zu SFOR.

Wenige Stunden nach Mitternacht mache ich mich mit meinem Auto von zu Hause auf den Weg zum militärischen Teil des Köln/Bonner-Flughafens. An diesem 5. Februar 1997 regnet es in Strömen. Auch noch, als die Maschine des Bundeskanzlers, ein Airbus, mit Verteidigungsminister Volker Rühe als Delegationsleiter und 50 Gästen an Bord, in Richtung Balkan abhebt. Ziel ist Sarajevo, der offizielle Wechsel von IFOR (Implementation Force) zu SFOR (Stabilization Force).

Als Vertreter der CDU/CSU-Bundestagsfraktion sitze ich vorne mit dem Verteidigungsminister zusammen. Wir unterhalten uns über das vor uns liegende Programm, das bis zur letzten Minute verplant ist. Mir ist bekannt, dass auch Fallschirmjäger aus Lebach zu diesem neuen Kontingent gehören und ich bin fest entschlossen, ihnen wenigstens einen guten Tag zu wünschen.

Kurz vor der Landung klart der Himmel auf und die Gebirgszüge des Balkans mit seinen zerklüfteten Schluchten werden sichtbar. Schnee liegt nur noch auf den Gipfeln. Dann bei der Landung die ersten Eindrücke von diesem Land. Die zerstörten, ausgebrannten und verlassenen Häuser lassen einen zum ersten Mal aufschrecken.

Der Tower und die Gebäude des Flughafens sind zerstört. Noch im Februar 1984 wurde von hier die Jugend der Welt zu den ersten im Ostblock veranstalteten Winterspielen willkommen geheißen. Nicht einmal der Namenszug „Sarajewo" hängt im Lot. Einzelne Buchstaben fehlen. Die Fahrt nach Rajovac, wo rund 1800 Soldaten stationiert sind - darunter 56 Reservisten, - geht an verminten Gebäuden und zerschossenen Häusern vorbei. Die Fassaden sind ausnahmslos von Gewehrschüssen gezeichnet.

Dieses Feldlager diente ursprünglich berittenen Soldaten des österreichisch-ungarischen k. u. k. Heeres als Kaserne, um nach dem 2. Weltkrieg als Luftwaffenschule genutzt zu werden.

Während des Bürgerkrieges lag sie genau im Frontbereich zwischen Serben und Bosniaken. Deutsche und französische Soldaten sind gerade dabei, diese Kaserne halbwegs bewohnbar zu machen. Einen Tag vor unserer Ankunft wurde auf dem Gelände noch eine Mine entdeckt und entschärft. Wie viele dieser gefährlichen und heimtückischen Gegenstände im ehemaligen Jugoslawien als ständig lauernde Gefahr existierten, war uns damals nicht bekannt. Die Zahl schwankte um die sechs Millionen.

Das Klima zu dieser Jahreszeit ist zu mild. Überall Staub und Dreck, der sofort zu Schlamm und Morast wird, wenn der erste Regen fällt. Rajovac liegt im Nordwesten von Sarajevo, etwa 12 Kilometer vom Stadtzentrum entfernt. Die SFOR-Truppe wurde mit in etwa gleicher Aufgabenstellung am 2. Dezember 2004 durch Soldaten, die unter der Ägide der EU stehen abgelöst.

Schon der erste Lagevortrag zeigt uns an diesem warmen Februartag 1997, als wir in Sarajevo zusammensitzen, dass dieser Konflikt militärisch nicht zu lösen ist. Zu frisch waren noch die Wunden: Das Olympiastadion ist ein einziger Stahlknäuel und das Umfeld noch ein provisorischer Friedhof. An den Seilen der Skilifte wurden noch wenige Monate vorher Menschen aufgehängt und barbarisch zur Schau gestellt.

Auch die Spuren der „Sniper Alley" sind noch überall sichtbar. Wie viele Menschen in diesem Bürgerkrieg ihr Leben verloren haben, stellenweise auf die grausamste und bestialischste Art, ist bis heute nicht bekannt. Schätzungen reichen bis zu 280000 Menschen. So viele Tote in einem Land von 20 Mio. Einwohnern, das viele von uns – auch ich – mehrmals als Urlaubsgast aufgesucht hatten.

Wir fahren durch diese noch zerstörte Stadt. Sie hat die längste Belagerung in jüngster Geschichte erlitten. Auf der Miljacka-Brücke halten wir an.

Auf der Miljacka -Brücke in Sarajevo.

Wenige Meter von dieser Brücke geriet die europäische Ordnung am 28. Juni 1914 aus den Fugen. Die „Schwarze Hand" in der Person des 19-jährigen serbischen Nationalisten Gavrilo Princip streckte mit mehreren Schüssen den Thronerben der österreichisch/ungarischen Monarchie nieder.

Die sieben Glücksbringer, die der gläubige Christ an diesem Tag trug, halfen ihm nicht. Erzherzog Franz Ferdinand und seine Gattin Sophie von Hohenburg verbluteten noch im Auto.

Dieses Attentat mit seinen so weit reichenden Folgen, dem 11 Mio. Menschen zum Opfer fielen, gelang nur, weil sich der Konvoi des Erzherzogs verfuhr. Die Verschwörer der „Schwarzen Hand", unter ihnen Princip und Nedjelko Cabrinovic (insgesamt waren es sieben) hatten sich entlang der Straße positioniert. Das Attentat zu planen wurde ihnen leicht gemacht. Einen Tag vorher veröffentlichten die örtlichen Zeitungen die genaue

Route.

Ihr politisches Ziel war ein großserbisches Reich, das die Habsburger zu verhindern suchten. Um 10:26 Uhr wirft Cabrinovic eine Bombe, die vom Auto des Erzherzogs abprallt und unter einem der nachfolgenden Wagen explodiert. Mehrere Personen werden verletzt. Nach dem geplanten Besuch beim Bürgermeister will der Erzherzog die Verwundeten besuchen und sie ändern die Fahrtroute.

Der Fahrer des Erzherzogs verfährt sich und als er es merkt, versucht er auf der schmalen Straße zu drehen. Genau an dieser Stelle steht zufällig Princip, der Zeit genug hat, die tödlichen Schüsse abzufeuern. Die Verschwörer hatten schon das Attentat als gescheitert betrachtet.

Die Menschheit steuert auf den Ersten Weltkrieg zu, der alle bis dahin gekannten Schrecken des Krieges in seinem Ausmaß übertraf.

Dort, wo diese Tragödie begann, an der Miljacka, überspannt eine Brücke, diesen schmalen Fluss, der sich durch Sarajevo schlängelt. Sie sieht genau so unscheinbar aus wie tausend andere Brücken und sie würde niemandem auffallen, wüsste er nicht, was sich dort ereignet hat. Auch der eiserne Kranz, der in der Mitte des Geländers hängt, fällt nicht sonderlich auf.

Auf dieser Bücke fing eine weitere Tragödie von mehr als nur einem nationalen Ausmaß an. Eine junge Studentin ging beiläufig neben einem Demonstrationszug her, weil sie nur über diesen Weg nach Hause kommen konnte. Ein heimtückischer Heckenschütze, „Sniper", wie er später auch in unseren Medien bezeichnet wurde, streckt sie mit einem Schuss nieder. Sie gilt als die erste Tote in diesem so schrecklichen Bürgerkrieg. Als an der gleichen Stelle wenige Tage später ein 12-jähriges Mädchen Blumen niederlegen wollte, traf sie das gleiche Schicksal. In jedem Krieg bleibt die Zivilisation auf der Strecke. Warum aber mit dieser Rigorosität?

In den folgenden Jahren besuchte ich noch sehr oft den Balkan und hörte von unfassbaren Gräueltaten. Die beiden ermordeten Mädchen auf der Miljacka-Brücke gehen mir nicht mehr aus dem Sinn. Mit den Lebacher Fallschirmjägern kam ich an diesem 5. Februar auch ungeplant noch zusammen. Die 3000 Soldaten waren bereits im Karree angetreten und die Ehrengäste harten auf der Ladefläche eines LKW der Dinge, die da kommen sollten. Ich fragte einen Verantwortlichen, wo in etwa die Lebacher Soldaten stehen würden und er zeigte mir die Stelle. Allein stürmte ich quer über den riesigen Platz, um sie zu begrüßen und ihnen zu wünschen, heil nach Hause zu kommen.

Die glückliche Rückkehr durfte ich mit ihnen und ihren Familien feiern.

Eine Freundin bei der UCK.

Die Frau fiel mir bei einem Seminar der NATO-Parlamentarierversammlung in Dubrovnik im März 2005 nicht nur auf, weil sie hübsch aussah, blond, mit einem schmalen, entschlossenen und ausdrucksstarken Gesicht. Mir imponierte auch, wie sie sich für ihr Land, das Kosovo, einsetzte. Nicht fanatisch, aufdringlich, überheblich, sondern bestimmt, sachkundig und argumentativ. Sie hielt ihr Referat als einer der Hauptredner dieser Tagung. Bei dem Empfang sprach ich sie an, um von ihr außerhalb der offiziellen Veranstaltung vielleicht die eine oder andere Hintergrundinformation über die Situation in ihrem Land zu erhalten. Gjylnaze Syla ist Ärztin und Fraktionsvorsitzende der AAK (Allianz für die

Zukunft des Kosovo) im kosovarischen Parlament. Sie arbeitete lange mit Ramush Haradinaj als persönliche Referentin zusammen, der als Ministerpräsident des Kosovo zurücktrat, um sich freiwillig dem Kriegsverbrechertribunal in Den Haag zu stellen.

Zusammen mit meinem schwedischen Freund und Abgeordnetenkollegen Allen Widman lud ich sie zum Essen ein. Sie erzählte uns ihren Lebensweg, vom Leiden ihres Volkes, das auch ihr Leiden war. Als einzige Ärztin kämpfte sie in den Reihen der UCK, der Befreiungsarmee für das Kosovo. Die UCK ist zwar entmilitarisiert und entsprechend dem Abkommen vom 20. Juni 1999 auch transformiert. Sie spielt aber dennoch nach wie vor in der Politik des Kosovo eine zentrale Rolle.

Von serbischer Seite wurde sie als terroristisch, drogenkriminell und islamistisch - fundamentalistisch diskriminiert. Die UCK galt deshalb als schwer einschätzbar, weil kaum Informationen aus dem inneren Kreis nach außen drangen.

In unseren Gesprächen mit Gjylnaze Syla ging es uns nicht darum, sogenannte Geheiminformationen zu erfahren, die sie vermutlich auch nicht preisgegeben hätte. Wir wollten von ihr nur hören, wie sie die Zukunft des Kosovo einschätzt. Sie erzählte uns aus ihrem Leben, Biografien, die aussagekräftiger sind als manche hochwissenschaftliche Ausarbeitung. Dieses persönlich Erlebte ist es, was prägt, was Meinungen bildet und Handlungen auslöst. Die UCK ist weniger eine Armee oder politische Organisation, sondern eher ein Bündnis sehr unterschiedlicher Kräfte. Was sie einte, war das Ziel, ein unabhängiges Kosovo zu schaffen. In ihren Reihen kämpften auch Jugendliche. Einen hatte Gjylnaze besonders in ihr Herz geschlossen. Sie fühlte sich als dessen Mutter.

Bei einem nächtlichen Kommandounternehmen verlor sie die Orientierung. Mit einer Karte versuchte sie festzustellen, wo sie sich befanden. Es war dunkel und sie schaltete die Taschenlampe ein. Sie ahnte nicht wie nahe der Feind war. Sofort wurden sie mit Mörsergranaten beschossen. Es gab Tote. Darunter dieser Junge, dessen Kopf ohne Rumpf sie im Dunkel ertastete.

Sie erzählte auch die Geschichte ihrer besten Freundin, die vergewaltigt wurde und darunter schreckliche physische, wie psychische Qualen litt. Als „geschändete Frau" verstieß sie ihr Ehemann statt ihr zu helfen, weil es dort so Brauch ist. Diesen Brauch instrumentalisierten serbische Kräfte, um mit systematischen Vergewaltigungen zu verhindern, dass die albanische Bevölkerung des Kosovo zu stark wächst.

Ihre Freundin, eine bildhübsche Lehrerin - so von Gjylnaze beschrieben - verzweifelte, allein gelassen in ihrer Not und nahm sich das Leben.

Es ließe sich noch so viel sagen, auch zu Ramush Haradinaj, der als regionaler Befehlshaber der UCK gegen die serbischen Sicherheitskräfte kämpfte. Er stützte sich damals wie heute auf einen mächtigen Clan ab, der im Westen des Kosovo angesiedelt ist. Ihm wird vorgeworfen, Verbrechen an serbischen und albanischen Zivilisten – auch direkt – begangen zu haben. Im Herbst 2005, nur wenige Monate, nachdem er sich selbst in Den Haag dem UN-Kriegsverbrechertribunal stellte, durfte er in seine Heimat zurückkehren. Er sollte mögliche Unruhen verhindern, was ihm auch gelang.

In einer Maschine der Bundeswehr flog er Ende Februar 2007 zurück nach Holland. Wenige Tage später begann sein Prozess. Anfang April 2008 wurde Ramush Haradinaj in Den Haag freigesprochen. Über schuldig oder unschuldig zu reden, ist für Außenstehende eines jeden Bürgerkrieges äußerst schwer. Oft verschieben sich die Grenzen. Opfer können zu Tätern und Täter zu Opfern werden.

Einen Tag vor einer Veranstaltung der Konrad-Adenauer-Stiftung in Sarajevo saß ich spätabends mit mehreren Teilnehmern in unserem Hotel rein zufällig mit dem ehemaligen Außenminister von Bosnien-Herzegowina zusammen. Später erzählte ich unserem Botschafter von diesem für mich erlebnisreichen Abend. Er meinte: „Eigentlich gehört dieser Mann vor das Kriegsverbrechertribunal." Als er merkte, wie irritiert ich war, ergänzte er: „Aber so gut wie alle, die Sie morgen treffen werden, gehören dort hin."

Als ich mich von Gjylnaze verabschiedete, versprach ich ihr, im Rahmen meiner Möglichkeiten zu helfen. Ich redete mit dem ehemaligen Bundesminister Christian Schwarz-Schilling, dem späteren Hohen Kommissar. Auch Doris Pack, die auf dem Balkan so gut wie jeden Politiker kennt, sprach ich an.

Wie so oft im Leben verlieren sich die Spuren, wenn Freunde ihre eigenen Wege gehen und die Kontaktmöglichkeiten versiegen. Eine E-Mail vom 16.03.2005 war das letzte Zeichen von einer beeindruckenden Persönlichkeit. Sie schrieb mir folgende Zeilen, die für sich selbst sprechen:

„Dear Helmut,
It was pleasure to meet you and share my views about the country and society. I hope you had a nice trip back at home. May I take this opportunity to thank you once more for the dinners and lunch and friendly approach towards me in Dubrovnik? Thank you for the immediate help and efforts that you made to help us. I highly appreciate it.
Mrs. Doris Pack already called me today and we agreed that I will send an e-mail to her.
In mean time I will try to contact Dr. Schwarz-Schilling.

Hopefully you will be able to accompany him on his visit to Kosova.
With my best wishes to you and your family,
HAPPY EASTER !
Sincerely yours,
Gjylnaze Syla
Member ob Parliament
Kosova Parliament"

Wie konnte es nur so weit kommen?

Die Literatur zum Balkankonflikt ist schier unendlich. Allein meine Tagungsunterlagen der verschiedenen Konferenzen, die Besuchsprotokolle oder die Berichte aus dem Verteidigungsausschuss würden Stoff zu mehr als nur einem Buch liefern.

Auf diesen Bürgerkrieg, der 1 1/2 Flugstunden von uns entfernt, über viele Jahre tobte, kann nicht näher eingegangen werden. Allein die Zielsetzung dieses Buches verbietet es. Dennoch halte ich es für wichtig, einige erläuternde Anmerkungen zu machen. Ich tue es deshalb, weil uns dieser Konflikt auf dem Balkan nach wie vor beschäftigt. Es scheint, als seien auch schon viele Fakten vergessen.

Noch Anfang der 90er Jahre glaubte ich, Jugoslawien zu kennen, denn ich hatte immerhin als Urlauber dreimal die Adriaküste besucht. Zu dieser Zeit geisterte das von den Jusos propagierte „Jugoslawische Modell" durch viele Diskussionen. Sie sahen zwischen Sozialismus und Kapitalismus einen „Dritten Weg", der die Menschheit beglücken sollte.

Jugoslawien war ihr Vorbild, eine Wirtschaftsform, die sich später nicht einmal mehr als Karikatur eignete. Tito hatte sich 1948 von Stalin losgesagt, und er spielte bei den blockfreien Staaten zu Zeiten des „Kalten Krieges" eine führende Rolle. Damals, in den 70er und Anfang der 80er Jahre, gab es kaum jemanden, der die Gefahr eines Bürgerkrieges voraussah, obwohl eine Menge Warnleuchten grell blinkten.

Die Verfassungsmängel stachen weniger, dafür aber die regionalen Wohlstandsindikatoren um so mehr ins Auge. Die Provinz Kosovo erwirtschaftete zum Beispiel Ende der 70er Jahre nur ein Pro-Kopf-Einkommen von weniger als 800 Dollar. Das war nicht einmal ein Drittel des Landesschnitts von über 2600 Dollar. Auch die heraufziehende Wirtschaftskrise mit einer Rekordauslandsverschuldung und einer Inflationsrate von unvorstellbaren 2700 Prozent (im Dezember 1989) drohten das politische System zu sprengen.

Wir alle hätten es wissen müssen, wie wenig die Vergangenheit dieses Vielvölkerstaates aufgearbeitet, geschweige denn gelöst worden war. Die rechtsradikale, kroatische Unabhängigkeitsbewegung, die Ustacha, kämpfte für die Unabhängigkeit Kroatiens.

Im April 1941 übernahm dieses faschistische Regime die Regierung, die vom Deutschen Reich und Italien unterstützt wurde. Sie verfolgte Serben, Juden und Muslime auf solch grausame Weise, dass selbst die Achsenmächte dagegen protestierten.

Die Tschetniks, serbische Freischärler, von den Alliierten im 2. Weltkrieg unterstützt, zahlten mit der gleichen Grausamkeit zurück. Dem Königreich Jugoslawien treu ergeben, stellten sie sich sogar gegen die kommunistischen Partisanen Titos.

Nach dem 2. Weltkrieg glaubte Tito, die Nationalitätenfrage mit der kommunistischen Parole „Brüderlichkeit und Einheit" lösen zu können. Er starb am 4. Mai 1980. Die Maschinen, die seit Tagen die Körperfunktionen übernommen hatten, wurden abgeschaltet. Es gab keinen Politiker, der die zentrifugalen Kräfte dieses Vielvölkerstaates mit seinen geschichtlichen und kulturellen Eigenheiten zusammenhalten konnte. Das Gebilde Jugoslawien flog auseinander.

Als erstes blieb die kommunistische Partei Jugoslawiens auf der Strecke, die das Land über 40 Jahre beherrscht hatte. In den frühen Morgenstunden des 23. Januar 1990, genau um 3:20 Uhr, vertagte sich der XIV. Kongress. Fünf Stunden zuvor hatten die slowenischen Delegierten demonstrativ die Tagungsräume verlassen. Sie wollten eine parlamentarische Demokratie einführen. Die breite Phalanx der serbischen Parteiführung stand ihnen im Weg. Sie versuchte krampfhaft, am Einparteiensystem festzuhalten.

Aber das Rad der Geschichte ließ sich nicht mehr aufhalten.

Als erste erklärten sich Slowenien und Kroatien am 25. Juni 1991 für unabhängig, gefolgt von Bosnien-Herzegowina und Mazedonien. Die Kämpfe zwischen den Armeen der Republiken und der jugoslawischen Bundesarmee sowie der serbischen Freischärler begannen. Es zählt schon zur Ironie der Geschichte. Das Ende Jugoslawiens wurde nicht von den Slowenen oder Kroaten eingeleitet, sondern von den Kosovaren. Sie mussten bis zum Februar 2008 auf ihre Unabhängigkeit warten. Die 90 Prozent Albaner, die jene Bevölkerung des Kosovo ausmachten, strebten bereits kurz nach dem Tode Titos den Status einer Teilrepublik Jugoslawiens an. Ihre Autonomierechte reichten ihnen nicht aus.

Was diesen Konflikt nach wie vor so schwierig macht, ist der Kosovomythos, der von serbischer Seite mit diesem Stück Land verbunden ist. Er beruht, es ist kaum zu glauben, auf einer vernichtenden Niederlage.

Auf dem Amselfeld standen sich am 28. Juni 1389 das osmanische und das serbische Heer zur Entscheidungsschlacht gegenüber. Wie den Amerikanern in Alamo, in Texas, erging es den Serben. So wenig, wie Trevis und David Crocket mit ihren Mannen eine mexikanische Übermacht aufhalten konnten, hatte der serbische Fürst Lazar eine Chance. Er kämpfte tapfer und verlor. Die Sieger führten ihn zusammen mit seinen verbliebenen Gefolgsleuten an die Bahre des von einem Serben getöteten Sultan Muhrad. Vor diesem Toten wurden er und seine Getreuen hingerichtet.

Am St. Veits Tag gedenken die serbische Kirche und die ganze Nation dieser Schlacht, die synonym für Heldentum und Opferbereitschaft steht und die, als die Wiege der serbischen Kultur gilt. Diesen Mythos beschwor Milosewicz am 600. Jahrestag. Vor über einer Million Serben, rief er einer emotional aufgeheizten Menge zu, die Benachteiligung der Serben nicht hinzunehmen. Wenn notwendig werde er Waffen einsetzen.

Das Amselfeld mit der Gedenkstätte Gazimestan in der Nähe der Hauptstadt Pristina konnte ich wenige Jahre später aus der Luft betrachten. Der Hubschrauberpilot, der mich von Pristina abgeholt hatte, flog einen kleinen Umweg. 100 Meter unter mir artikulierte Milosewicz einen serbischen Nationalismus, an dessen Ende kein großserbisches Reich stand, sondern ein Trümmerhaufen eines Vielvölkerstaates. Milosewicz endete 2006 in Den Haag durch einen natürlichen Tod.

Dieses Beispiel zeigt uns wieder einmal, wohin ein überzogener Nationalismus und ein politischer Größenwahn führen können. Es sind nicht allein die Toten, die zu beklagen sind, sondern auch die Entwurzelung von Menschen, die zu Hunderttausenden auch in Deutschland Zuflucht suchten.

In den letzten Jahren wurde ich oft gefragt, was unsere Bundeswehrsoldaten auf dem Balkan zu suchen haben. Es ist die gleiche Gegend, die Bismarck nicht für wert empfand, „dafür auch nur einen einzigen pommerischen Grenadier zu opfern". Meine Antwort war eine Gegenfrage: „Was ist Ihnen lieber, eine Milliarde Euro für die Stationierung unserer Soldaten aufzubringen, oder 15 Milliarden Euro für die Unterbringung von Flüchtlingen?"

Versöhnung ist möglich. Helmut Kohl und die „Banditen von Franzosen". Eiweiler und Spichern.

Eiweiler ist ein kleiner Ort in unserer Nachbargemeinde Nohfelden. Am 19. Juni 1974 wird dort durch Beschluss der Landesregierung die Volksschule geschlossen. Das war nicht außergewöhnlich, denn auch in Bergweiler und in vielen anderen Orten unseres Landes geschah das Gleiche. Erwähnenswert sind dieser Ort und die Schule aus einem anderen Grund.

Sieben Jahre unterrichtete dort ein Lehrer Joseph Schnur, der unter anderem zwei Briefe an den Unteroffizier Johannes Schwickert schrieb, der 1870 gegen die Franzosen kämpfte.

Damals zählte Eiweiler um die 450 Einwohner. Dieser Joseph Schnur ist der Urgroßvater von Helmut Kohl. Ob Johannes Schwickert beim Kampf um die „Spicherer Höhen" dabei war, kann ich nicht sagen.

Auf diese Schlacht weise ich wegen einer mutigen Frau hin. Dort wo die CDU Saar jährlich ihren Europatag feiert, standen sich am 06. August 1870 ungefähr 25000 französische und 20000 preußische Soldaten gegenüber. Den Befehl, den Berg zu erstürmen, gab der preußische General Georg von Kameke eigenmächtig. Er war dazu von der Heeresleitung unter General von Moltke, die sich zu dieser Zeit noch in Mainz aufhielt, nicht befugt worden. Er schätzte die Lage völlig falsch ein, denn er glaubte, leichtes Spiel zu haben.

Auch die Franzosen täuschten sich, denn sie hielten die Deutschen für überlegen. Deshalb gaben sie die Höhe auf. Auf deutscher Seite kam es zu 850 und auf französischer Seite zu 320 Toten.

Vier Tage später besuchte König Wilhelm die Grenzstadt Saarbrücken. Mit dieser Schlacht eng verbunden ist der Name einer Frau, die als Haushaltsgehilfin und als Kindermädchen ihren Lebensunterhalt verdiente. Sie war die Tochter eines Bergmanns aus Schwarzenholz. Ihre Gebeine ruhen auf dem Ehrenfriedhof im deutsch-französischen Garten neben den gefallenen französischen und preußischen Soldaten. Der Tod hat die ehemaligen Feinde geeint. Katharina Weißgerber, genannt „Schultze-Kathrin", war eine einfache Frau. Sie zeigte aber an diesem heißen Augusttag, wie stark das christliche Gebot der Nächstenliebe sein kann.

Mitten auf dem Schlachtfeld überwand sie die eigene Angst und setzte sich über alle möglichen Gefahren hinweg, als sie die Sterbenden tröstete. Sie schleppte einen Kübel Wasser mit sich, aus dem sie die Lippen der Verwundeten befeuchtete. Sie half mit die Verletzten aus der Gefahrenzone zu transportieren und sie zu versorgen. Ihr ging es nicht um Heldentum und Ruhm. Sie fragte auch nicht nach nationaler Zugehörigkeit und militärischem Rang. Ihr einziges Anliegen war, Menschen die Not litten, beizustehen.

So wie sie handelte, setzte sie ein Zeichen für andere.

Schulze Kathrin demonstrierte über das Kampfgetümmel hinaus, was das Gebot der Nächstenliebe, ja sogar der Feindesliebe bedeutet. Es gibt in unserem christlichen Glauben kaum etwas, was mich mehr ergriffen hat, als diese Botschaft aus der Bergpredigt.

Nach der Schlacht auf den „Spicherer Höhen" suchte sie nicht die öffentliche Bühne, um den ihr zustehenden Dank zu empfangen. Sie zog sich still zurück, um schlicht als Waschfrau weiter zu arbeiten. Auf den Tag genau, 16 Jahre später, ist sie am 06. August 1866 gestorben. Sie wurde 69 Jahre alt. Später setzte eine legendäre Heldenverehrung ein, zu der unter dem Aspekt der politischen Instrumentalisierung von Personen einiges gesagt werden könnte.

Joseph Schnur und die Briefe an den „werthesten Gevatter Schwickert".

Nach einer Parteiveranstaltung Anfang 1996 fragte mich unser Parteifreund Viktor Heck, ob ich ihm ein Autogramm von Bundeskanzler Helmut Kohl besorgen könne. Er wollte die Autogramme nicht umsonst haben, sondern sie gegen die zwei erwähnten Briefe des Urgroßvaters von Helmut Kohl tauschen.

Ich bat ihn, mir eine Ablichtung der Briefe zukommen zu lassen. In Sütterlinschrift verfasst, konnte ich sie nicht lesen. Viktor war so freundlich, sie für mich zu übersetzen. Wie der Urgroßvater von Helmut Kohl in den kleinen Ort Eiweiler kam, schilderte Viktor in den „Hochwälder Heften" zur Heimatgeschichte, Nr. 33, 1993.

Danach reichte am 17. November 1866 Joseph Schnur bei der großherzoglichen Regierung" in Birkenfeld sein Gesuch wie folgt ein:

„Gehorsamstes Gesuch des Lehrers Schnur aus Bundenbach um geneigte Verleihung der Schulstelle zu Eiweiler.

Nach Amtsblatt Nr. 39 wird die Schulstelle zu Eiweiler bis 1. Januar künftigen Jahres vacant. Gehorsamst Unterzeichneter erlaubt sich hiermit den Wunsch zu äußern, auf diese Stelle befördert zu werden. ... weil ich, da meine Kinder besser versorgen zu können gedenke und auch ruhiger und zufriedener zu leben hoffen darf, als hier in Bundenbach. Supplicant macht daher großherzogliche Regierung mit ergebensten Bitten, hochdieselbe wolle mir die Schulstelle in Eiweiler gütigst verleihen.

Großherzoglicher Regierung gehorsamster Diener
Joseph Schnur.“

Dem Wunsch wurde stattgegeben und am 4. Januar 1867 bezog er mit seiner Familie das Eiweiler Schulhaus. Er blieb dort bis 1874 und wurde auf eigenen Wunsch zum 1. November des Jahres an die Schule nach Selbach versetzt.

Der erste mir vorliegende Brief an den „werthesten Gevatter Schwickert“ ist auf den 28. August 1870 datiert. Schnur bedankt sich darin für die Briefe, die er am 18. und 19. August erhalten hat. Er drückt auch seine Trauer und ängstliche Sorge über das aus, was ihm geschrieben wurde. Für den weiteren Verlauf des Krieges ist er optimistisch.

„Straßburg wird capitulieren oder jetzt vielleicht schon selbiges gethan haben, da es nach Ihrem Briefe und den Zeitungsberichten schon brennt und noch fortwährend in Brand geschossen wird. Die Verproviantierung soll auch sehr gering sein? ... „Wir gedenken Ihrer täglich im Gebete. Der Gott der Schlachten, der Allmächti-

ge, wolle Sie erhalten und die Gottesmutter ihren Schutzmantel über Sie ausbreiten. Erfolglos werden die Kugeln und Hiebe gegen Sie sein. … Wer unter dem Schutze des Allerhöchsten steht, braucht sich nicht zu fürchten, wenn auch die Todesgefahren ihn von allen Seiten umgeben. … Also Muth! Nur Muth und Vertrauen werther Freund! An dieser heiligen Sache in diesem gerechten Krieg wird Gott mit uns sein. Unmöglich kann er mit der ungerechten Sache der Franzosen und ihren Greultaten sein. Nochmals Muth.

Dann beklagt er sich über die fehlende Unterstützung der Bevölkerung. Die sich gegenüber den Soldatenfamilien nicht sonderlich spendierfreudig zeigt. Auch diese weitere Passage des Briefes kann als Zeitdokument gewertet werden.

„An Frau, Kinder, Verwandte, Freunde, Heimath p. p. nicht zu denken, ist unmöglich. Aber quälen Sie sich nicht mit unnöthigen, schwermüthigen Gedanken. Frau und die kleinen Kinderchen sind wohl und gesund und wird ihnen per Monat drei Taler Unterstützung zutheil. Wohl hatte es Mühe gekostet, es soweit zu bringen, man drohte mir gar von ungezogener Seite mich mit Rodtstangen aus dem Dorfe zu jagen. Ein schöner Beweis der Begeisterung und der Opferwilligkeit unserer ungeschliffenen Landsleute, nicht wahr?“

Im nächsten Satz nennt er schon sarkastisch ein weiteres Beispiel der fehlenden Opferbereitschaft.

„In Birkenfeld ist ein Lazareth für Verwundete. Das Comitee ließ einen Aufruf ergehen um Hemden und Leintücher. Schöffen und ich gingen von Haus zu Haus und brachten im Ganzen unter der größten Mühe, Sie werden es für unerhört viel halten, 41 schlechte, zerfetzte

Hemden und 13 ebenso zerfetzte Bettücher zusammen. Ist es nicht schändlich für die Verwundeten, die unsere ganze Habe schützen und deshalb ihre Wunden erhalten haben, nicht einmal ein anständiges Hemd oder Leintuch zu haben?… Doch um gerecht zu sein, muss ich Ihnen auch noch sagen, dass große Kannen und Löffel voll Kaffig auf die Türkismühle getragen werden, um die Hungrigen und Verwundeten zu laben. Welch eine Erquickung?! … Kostet aber nicht viel. Ich will weiter davon schweigen.
Herzliche Grüße von Ihrer Frau und Kindern und Verwandten, herzliche Grüße von mir und allen Meinigen, herzliche Grüße an alle Bekannten besonders Esler,
Ihr Schnur."

In dem Brief vom 29. November 1870 zeigt sich Joseph Schnur erneut zuversichtlich, dass Schwickert bald nach Hause kommen kann.

„… denn nach allen Zeitungsberichten kann das stolze Paris sich nicht mehr lange halten in Anbetracht des Mangels an Lebensmitteln. Und mit Paris fällt ganz Frankreich in die Hände der Deutschen. Ihr habt es bis jetzt mehr mit den Banditen zu thun, aber so viel wird wahrscheinlich sein, dass der Räuberhauptmann Garibaldi jetzt auf seinem letzten Räuberzug ist, keinen anderen wird er mehr unternehmen können."

Schnur spricht dann einen Todesfall an und weist darauf hin, dass ein Schieferdeckergeselle 9 Taler „mit Einschlusskost und Logie" erhält. Zum Schluss kommt er, wie er schreibt, auf den alten Schlendrian in Eiweiler zurück.

„Die Leute erfreuen sich im Allgemeinen der besten Gesundheit trotz des tiefen Drecks in den Wegen und

vor den Häusern. An Brennmaterial für den Winter fehlt's noch im Großen und Ganzen, wir haben noch keine Kohlen, nur gut, dass der Winter noch nicht in Strenge bis jetzt aufgetreten ist."
Zum Schluss die üblichen Grüße.

Diese Briefe zeigen nicht nur, wie sich unsere Sprache verändert hat, sondern auch wie ausgeprägt die Autoritätsgläubigkeit der sogenannten Untertanen war. Wer diese Briefe liest, der zweifelt daran, ob die breite Bevölkerung tatsächlich begeistert in den Krieg zog, wie oft behauptet wird. Diese Briefe machen aber auch deutlich, wie die einzelnen Bürger unseren Nachbarn Frankreich sahen. Zum Glück hat sich unser beiderseitiges Verhältnis positiv verändert.

Ein Autogramm gegen diese wertvollen Briefe schien mir ein schlechter Tausch. Ich schickte Helmut Kohl die Ablichtungen und bat ihn, die ihm angebotenen Schreiben persönlich in Empfang zu nehmen. Unser Bundeskanzler antwortete mir ausführlich in einem handgeschriebenen Brief, den ich der Familie Heck schenkte.

Selbstverständlich sei er bereit, Viktor Heck, seine Frau und seine Schwester Maria Mörsdorf in Bonn zu empfangen. Kohl nahm sich viel Zeit und er war äußerst nett und charmant.

Ich hatte die Familie Heck darauf vorbereitet, dass sie nicht mehr als einen Fototermin erwarten können, aber Kohl plauderte und plauderte. Als ich etwas sorgenvoll auf meine Uhr blickte, meinte er, dass er entscheiden würde, wann dieses Gespräch zu Ende sei.

Seine Sekretärin Juliane Weber führte dann Viktor Heck mit seinen Damen persönlich durch das Bundeskanzleramt. Unsere Zeitungen berichteten ausführlich über dieses Treffen. Viktor Heck zog von Eiweiler weg, und wir verloren uns aus den Augen.

Ich hatte die Briefe verlegt. Bei Heribert Gilla bedanke ich mich, dass er mir den Kontakt zu Viktor Heck ermöglicht hat.

Zwei weitere schreckliche Kriege.

Kriege zerstören in kurzer Zeit das, was in Generationen aufgebaut wurde. Sie vernichten Menschen, als Täter und als Opfer. Eher selten lösen sie ein Problem und öffnen den Weg zu einem Neuanfang. Deutschland wurde 1871 geeint, aber der Friede zu unserem Nachbar Frankreich blieb nicht von Dauer. Nach 43 Jahren begann der 1. Weltkrieg, in dem nicht nur Deutsche und Franzosen ihr Leben verloren.

Es macht heute noch betroffen, das Fort Douaumont, Fort Vaux, den toten Mann bzw. die Höhe 304 zu besuchen.

Mit einem achtstündigen Artilleriefeuer, aus 1400 Geschützen, begann am 2. Februar 1916 der mörderische Kampf um Verdun. Die Festung, die Frankreich nicht aufgeben konnte, sollte den Gegner dazu zwingen, sein Material und seine Soldaten zu verschleißen. „An keiner Front und in keiner Schlacht hatte man etwas Derartiges kennen gelernt." schreibt General Philippe Petain, der Verteidiger von Verdun. „Die Absicht der Deutschen war, eine Zone des Todes zu schaffen, in der sich keine Truppe halten könne. Eine Flut von Stahl, Feuer, Schrapnells, giftigen Gasen, ging auf unsere Wälder, Schluchten, Gräben, Unterstände herab, die den ganzen Abschnitt in ein Leichenfeld verwandelte. Ungeheure Explosionen erschütterten unsere Forts und hüllten sie in Rauch ein. Die Worte fehlen, solches Geschehen zu beschreiben."

Zehn Monate lang tobten die Kämpfe, und das Artilleriefeuer zerfurchte jeden Meter Boden. Angriffe und Gegenangriffe lösten sich ab. Über die Granattrichter stürmten mit Handgranaten und Flammenwerfern die Angreifer in das Feuer der Verteidiger. Sie erlitten große Verluste. Mit umgekehrtem Vorzeichen wiederholte sich das grausige Spiel. 50 Tonnen Stahl pro Hektar durchpflügten die Erde um Verdun, auf der über 350000 Franzosen und annähernd so viele Deutsche einen sinnlosen Tod fanden.

Die Festung Verdun blieb in französischer Hand. Auf den Schlachtfeldern im Nordosten Frankreichs verbluteten insgesamt 1,3 Millionen Franzosen und ebenso viele Deutsche.

Dem Ersten Weltkrieg folgte mit dem 2. Weltkrieg eine noch schlimmere Tragödie. Historisch war das, was sich am 8. Juli 1962 in der Kathedrale von Reims abspielte. Adenauer und de Gaulle nahmen nach einer gemeinsamen Truppenparade an einem Hochamt teil. Sie zogen so einen ersten symbolischen Schlussstrich unter die deutsch-französische Feindschaft, die viel zu lange unsere Länder getrennt hatte.

Das, was einmal war, muss uns ständig mahnen. Aus Freundschaft darf nie wieder Hass erwachsen. Die Politik von Konrad Adenauer legte den Grundstein, Deutsche und Franzosen zu versöhnen. Niemand hat aber mehr zur deutschen und europäischen Einigung beigetragen, als der Staatsmann Helmut Kohl.

Unvergessen bleibt der 22. September 1984. Er und der französische Staatspräsident Francois Mitterand stehen minutenlang nebeneinander. Sie halten sich die Hände dort, am Beinhauses von Douaumont in Verdun, wo die sterblichen Überreste von 130000 unbekannten Soldaten des 1. Weltkrieges liegen.

Auch andere müssen aus der deutsch französischen Geschichte lernen.

Die Geschichte als Ganzes wiederholt sich nicht. Zu verschieden erscheinen die äußeren Umstände, die bewegenden Kräfte und die handelnden Personen. Was sich ähnelt, sind Denkweisen, Motive und mögliche Reaktionsmuster. Sie erlauben es, aktuelle Krisenlagen treffender zu analysieren und daraus die richtigen Schlüsse zu ziehen.

An den Stammtischen und in den Medien wird oft und nicht immer ohne Grund über Europa geschimpft. Eines sollten wir aber nie vergessen. Deutsche und Franzosen haben gezeigt, wie aus Feinden Freunde werden. Durch die deutsch-französische Aussöhnung wurde der Grundstein gelegt, auf dem die längste Friedensepoche in unserer und in der europäischen Geschichte beruht. Die in Europa geschaffenen politischen Strukturen ermöglichten unseren Wohlstand. Unser Weg kann Vorbild für die Staaten sein, die mit ihren Nachbarn in Feindschaft leben und die sich nach Frieden sehnen.

Ich erinnere mich an eine hochkarätig besetzte Veranstaltung in Sarajewo, wo unsere kleine Delegation am Abend zuvor mit unserem Botschafter Dr. Bach zusammensaß. Die deutsch-französische Aussöhnung wollte ich zur zentralen Botschaft meines Referates machen. Um nicht völlig neben dem Thema zu liegen, fragte ich Dr. Bach was er davon hielte.

Ich wollte von ihm eine ehrliche Antwort und er gab sie mir. Er meinte, keiner der anwesenden Politiker aus diesen Ländern würde meine Botschaft verstehen. In dieser Region würde nach wie vor der alttestamentarische Grundsatz: gelten „Auge um Auge, Zahn um Zahn."

Leider behielt Dr. Bach bis heute Recht. Richtig bleibt aber auch, dass Frieden ohne beiderseitiges Verzeihen nicht möglich ist. Deutsche und Franzosen haben aus der Geschichte gelernt und andere müssen es auch tun.

Wieder daheim. Ein neuer Lebensabschnitt.

Einen neuen Lebensabschnitt zu beginnen heißt, sich selbst neu zu finden, das Leben anders zu organisieren und sich auf andere Ziele hin auszurichten. Völlig problemlos laufen solche Anpassungsprozesse nicht ab. Auch ich musste Situationen neu bewerten und ich machte auch den einen oder anderen Fehler.

Zu meinem Glück stieß ich aber auf keines der mir geschilderten Horrorszenarien. Ich taumelte in keines der „schwarzen Löcher". Nach wie vor genieße es, Zeit zu besitzen und darüber so bestimmen zu können, wie ich es will. Unter keinem Termin- und Erwartungsdruck mehr zu stehen, entbunden von belastender Verantwortung, nichts zu tun, ohne ein schlechtes Gewissen zu haben. All das sind schöne Gefühle, die ich nicht missen möchte.

Ich bin aus der großen Politik ausgeschieden mit einem Gefühl unendlicher Dankbarkeit. Dieses Gefühl habe ich mir bis heute bewahrt und es wird mich mein Leben lang begleiten. Durch die Politik lernte ich unsere Welt und unsere Gesellschaft in einer Breite und Tiefe kennen, wie es nur wenigen Menschen vergönnt ist.

Meine Frau hätte ich ohne die Politik ebenso wenig getroffen wie viele Menschen, die bis heute mein Leben bereichern.

„Time to say goodbye", das bedeutet wegzugehen und loszulassen, auch wehmütig und emotional, aber dahinter steckt mehr, wie es André Gide ausdrückt:

„Nur wer alte Ufer verlässt, kann zu neuen aufbrechen."

Mich drängt es nicht mehr ungestüm nach draußen, getrieben von der Lust, Neues zu erleben. Ich brauche mich auch nicht aus Abhängigkeiten, Korsetten, Gewohnheiten und fest strukturierten Tagesabläufen zu lösen, um neue Freiheiten zu gewinnen.

Die CDU und die Politik, in dieser Reihenfolge, sind nach wie vor wichtige Bestandteile meines Lebens. Etwas anders, kleiner, intimer, in den Gefühlen abgeklärter, aber immer noch leidenschaftlich genug.

Nach Neuem und verloren gegangenem suchen, ohne lieb gewordenes aufzugeben, beschreibt kurz gefasst meine Gefühlslage.

Meine künstlerischen Fähigkeiten, beispielsweise als Maler, sind äußerst rudimentär, was mich nicht davon abhielt, mich über viele Jahre intensiv mit Kunst zu beschäftigen. Die Impressionisten mag ich besonders, aber mir geht es dabei mehr um die Person des Künstlers als um die einzelne Kunstrichtung.

Als ich zum ersten Mal in der Tate-Galerie in London vor einem Bild von van Gogh stand, kamen mir Tränen in die Augen. Ich sah das Leben dieses gehetzten und unverstandenen Mannes vor mir, das so tragisch verlief. Nach drei Anfällen von Geistesgestörtheit verließ er freiwillig sein Atelier im südfranzösischen Arles und zog in das „Irrenhaus" von Saint Rémy. Einhundert Francs pro Monat musste sein Bruder Theo, der so fürsorglich für ihn sorgte, für Vollpension und ärztliche Behandlung zahlen. Dafür nahm es Vincent hin, wie er schreibt, „ein bisschen verschimmeltes Essen zu bekommen." Er hörte „furchtbare Schreie" und „schreckliches Heulen in den Gängen". Er vegetierte dahin, malte aber an guten Tagen großartige Bilder.

In jungen Jahren versuchte er sich als Laienprediger in

der Borinage, einem finsteren Kohlenrevier in Belgien. Van Gogh verzichtete auf jeglichen Komfort. Er passte sich seiner Umgebung an und schlief in einer elenden Hütte auf dem Boden, in einer abgetragenen Uniform und in einem Hemd aus Sackleinen.

Die Arbeiter, unter denen er sich bewegte, beschrieb er „als vom Fieber abgezehrt, bleich, müde, ausgemergelt, verwittert und frühzeitig gealtert". Als ihn die Missionsgesellschaft entließ – u. a. wegen seines übertriebenen Eifers – lebte er von Brotrinde.

(Aus: „Van Gogh und seine Zeit", in Time Life 1979)

Wenn ich Museen besuchte, dann auch, um über das Werk des Künstlers etwas vom Menschen zu erfahren, der es geschaffen hat.

Gaby und ich sind früher – vor der Geburt unserer Tochter Anne – oft gereist, und wir besuchten einige Museen. Jetzt wollen wir wieder an diese Zeiten anknüpfen.

Dies gilt auch für die Pflege von Freundschaften. Mit den Nachbarjungen, mit denen ich als Kind zusammen aufwuchs und spielte, verloren sich für einige Jahre die Kontakte. Bei Hans Werner Scherer hielt ich Ende 2006 die Grabrede. Unser aller ungekrönter Anführer aus Kindertagen war Horst Hoffmann, der schon damals über enormes handwerkliches Geschick verfügte, das mir bis heute fehlt. Er konnte genau so gut Höhlen graben, wie in den Baumkronen Häuschen bauen, die den Hochsitzen der Jäger in nichts nachstanden.

In meiner Sturm- und Drangzeit war ich mit niemandem enger befreundet als mit Lothar Thome, der später aus unserem Ort wegzog und heiratete. An seiner netten Frau Uschi lag und liegt es nicht, dass unsere Kontakte seltener wurden. Wenn wir uns treffen, freuen wir uns umso mehr.

Am längsten – bis heute – dauert die Freundschaft zu

Judith, Karsten und Hans Ley und zu Sibylle und Arnold Schirra mit ihren Kindern Daniel und Kristin.

Bei Karsten bin ich der „Patt" und mächtig stolz, wie er sich entwickelt. Er und Philipp Backes sind unsere größten Hilfen bei Geburtstagsfeiern. Philipp ist der Sohn meiner Nichte Susi, ein ebenfalls lieber und leistungsfähiger Junge. Sie beide versorgen unsere Gäste mit einem hervorragenden, selbst gezapften Bier und sie teilen nicht nur mir mit, wie viel Gläser Bier ich schon getrunken habe. Manchmal lässt sich die von diesen jungen Herren genannte Zahl auch als leichter Vorwurf interpretieren, etwas langsamer und weniger zu trinken.

Mit Hans-Otto Wilhelm, seiner Frau Uschi und ihrem Sohn Arndt sind wir eng befreundet. Ebenso mit Marika und Paul Schmidt und mit der Familie Hans bzw. mit Helga und Hermann Josef Schmidt, der für unsere Gemeinde als Bürgermeister ein Glücksfall ist.

Meine Tage liefen in den letzten Monaten ziemlich strukturiert ab.

Morgens – außerhalb der Ferien – bereite ich für meine Familie um 6:30 Uhr das Frühstück vor, um mich dann ausgiebig mit vier Tageszeitungen zu beschäftigen. Dazu kommen noch die Wochenmagazine wie Economist, Time und Der Spiegel.

Im und um das Haus herum gibt es genügend Arbeit, der ich bisher erfolgreich aus dem Weg gegangen bin. Jetzt machen mir diese Tätigkeiten gelegentlich sogar Spaß. Sie stören nur dann, wenn sie mit dem Golfspiel kollidieren. Es vergeht auch im Winter kaum ein Tag, an dem ich mich nicht sportlich betätige. Ski möchte ich so lange fahren wie es meine Knochen und die Klima-Katastrophe zulassen.

Bis es soweit ist, will ich wenigstens einmal mit Karsten die „Harakiri", die steilste Piste in Österreich herunter kurven. Mit Kristin und mit Arnold Schirra bin ich sie schon oft gefahren. Im nächsten Jahr würde es sich auch Karsten zutrauen, was Judith und Hans, aus verständlichen Gründen, vorerst nicht erlauben.

Ins Ausland reise ich nicht nur zu sportlichen Zwecken - manchmal erfolglos, wie schon gezeigt wurde.

Mich plagte bis heute keine einzige Sekunde Langeweile. Mein ehrenamtliches Engagement ist relativ zeitintensiv. Es konnte mich aber nur anfangs davon abhalten „Buchautor" zu werden.

Am 15. Januar 2007 las ich in „Die Welt" einen Essay mit dem Titel: „Zeit zu gehen". Anlass war der zermürbende Abschied von Edmund Stoiber. Der Zeitforscher und Wirtschaftspädagoge Karl Heinz A. Geissler rät darin allen ausgeschiedenen Politikern, der Versuchung zu widerstehen „schlechte Bücher zu schreiben, statt gute zu lesen". Dieser Rat kam zu spät, denn zu diesem Zeitpunkt hatte ich schon über hundert Seiten handschriftlich verfasst.

So etwas wie ein Schluss- und Dankeswort.

Als ich Mitte Dezember 2006 begann dieses Buch zu schreiben, dachte ich, so ungefähr 90 Seiten zusammen zu bekommen. Es wurden über 390 Seiten, die den eigentlich gedachten Umfang sprengten. Ich fing an zu kürzen und mir blutete das Herz. Zu streichen ist noch schlimmer als die vielen Zweifel, die mich ständig plagten. Oft fragte ich mich, ob das, was ich zu Papier brachte, Lesern zugemutet werden könne.

In diesen kritischen Phasen halfen mir Menschen weiterzumachen, die vermutlich selbst überrascht sind, wenn sie es jetzt lesen. Die Staatssekretärin Gaby Schäfer zählt dazu und auch Irmtraud Schneider. Bei allen, die mich ermutigten dieses Buch vorzulegen, bedanke ich mich.

Was ich bedauere, ist, dass wichtig Passagen meines Lebens nicht angesprochen werden konnten. Gerne hätte ich zum Beispiel etwas über meine Zeit als Präsident des Reservistenverbandes geschrieben, auf die ich nach wie vor stolz bin. Diese ehrenamtliche Funktion führte mich sieben Jahre in alle Ecken unserer Republik. In unserem Verband fand ich viele Freunde und Freundschaften, die mir nach wie vor viel bedeuten. Über diese Schiene erhielt ich wertvolle Anregungen und Hinweise für meine Arbeit im Verteidigungsausschuss des Deutschen Bundestages.

Zum Schluss dieses Buches bedanke ich mich ganz besonders bei einer Person, die ähnlich wie meine eigene Frau, meinen gesamten politischen Weg begleitete. In all den Jahren arbeitete ich mit niemandem enger zusammen als mit ihr. Von Hannelore Becker rede ich, die im besten Sinne des Wortes in der CDU zu einer Institution geworden ist. Hannelore schrieb in ihrer freien Zeit dieses Buch und sie sagte ihre ehrliche Meinung. Sie leistete als Mitarbeiterin weit mehr, als ihre Arbeitsplatzbeschreibung ausdrückt. Keine Arbeit war ihr zu viel. Gerade in Phasen nervöser Hektik blieb sie der ruhende Pol, die ausgleichende Persönlichkeit, die Spannungen abbaute. Für mich ist sie nicht nur eine Freundin, sondern auch ein sozialer Seismograf, mit einem sehr feinen Gespür, was in der Politik notwendig, machbar, gewollt und verwerflich ist. Sie sagt ihre Meinung, weil sie eine hat und sich auch wagt, sie zu artikulieren. Diese Meinung ist fundiert und ausgewogen und mit so viel persönlicher Autorität versehen, um sie gegenüber jedermann zu vertreten.

Mit meinem Dank an Hannelore Becker beende ich dieses Buch.

Helmut Rauber –
Schlaglichter aus meinem Leben.

Geboren am 24. Februar 1945 in Bergweiler, römisch katholisch.

Verheiratet seit 1978 mit Gaby Rauber, geborene Barth, eine Tochter, Anne.

Schulbildung: mittlere Reife, Abitur auf dem 2. Bildungsweg.

Berufe: Elektriker, Wirtschaftsingenieur, Diplom - Kaufmann, Hauptmann der Bundeswehr.

Politischer Werdegang:

Seit 1974 Mitglied im Gemeinderat in Tholey, lange Jahre Fraktionsvorsitzender, derzeit 1. Beigeordneter.

Von 1980 bis 1994 Mitglied des Landtages des Saarlandes, in der letzten Legislaturperiode stellvertretender Vorsitzender der CDU-Landtagsfraktion.

Von 1994 bis 2005 Mitglied des Deutschen Bundestages.

In dieser Funktion u.a. Delegierter bzw. Stellvertreter in einigen internationalen Organisationen wie OSZE, Europarat und NATO Parlamentarierversammlung.

Mitglied des Verteidigungsausschusses des Deutschen Bundestages.

Zwischen 1996 und 2003 Präsident des Reservistenverbandes, jetzt Ehrenpräsident. Oberstleutnant der Reserve.

Bis heute aktiver Sportler, früher mehrfacher Saarlandmeister und zweifacher bayrischer Vizemeister auf den Mittelstrecken.

Inhaltsangabe